Stéphane Thibaut

Revolution aus der Stille

Stéphane Thibaut

Revolution aus der Stille

Zen-Unterweisung für heute

*Aus dem Französischen übersetzt
von Barbara Motel und Vicky Rave*

Kösel

Die *Originalausgabe* erschien unter dem Titel »Zen, la révolution intérieure. Enseignement du moine Kosen, héritier du Dharma de Maître Taisen Deshimaru« im Verlag c L'œil du tigre, Paris/Lyon 1997. Die deutsche Übersetzung erfolgte mit freundlicher Mitwirkung von mehreren Mitgliedern der Kosen-Sangha.

Die *Zeichnungen* stammen von der Sangha-Gruppe © Zen 2000.

Die französische Originalausgabe wird geliefert zusammen mit einer *Mini-CD* »Ce sentiment de liberté«: 2 Rapsongs, komponiert von Meister Kosen und seinem Schüler Vincent Gaudin. *Die Übersetzung der Liedtexte s. S. 266–270.* Diese CD ist zusammen mit der Originalausgabe erhältlich bei dem Verlag »L'œil du tigre«, 61, rue de la croix, St. Simon (B 80), F-85020 Paris.

ISBN 3-466-20449-6
Deutsche Ausgabe: © 1999 by Kösel-Verlag GmbH & Co., München
Printed in Germany. Alle Rechte vorbehalten
Druck und Bindung: Ebner, Ulm
Umschlag: Kaselow Design, München
Umschlagmotiv: Foto von Paula Perrier, Amsterdam

1 2 3 4 5 · 03 02 01 00 99

Gedruckt auf umweltfreundlich hergestelltem Werkdruckpapier
(säurefrei und chlorfrei gebleicht)

Inhalt

Einführung

Der Mönch Kosen

Im Jahre 1950 unserer Ära wurde in einer kleinen französischen Stadt namens Paris Stéphane Thibaut geboren. Schon früh, als er noch zur Schule ging, wurde er sich der Tiefe des menschlichen Leidens bewusst und bald beschloss er, sein Heil anderswo zu suchen. Welche Intuition! Nach vielen Reisen und Prüfungen trifft er seinen Meister, Taisen Deshimaru, einen Mann, der die Erde erzittern lässt und dem es schließlich gelingt, den Tiger zu zähmen, indem er ihm das große, stille Sitzen beibringt: Zazen.

1971 gibt Stéphane seine zottige Haarmähne im Stil Bob Dylans für immer auf und rasiert sich den Kopf. Er erhält die Mönchsordination, kleidet sich mit dem Kesa und wird Kosen. Er lebt und praktiziert 15 Jahre lang an der Seite seines Meisters, bis Letzterer verstirbt. Einige Jahre später erhält er die Transmission des Dharma von Niwa Zenji, der höchsten Autorität des Zen in Japan, womit er zum 83. Patriarchen im Stammbaum Buddhas wird. Da er das Zen in seinem lebendigen Aspekt gänzlich verkörpert, beginnt er, seine farblosen Mitschüler zu nerven, die es für Wahnsinn halten, hier und jetzt geboren zu werden. Deshalb zieht er fort, gefolgt von seinen Schülern, um in anderen Regionen zu sitzen: zunächst in der Bretagne, später in Nordafrika, Kanada, Argentinien, Bolivien, Uruguay und Kuba – wo er durch die Praxis viele

Freundschaften schließt und wo zahlreiche Zen-Zentren gegründet werden. Seine Sangha ist wirklich inter-national, jedoch schlägt sein Herz in Lateinamerika am heftigsten. Er sagt: »Die Europäer haben ein ganzes Volk ermordet, das friedlich und harmonisch zwischen Himmel und Erde lebte, und sich noch nicht einmal seine Lebensart angeschaut oder angehört. Sie sind über ein unbeflecktes Land gewalzt, ohne seinen Wert zu schätzen oder es verstehen zu können. Auch wenn mein Bewusstsein universell ist, bin ich dennoch Europäer, schlimmer noch, ein Franzose aus Paris. Wie dem auch sei, es geht nicht mehr darum, die Vergangenheit zu beklagen, sondern innerhalb unserer begrenzten Möglichkeiten zu einer besseren Zukunft beizutragen. Ich kann dasjenige anbieten, was mein Meister mir übermittelt hat und gern würde ich es den Aufrechtesten unter den Menschen geben.« Die Beziehung zwischen Kosen und seinen Schülern ist von tiefer und natürlicher Freundschaft. Es ist ganz einfach eine Gruppe von Männern und Frauen, die in dieselbe Richtung gehen wollen.

Was ist Revolution?

Wenn es stimmt, dass durch wahre Meister revolutionäre Klarheiten auftauchen, ist es für einen Zenmönch unmöglich, sich hinter einem revolutionären Ideal zu verstecken. Die Revolution, die unsere Welt weiterentwickeln wird, kann nicht aus der Konfrontation von Schwarzen gegen Weiße, Guten gegen Schlechte, Armen gegen Reiche, Verfolgten gegen Verfolger bestehen. Selbst wenn das die ersten Anzeichen sind, kann die Revolution nicht nur daraus bestehen. Die revolutionäre Wahrnehmung eines Zenmönchs geht viel tiefer. Bei der Zapatisten-Revolution von Marcos, zum Beispiel, ist das Ergebnis offensichtlich. Wie soll man sich darüber freuen können? Für einen Intellektuellen hinter seiner Zeitung ist es leicht, Partei zu ergreifen und die revolutionäre Energie dieser armen Leute, die ihr Leben im Kampf riskieren, für seinen eigenen Körper zu benutzen. In diesem Phänomen riskiert die Jugend, die lebendig und spontan ist, zerdrückt und als völlig nichtig erklärt zu werden. Seit vielen Jahren ist das in ganz Südamerika so. Das ist wie einen Wald zerstören, um eine Autobahn oder einen Flughafen zu bauen. Das Schlimmste ist, dass selbst eine siegreiche Revolution in kürzester Zeit starr wird wie Eis. Die Kubaner flüchten schwimmend in die Vereinigten Staaten. Vor 30 Jahren proklamierte Mao Tse-tung den Sieg der Revolution und heute wartet die ganze Welt auf die Revolution der Revolution. Wenn die Revolution der Revolution China erreicht, werden die Chinesen Coca-Cola trinken können und Kreditkarten haben. Welche Haltung sollen wir also einnehmen? Können wir nicht an eine ehrliche und freie Welt glauben, in der jeder sich verantwortlich fühlt? *Carlos Castaneda* erzählt, wie Don Juan von seinem Meister zur Arbeit auf die Hacienda zurückgeschickt wird, auf der er in seiner Jugend ausgebeutet wurde, wo er fast sein Leben verloren hätte und wo junge Indianer gefangen gehalten und versklavt wurden. In keinem einzigen Augenblick empfindet Don Juan Hass. Nur selbst aufrichtig und unbescholten bleiben, nur die innere Praxis üben, von der die Phänomene wie von einem Strudel aufgesogen werden. Um eine Revolution zu Ende zu führen, müssen wir die magische Waffe benutzen, die man weder ergreifen noch aufhalten kann. Um diese Waffe zu erhalten, muss man ununterbrochen an sich selbst arbeiten. An sich selbst, aber nicht nur für sich selbst. Die Probleme, die sich uns auf der Welt stellen, dürfen nicht mit einer gewöhnlichen Geisteshaltung angegangen werden, sondern mit unserem ganzen Körper, unserer Zazen-Praxis. Die magische Kraft des Zazen geht über das hinaus, was man kontrollieren kann. Es ist sehr viel schwieriger, unsere eigenen revolutionären Konzepte in Frage zu stellen, als uns an sie zu binden. Das führt uns zur Stille, denn es ist unmöglich, etwas darüber zu sagen. Wenn man seine eigenen Konzepte ernsthaft hinterfragt, ist man nicht nur revolutionär, sondern man wird selbst zur Revolution, zur lebendigen und stillen Revolution. Sich entschlossen hinsetzen, ohne Ziel, unbeweglich bleiben; Zazen, Kin Hin und Sampai, die drei fundamentalen Haltungen praktizieren, sowie Samu, die Arbeit, die nicht den persönlichen Profit zum Ziel hat, sondern das Wohl aller. Nicht länger vorgeben, man verstünde etwas. Die Wahrheit und die kosmische Kraft spontan zum Vorschein kommen lassen. Anderen die Freiheit und das rechte Verhalten lehren, nicht um Propaganda zu machen, sondern um ihnen wirklich zu helfen und diesen Einfluss verbreiten, damit sich die Welt weiterentwickelt. Aber die Welt verändert sich nicht nach einem feststehenden Konzept. Wahre Evolution ist die Öffnung des Bewusstseins und das Übernehmen von Verantwortung. In Stille wird diese Evolution die ganze Welt in einen Strudel ziehen, der die Dinge an ihren Platz rückt. Denn das Wesen aller Dinge ist revolutionär.

HASTA LA VICTORIA SIEMPRE!

Hinweis: Es heißt, dass das Zen nicht schriftlich, sondern vielmehr mündlich überliefert wird. Dennoch kann diese Überlieferung, erneut formuliert und mit Interpunktion versehen, kraftvoll schriftlich vermittelt werden. Man muss gut verstehen, dass das Kusen – Unterweisung, die im Dojo ausgedrückt wird in der Zazen-Haltung, improvisierend anhand von Aufzeichnungen oder anhand von nichts – seine Inspiration aus dem Tiefsten seines Inneren holt und spontan hervorsprudelt aus dem Besten von uns selbst, in der richtigen Körper- und Geisteshaltung. Ein sehr eigener Stil ist die Folge.

1
Die große Tür
des Weges

Als Meister *Dogen* vor 700 Jahren von seiner Chinareise nach Japan zurückgekehrt war, hatte er Vorträge gehalten. In Japan gab es den Buddhismus bereits, aber Dogen sagte: »Nur *Zazen* ist wichtig. All die buddhistischen Dekorationen, die *Sutren*, verschiedener Glaube, die Philosophie, der gepredigte Aspekt, all das ist sekundär. Die Dekorationen machen es unmöglich, das Erwachen *Buddhas* tatsächlich zu verwirklichen. Die Eingangstür, der Haupteingang um das Tao zu durchdringen, ist Zazen.« So sprach er vor 700 Jahren. Später, in einem *Mondo* sagte jemand zu ihm: »Also gut, wir haben verstanden, dass die Verdienste des Zazen groß sind. Sicherlich ist Zazen sehr erhaben, sehr wirkungsvoll, doch jemand, der es nicht kennt, könnte vielleicht denken, dass es andere Arten gibt, viele Arten, den Weg zu beschreiten.«

Ich benutze das Wort »Weg« nicht gern, weil man sich darunter eine Straße oder eine Autobahn vorstellt. Die Bilder, die Worte erzeugen, sind wichtig. Für das Wort »Weg« gibt es sowohl ein chinesisches als auch ein japanisches Schriftzeichen. Im Japanischen ist es *Do* und im Chinesischen *Tao*. Die Franzosen, die Europäer im Allgemeinen, übersetzen es mit

Weg (mit einem Kassenhäuschen am Eingang, man zieht eine Karte, man zahlt am Ausgang). Doch Do wird nicht als Gerade dargestellt, sondern als Kreis. Meister Dogen sagt dazu im *Zazenshin*: »Weder gerade noch krumm«. Do also: der Weg mit seiner Geschwindigkeitsbegrenzung, seinen Polizisten und Kassenhäuschen! Die Bedeutung des Tao ist sehr viel ausgedehnter, unendlich in Zeit und Raum. Die wirkliche Religion besteht darin, seinen Platz zu finden, das Tao zu integrieren und auszudrücken, es zu werden und zu verwirklichen. Das bedeutet auch, das Geheimnis zu verstehen, die wahre Substanz, die tatsächliche Realität der Phänomene.

Die Vorstellungskraft ist äußerst wichtig, die Bilder der Dinge, die man in seinem Bewusstsein schafft, die Darstellungen, die man sich davon macht. Wenn man zum Beispiel ein Wort hört, ordnet man es gleich einem Bild zu; jeder hat das seine. Es spiegelt das Bewusstsein wider, das man von einer Sache hat, die Art, wie man davon träumt. Das Wort Ostern zum Beispiel, was stellt ihr euch vor? Einen Hasen, bunte Eier, die Auferstehung? Bei »Gott« denken einige vielleicht an Nachtisch – Götterspeise – andere an Glockengeläut, wieder andere an eine Kirche. Ebenso haben wir die Tendenz zu denken, dass der Weg etwas Persönliches ist, den man irgendwo betritt, um irgendwo hinzugehen und den nur Clubmitglieder kennen. In Wirklichkeit ist Do nicht etwas Bestimmtes, sondern es ist die Gesamtheit der Dinge. Do zu verwirklichen heißt zu erkennen, dass der Geist die Gesamtheit ist, dass wir der Geist sind, sehr vertraut mit uns selbst, seit unendlichen Zeiten und für unendliche Zeiten. Das ist die wahre Religion: Das, was alles verbindet, was alles wieder zusammenfügt. Dieser Mann fragte also: »Es gibt viele Arten, viele Türen, um in diesen einzigen Geist einzutreten. Warum empfehlen Sie ausschließlich Zazen?« Die Antwort Dogens lautet: »Weil es der Haupteingang ist.«

Ich habe von Do, vom Tao gesprochen. Man sagt auch Dharma des Buddhas oder *Butsudo*, der Weg Buddhas. In Wirklichkeit hat man als Mensch keine Wahl. Man wird mit der Realität konfrontiert, selbst wenn sie lügnerisch ist, selbst wenn sie Ungerechtigkeit und Ignoranz ist, ist sie das Dharma Buddhas. Unser Leben ist diese Konfrontation. Dieses Dharma beschränkt sich nicht auf die Zeitspanne zwischen Geburt und Tod. Gerade weil es die Grenzen unserer Geburt und unseres Todes überschreitet und während unseres ganzen Lebens ständig präsent ist, beschäftigt es den Menschen derart. Also versucht man diese Sache zu verstehen, die Teil des Lebens ist, aber auch darüber hinausgeht. Das nennt man den Weg, das Dharma des Buddhas, das Tao, Gott. Ständig wird man mit Einwänden folgender Art konfrontiert:»Ja, aber ich mache auch Yoga, Tai Chi, es gibt viele Türen, um den Weg zu betreten.« Es stimmt, dass man sich ein wenig lächerlich macht, wenn man sagt:»Zazen ist das Beste von allem.« Das ist nicht, was Dogen sagen will, er sagt nur:»Es ist der Haupteingang.« Beim Tempelbau ist die Lage der Gebäude und Zimmer nicht zufällig gewählt, sondern ihre Anordnung folgt kosmischen Regeln. Alle Richtlinien, jeder Standort werden nach dem Haupteingang ausgerichtet. Von diesem Eingang ausgehend existieren die acht Richtungen.

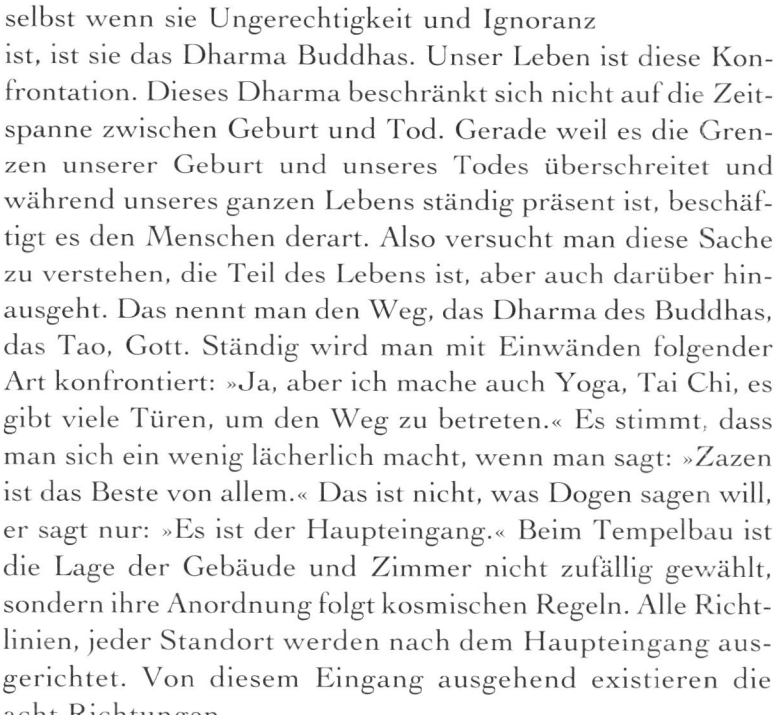

»Warum sagt ihr, dass es letztendlich viele Türen gibt, um das Dharma des Buddhas zu betreten? Man kann die Sutren inbrünstig und gläubig singen. Wenn man die Sutren singt, erreicht man ein tiefes Vergessen seiner selbst. In diesem Moment dringt man komplett in das Dharma Buddhas ein. Man kann auch *Mudras*, geheime *Mantras* rezitieren, warum also eher Zazen?« *Meister Deshimaru* sagte uns immer:»Nur Zazen.«

Ganz einfach weil es die Tür ist, von der aus sich alles aufbaut und nach der alles ausgerichtet ist. Es ist unmöglich, mehr zu machen als Zazen, eben weil man in Zazen absolut nichts tut.

Der Mann bleibt beharrlich:»Warum denkt ihr, dass Zazen der Haupteingang ist, vielleicht gibt es andere Haupteingänge?« Dogen antwortet:»Der große Meister *Shakyamuni* hat gesagt (wie andere vor ihm, seit Urzeiten, nicht nur in Indien): Diese wunderbare Methode ist weitergegeben worden, um das Tao zu erreichen (Tao als Kreis und nicht als Autobahn) und die Buddhas der Vergangenheit, der Zukunft und der Gegenwart verwirklichen und zentralisieren das Tao, indem sie Zazen machen.« Deshalb ist es offensichtlich – zumindest was den Buddhismus betrifft –, dass Zazen als Haupteingang überliefert wird. Nicht nur die Buddhas, auch die prähistorischen Buddhas, welche wir nicht einmal kennen, die Meister der Weitergabe in Indien, in China ... haben sich alle erweckt, haben alle den Weg durch Zazen erreicht. Es ist der Haupteingang für die Menschen und für die Götter.

Der Mann beharrt nach wie vor:»Ihr habt die exzellente Methode des *Tathagata* richtig studiert – das heißt Zazen – und seid dabei von den überlieferten Spuren der Ältesten ausgegangen. Ich verstehe, dass Zazen die gewöhnliche Dimension übersteigt. Aber wie dem auch sei, behaupte ich, dass allein die Sutren zu lesen und die Namen der Buddhas zu singen zum Erwachen führen kann, und ich frage mich, wie kann, wenn Zazen daraus besteht, sich ohne Ziel hinzusetzen indem man nichts tut, es in Beziehung stehen mit dem Erreichen des Erwachens? Ihr meint, dass sich ohne Ziel hinzusetzen, ohne etwas zu tun, euch erwecken wird? Das ist lächerlich. Wenn man aber stattdessen den ganzen Tag Sutren liest, wenn man die von Buddha überlieferten Reden versteht oder magische Mantras wiederholt, welche die Namen der Buddhas enthalten, kann man das Erwachen erreichen.« Dogen antwortet:

»Wenn ihr denkt, dass das *Samadhi* der Buddhas, diese unübertrefflich große Methode, nur daraus besteht, sich ohne Ziel hinzusetzen und nichts zu tun, beschmutzt ihr den großen Wagen und ihr werdet aus allen Wolken fallen. Ihr seid dumm. Das ist, als wenn ihr Wasser suchtet, während ihr mitten im großen Ozean schwimmt und behauptet, es gäbe keines.  Stellt euch vor, wenn ihr euch in Zazen hinsetzt, wenn ihr die Haltung einnehmt, sind alle großen Buddhas schon zugegen, anmutig und bequem sitzend. Wenn ihr die *Haltung* einnehmt, verwirklichen alle großen Buddhas ihr eigenes Samadhi durch euch.«

Zazen machen ist wie in der Mitte des Ozeans sein. Zazen ist der Haupteingang, um in den Tempel einzudringen; es ist nicht eine kleine Gymnastik für einen selbst. Wenn man sich hinsetzt und in den Tempel eintritt, kehrt man an den gleichen Ort zurück wie alle großen Buddhas. »Es ist wirklich dumm, dass ihr nicht seht und nicht versteht: Sich mit dem Zazen der Buddhas zu vermischen erbringt einen enormen Verdienst. Ihr seid so vergiftet, dass ihr das nicht seht. Also, bitte, bedenkt, dass das Königreich Buddhas unfassbar ist. Es kann nicht bewusst erreicht werden und schon gar nicht von Leuten wie euch, die weder Glauben noch Weisheit haben. Leute wie ihr können dieses Königreich nicht antreffen. Nur diejenigen, die einen richtigen Glauben haben, das heißt, die der genauen Richtung folgen und die außerdem noch große Kapazitäten haben, können in dieses Königreich eintreten. Diejenigen, die keinen Glauben haben, werden die Art, wie es gelehrt und überliefert wird, nicht akzeptieren.« Buddha Shakyamuni sagte übrigens bereits während der berühmten Versammlung auf dem Geier-Berg zu ein paar Leuten: »Ihr könnt weggehen, wenn ihr wollt. Es ist besser, wenn ihr geht. Wenn ihr euch weigert, euren Geist zu öffnen, geht und stört mich nicht länger. Wenn man der wirklichen Sache folgt, lohnt es sich, zu praktizieren und zu lernen. Andernfalls werdet ihr euch eine Weile langweilen und anschließend bedauern, dass ihr in der Vergangenheit die Hilfe und die Gewinne des Dharma nicht angenommen habt, welche euch diese Fähigkeiten gegeben hätten.«

Ich habe dieses kleine Mondo ausgesucht, weil es etwas wirklich Wichtiges anspricht: Wenn man sich in die Buddha-Haltung, in Zazen setzt, hat man teil am Ort, am Geist, am Kreis all derer, die schon Zazen praktiziert haben und die schon vor, mit oder nach uns das Samadhi erreicht haben. Zeit und Raum gibt es nicht im Tao. Das Tao selbst ist Schöpfer der Begriffe Zeit und Raum.

Welches Verhältnis besteht zwischen dieser Ewigkeit und uns? Meister Dogen hat einen Text geschrieben, der *Genjo Koan* heißt, in dem er sehr tief auf das Verhältnis zwischen dem Menschen und dem Dharma Buddhas eingeht. Er erklärt dies den erfahrenen *Mönchen* und nicht den Anfängern. Das Genjo Koan ist wirklich ein Text sehr tiefer Geheimnisse, gerichtet an Eingeweihte, an große Schüler.

2
Auf der anderen Seite der Tür

Erster Satz des Genjo Koan:
» Wenn alle Wesen das Dharma Buddhas sind,
gibt es Satori oder Illusion, Praxis und Bestätigung,
Leben oder Tod, Buddha und fühlende Wesen.«

Zweiter Satz:
» Wenn alle Wesen so gesehen werden,
als hätten sie keine Substanz,
gibt es weder Illusion noch Satori,
weder Buddha noch fühlende Wesen,
weder Geburt noch Tod.«

Diese beiden ersten Sätze führen uns in den Geist, in die Absicht des Genjo Koan ein: Einerseits ist da das Dharma des Buddhas, die spirituelle Laufbahn des Menschen und andererseits die absolute Welt der Leere. Das steht uns gegenüber in diesem großen Tempel, wenn wir einmal die große Tür durchschritten haben. Man hätte diesen beiden Sätzen noch einen voranstellen können, der die gewöhnliche Welt beschreibt, so wie sie uns vorgestellt worden ist, als wir noch Kinder waren, bevor wir die Tür des Tempels durchschritten hatten. Um aber dieses Königreich des Dharma Buddhas wiederzufinden, und ich sage absichtlich wiederfinden, ist da noch ein weiterer Schritt zu tun. Man findet etwas wieder, das einem nicht fremd ist, das man jedoch irgendwie vergessen hat. Es ist bedauerlich und wirklich traurig, dass es in der westlichen, modernen Welt – früher war es ohne Zweifel auch so – keine Hoffnung gibt. Was ich Hoffnung nenne, ist der Glaube daran, dass alles möglich ist, dass die ideale Welt möglich ist. Eigentlich sieht man in der modernen Welt Wunder jeder Art, technologische Wunder, die nichts anderes sind als Beweise für die immensen Kapazitäten des Menschen. Man steckt eine Karte in eine Kiste, aus der dann Geldscheine herauskommen, mit denen man zu essen kaufen kann, was man will: Das ist tatsächlich wundervoll. Wenn man aber an all diejenigen denkt, die betteln, um bis zum nächsten Morgen zu überleben, lässt einen die kleine Karte eher an ein Wunder des Teufels denken! Doch die bettelnden Menschen sind der wirklich wunderbaren Welt oftmals viel näher, weil sie ihrem eigenen Tod nahe sind, und der Tod enthüllt das ganze Geheimnis. Durch die Nähe zum Tod kommunizieren sie zwangsläufig damit. Die Grenze zwischen Leben und Tod wird schmaler und schmaler. Dann wird die Welt wundersam und alles kann passieren. Auf jeden Fall erscheint nahe dieser Grenze die Weisheit. Um fortzuschreiten, um zum Beispiel eine Leiter zu ersteigen, braucht man Sprossen oder Stufen, um die Füße darauf zu setzen. Will man voranschreiten, muss ein Bein hinten bleiben und sich an etwas abdrücken. Die menschliche Evolution ist grenzenlos, endlos. Leben heißt entwickeln, fortschreiten. Sobald man aufhört voranzuschreiten, stirbt und verwest man. Der Tod ist unbeweglich, das Leben ist Bewegung. Deshalb gibt es, wenn alle Existenzen als Dharma des Buddhas gesehen werden, Unterschiede: Es gibt *Satori* oder Illusion, es gibt solche, die sich in Zazen trainieren und solche, die Zazen ohne Ziel machen, es gibt das Leben, es gibt den Tod, es gibt Buddhas und diejenigen, die sich in der Illusion befinden. Diese Unterschiede sind notwendig. Wenn die Leiter nur eine Sprosse hätte, könnte man nicht vorankommen. Wenn die Wesen so gesehen werden, als hätten sie keine Substanz, dann gibt es keine Stufen, keinen Fortschritte mehr, keine Unterschiede mehr, es gibt niemanden mehr, es gibt die anderen nicht mehr, auch nicht mich selbst, es gibt weder Geburt mehr noch Tod. Das ist die ewige Welt des Chaos, das ist die Welt von *Ku*. Aus diesem Grund können diese beiden Sätze nicht voneinander getrennt werden, kann der eine nicht ohne den anderen gelesen werden. Den einen erfasst man mit der rechten Gehirnhälfte, den anderen mit der linken. Sie erlauben uns, uns in allen Welten zu entwickeln. Das Verstehen dieser beiden Aspekte der Welt bringt die Weisheit hervor, die darüber hinausgeht. Wenn wir nur den ersten Satz verstehen, werden wir höchstens zu einem dogmatischen Pfarrer. Verstehen wir nur den zweiten, landen wir unweigerlich in der Psychiatrie. Folglich ist beides notwendig: Ein Bein in der Luft, in der Leere und das andere, das gegen den Boden drückt. Dann drückt das erste Bein auf die Erde und das andere hebt sich in die Luft. Mit unserem Geist ist es dasselbe.

Früher stand über den Türen des *Dojo* geschrieben:»Dies ist der Ort, an dem Buddhas gepflanzt werden.« Buddha heißt Gott, das heißt, der Schöpfer aller Dinge. Wie bereits gesagt, wenn man »Gott« sagt, taucht blitzartig ein Bild auf. Für jeden ist dieses Bild zweifellos verschieden, aber jeder hat sein Bild genau im Kopf. Man könnte es fast malen. Es ist die Mischung aller Vorstellungen, die man sich von Gott gemacht hat. Man könnte dieses Bild nicht wirklich definieren. Es ist aus allen möglichen Eindrücken zusammengesetzt. Bis heute hat man immer gedacht, dass Gott außerhalb sei. Zu unserem Glück ist er im Inneren. Dann sehe ich ein Bild: Es ist ein kleiner Fisch, der ein winziges Würmchen frißt. Was er nicht gesehen hat, ist, dass hinter ihm ein größerer Fisch sich anschickt, ihn zu fressen. Der größere Fisch hat nicht gesehen, dass da ein anderer, noch größerer Fisch ist, der wiederum ihn fressen will usw. Schließlich existiert Gott seit Ewigkeit und wir, wir werden nur ein paar Jahre leben. Es wäre dringender, diesem armen Gott in seiner absoluten Einsamkeit zu helfen. Meister Deshimaru sagte: »Ich will Gott helfen; ich kann Gott helfen, er ist müde; durch Zazen kann man Gott helfen.« So ist das Dojo ein Ort, an dem Götter entstehen. Jeder von ihnen hat ein absolutes, unendliches, ewiges, rundes Universum. Das wirkliche Problem des Menschen ist, die Tatsache auf sich zu nehmen, Gott zu sein. Deshalb müssen wir lernen.

Diejenigen, die hierher gekommen sind und Anfänger mitgebracht haben, müssen ihnen die Zazen- und die *Kin Hin*-Haltung richtig erklären. Dieses *Sesshin* ist besonders. Es ist ein echtes Sesshin, keines für Anfänger. Jeder kann sich selbst anschauen. Sechs Tage lang Zazen ist manchmal schwierig. Man muss auf seine Energie aufpassen, seinen Geist konzentriert halten und in manchen Augenblicken seine Energie herauslassen, sich befreien und danach zur Konzentration zurückkehren. Man muss diesen Instinkt wiederfinden – den die westliche Welt vollständig verloren hat – die Dinge spüren, die Augenblicke spüren, sich richtig verhalten. Dieses Verhalten hat nichts Starres, aber worauf soll man sich in einer Umgebung völlig künstlicher Gewohnheiten stützen, um zu wissen, welches es ist? In einer natürlichen Umgebung bedeutet rechtes Verhalten ganz einfach, den Tod vermeiden. In der künstlichen Umgebung, in der wir hier, in der westlichen Welt leben, kann man sich sehr weit vom rechten Verhalten entfernen, ohne dabei sein Leben zu riskieren, und so ist uns nichts mehr bewusst, wir sind uns der Realität nicht mehr bewusst, wir sind verrückt. Das ist eine Zivilisation, die barbarisch wird, das heißt das Gegenteil von zivilisiert.

3
Butsu do:
Der Weg Buddhas
ist kein »Ismus«

»*In seinem Ursprung geht der Weg Buddhas über sich selbst hinaus.*« Das ist der dritte Satz des Genjo Koan. Wie bereits gesagt, ist das Bild des Tao in Wirklichkeit rund. Rund bedeutet unendlich. »*Es gibt keine Vorstellung von Überfluß, Mangel oder Unzulänglichkeit.*« Das bedeutet, dass alles zum Weg gehört. Alles ist ein Teil des Weges und ist außerhalb der Kontrolle von wem auch immer. Folglich kann es keinen Begriff von Überfluß, Mangel oder Unzulänglichkeit geben. Im absoluten Tao ist jedes Ding, jedes Phänomen ein Teil eines Gleichgewichts, des totalen Gleichgewichts. Obgleich dieses Tao völlig im Gleichgewicht und vollständig ist, »*gibt es dennoch Erscheinen und Verschwinden, gibt es Illusion und Satori*« – es gibt Idioten und Erleuchtete. »*Und außerdem, obgleich das so ist, verwelken die Blumen, selbst wenn wir sie lieben, und das Unkraut wächst, selbst wenn wir es loswerden wollen, selbst wenn wir es nicht lieben.*«

Das Genjo Koan ist äußerst tiefsinnig und schwierig zu kommentieren. Der Vergleich zwischen der Blume und dem Unkraut ist sehr interessant. *Sensei* (Meister Deshimaru) hat ihn oft kalligraphiert. Ich vergleiche das Unkraut mit unserem ewigen Leben, der ewigen Seelenwanderung. Die wahre Natur der Dinge ist die wahre Natur der Dinge, selbst wenn wir sie nicht lieben. Selbst wenn wir unsere Ewigkeit nicht lieben, wenn wir sie abschneiden wollen, wächst sie wieder. Immer wieder Unkraut. Selbst wenn wir an unserem Ego haften, an unserem zeitlich begrenzten Leben, gleicht es auf jeden Fall einer Blume; sie muss verwelken, selbst wenn wir sie lieben und es bedauern. Das Genjo Koan ist ein Gedicht, das uns die Beziehung zwischen dem, was unbegrenzt ist und dem, was begrenzbar ist, empfinden lässt. Doch wie wir im zweiten Satz gesehen haben, bedeutet das Dharma Buddhas, zu begreifen, dass die Existenzen keine Substanz haben. Das ist die höchste Ebene, das höchste Erwachen, derart erhaben, dass, wenn man es erreicht, es kein Dharma mehr gibt. Sehr wenige Leute erwachen zu dieser Realität, die nicht nur schwierig anzutreffen, sondern außerdem unbequem ist und die man beherrschen lernen muss. Eine Realität, in der es weder Illusion noch Satori mehr gibt, weder Buddhas noch fühlende Wesen, weder Geburt noch Tod. Diese Realität kann man nicht erfassen, man kann sie nicht festhalten; es ist, als wenn man auf Eis gehen oder sich auf eine Wolke setzen würde. Dies bedeutet, dass das wahre Dharma, der Weg Buddhas, über sich selbst hinausgeht; dass die objektive Realität über die subjektive Wahrheit hinausgeht, und dass die subjektive Wahrheit über die objektive Realität hinausgeht; man kann von einer zur anderen übergehen. Das heißt, man geht darüber hinaus, man ist frei, völlig frei, selbst frei von der Freiheit. Das Verhältnis zu unserem Körper ist wichtig, denn unser Körper ist auch die Realität unseres Lebens. Aber die ewige Realität unserer wahren Natur befindet sich jenseits dieses Körpers, jenseits dieses Lebens, aber nicht in der Einbildung. Jenseits dieses Lebens, im Körper selbst. Selbst wenn wir diesen Körper lieben, wird er auf jeden Fall verwelken. Unser wahrer Körper ist die Gesamtheit der Natur. Es ist nicht nur diese kleine Blume, die wir für so wichtig halten. Die Gesamtheit dieser Welt ist unser Platz Buddhas, wie ein Feld, wie ein Acker, in dessen

Mitte wir gepflanzt worden sind, auf-
grund unserer Verdienste, unseres *Kar-*
mas. Wenn die Arbeit erfüllt ist, die auf
diesem Acker zu erfüllen war, innerhalb und außerhalb, dann
kann man verschwinden. Alles verschwindet: Unser Körper,
unsere Welt, diese substanzlose Welt verschwindet. Durch
die Zazen-Praxis könnt ihr alles verschwinden lassen: Diesen
Körper, euren Körper, euer Bewusstsein, die ganze Welt. Es
hängt von euch ab und von dem, was ihr wollt, alles existiert,
wie ihr es haben wollt, mit den Grenzen, die ihr euch selbst
steckt.

Im Ursprung geht der Weg Buddhas über sich selbst hinaus, das heißt, dass es keine Grenzen gibt, alles ist möglich:
Erscheinen, Verschwinden, Illusion, Satori. Natürlich sind
diese Worte, diese Sätze des Genjo Koan nicht von großem
Interesse, wenn man sie in einem Dojo einfach so dahin sagt.
Interessant ist, sie im Leben in die Praxis umsetzen zu können. Vorläufig scheint tiefe Weisheit nicht von Interesse zu
sein. Einige Liebhaber, einige Zen-Antiquitäten-Sammler in-
teressieren sich für sie. Es gibt immer weniger Raum hier für
diese Art Dinge. Man versucht, die Reste der Weisheit an die
Kampfkünste zu verkaufen, sie auf irgendeine Art und Weise
wiederzuverwerten, doch zur Zeit beeinflusst diese Weisheit
unsere moderne Zivilisation kaum, während es Zivilisationen
von sehr tiefer Weisheit gegeben hat, zum Beispiel
die ägyptische, *toltekische*, griechische, chinesische
Zivilisation oder die des alten Indiens. Aber mit jedem Tag, der vergeht, wird alles immer düsterer.
Jeden Tag machen wir einen weiteren Schritt in
Richtung Unwissenheit, Richtung Lüge. Aus diesem Grund sagt man, dass es Erscheinen und Verschwinden, Illusion und Satori gibt. Wir erwarten das Satori,
das weltweite Satori, den Moment, in welchem es wirklich
eine Änderung um 180 Grad in der menschlichen Mentalität

geben wird, in welchem diese Zen-Unterweisung ihre ganze Farbe, ihren ganzen Nutzen entfalten wird. Wenn wir in dieser Welt Zazen praktizieren, empfinden wir außerdem die Schwerfälligkeit der Realität, der Welt in unserer Praxis, unserer Haltung. Man soll nicht glauben, dass man sich von dieser Realität absondern kann. Während eines Sesshin, wenn wir Zazen praktizieren, tragen wir die Realität unserer Welt in unserem Körper: Das ist es, was man »mit den anderen praktizieren« nennt. In dem Moment, in dem die Welt erwachen wird, wird das Zazen viel einfacher, viel tiefer werden. Es gibt etwas, das wir ernsthaft bedenken sollten: Es sind nicht die anderen, die Staatsoberhäupter, diejenigen, die über die Macht, das Geld verfügen, die diese Veränderung herbeiführen werden. Ich glaube, dass wir es sind. »Selbst wenn man die Blume des Egos liebt, wird sie verwelken, selbst wenn man das Unkraut nicht liebt, kann man es nicht daran hindern zu wachsen.« Es gibt kein Unkraut. Diejenigen, die sagen, es gäbe Unkraut, verstehen die Erde nicht. Sie bauen sie im rechten Winkel an, wie die Faschisten, sie streben nach Produktivität statt nach Ergänzung.

Ich nehme den dritten Satz des Genjo Koan wieder auf:

»Im Ursprung geht der Weg Buddhas über sich selbst hinaus. Es gibt keinen Begriff von Überfluß, Mangel oder Unzulänglichkeit. Jedoch gibt es Erscheinen und Verschwinden, Illusion und Satori, gewöhnliche Wesen und Buddhas, und obgleich das so ist, verwelken die Blumen, selbst wenn man sie liebt, wächst das Unkraut, selbst wenn man es nicht liebt.«

Dieser Satz ist sehr wichtig. In den ersten zwei Sätzen wurde das Dharma Buddhas bestätigt und die Welt der absoluten Leere enthüllt. Der dritte Satz enthält den Gedanken der Bewegung des Weges Buddhas, der über sich selbst hinausgeht. Dies bedeutet, dass der Weg Buddhas kein »Ismus« ist, sondern eine Bewegung. Im Zen spricht man oft von der Unbeständigkeit, den verwelkenden Blumen, aber auch von der absoluten Leere, von Ku. Was ist der Unterschied zwischen Ku und der Unbeständigkeit? Man sagt, dass die Unbeständigkeit die erste Pforte zur Leere ist. Wenn man die Unbeständigkeit gut versteht, versteht man, dass alle Phänomene leer sind. Deshalb betrachtet der Mönch die Unbeständigkeit der Welt auf vier Arten; von da aus beginnt er, die Leere intuitiv zu verstehen. Zunächst stellt man fest, dass die Dinge, an die man sich klammert, unbeständig sind. Dies ist einfach zu sehen. Dadurch, dass man es deutlich sieht, beginnt man zu verstehen, dass die Unbeständigkeit Schmerz erzeugt. »Letztes Mal in Paris war es anders!« »Als ich jung war, war alles gut!« »Ach! Früher liebte meine Frau mich! Jetzt ist sie hässlich, wir vertragen uns nicht mehr!« »Ich liebte meine Mutter, aber sie ist tot.« Wegen dieses Leidens empfinden wir unbewusst einen Widerwillen gegen das Festhalten. Wir wissen, dass es Schmerz verursachen wird. Intuitiv, die Unbeständigkeit beobachtend, sagt man sich, dass man ein Mittel finden muss, um diesen Schmerz zu mindern. Das Mittel besteht darin, eine innere Haltung des Nicht-Festhaltens anzunehmen. Aber gleichzeitig ist die Unbeständigkeit selbst die Leere. Das heißt, dass die Unbeständigkeit selbst nicht etwas ist, sie ist eine Metapher. Tatsächlich wird man sich bewusst, dass die Unbeständigkeit, auf eine längere Zeitspanne gesehen, Ku ist. Im absoluten Ku existiert hier und jetzt nichts. Meine Mutter ist nicht meine Mutter, meine Frau ist weder jung noch alt, sie liebt und hasst mich gleichzeitig – auf jeden Fall existiere ich nicht! Alles ist Halluzination, Vision meines eigenen Geistes, der mir nicht einmal gehört. Der Begriff der Unbeständigkeit existiert im Verhältnis zu Zeit und Raum, im Verhältnis zu äußeren Dingen und inneren Dingen. Wir haben gesehen, dass die äußeren Dinge leer sind in dem Maße, wie sie existieren, ohne zu existieren, aber der innere Meister, den man das

Nicht-Ich nennt, ist ebenfalls leer. Die Leere selbst ist leer, und es heißt, dass die absolute Leere die Nicht-Leere ist. Indessen muss betont werden, dass die Leere auch nur ein relativer Begriff ist, der lediglich als therapeutisches Mittel verwendet wird, um den Wesen zu helfen, sich zu befreien.

In der Welt gibt es zwei Arten von Persönlichkeiten: Die sinnliche, gefühlvolle, die großen Wert auf Beziehungen und körperliche Freuden legt. Sie wird am ehesten durch ihre Sinnlichkeit leiden. Die andere ist die rationale, die eher intellektuell, analytisch reagiert als auf Gemütsregungen, sie interessiert sich eher für das Begriffsvermögen. Die sinnliche Persönlichkeit empfindet leicht Anhänglichkeit, da die Dinge, an welche sie sich klammert jedoch eher unbeständig sind, leidet sie, ist bekümmert und empfindet Schmerz, und um sie zu erleichtern, hat Buddha gelehrt:»Die Dinge, an die du dich klammerst, sind unbeständig und überholt. Du empfindest Schmerz in Bezug auf sie. Wenn die Dinge, an die du dich klammerst, dich Schmerz empfinden lassen, musst du dich nicht an sie klammern.« Das ist die Tür zur Befreiung lehren, die man»nicht in Erwägung ziehen« nennt. Die rationale Persönlichkeit versucht, die Phänomene zu analysieren. Doch da sie die Wahrheit nicht kennt, klammert sie sich an falsche Dinge. Ihr predigt man die absolute Leere, man überliefert ihr die absolute Leere, das totale Chaos, und das heilt sie. Diese von Buddha unterwiesenen Wahrheiten sind keine absoluten Wahrheiten: Die absolute Leere ist keine Wahrheit, die Unbeständigkeit auch nicht; alle Behauptungen können widerlegt werden. Deshalb sagt man übrigens, dass sie leer sind. Die Visionen sind leer und der, der sie sieht, ebenfalls. Buddha verbreitet seine Lehre, um den Menschen zu helfen, nicht um zu philosophieren. Eine unterwiesene Wahrheit ist nur hier und jetzt real, in einer bestimmten Situation. Sie wird nicht als etwas Absolutes gelehrt. Vorher stimmt sie nicht, hinterher stimmt sie nicht mehr. Weil man sagt, dass die *Dhar-*

ma, die man als wahr bezeichnet, aus einer Verbindung von Ursachen und Bedingungen hervorgehen, die vorher nicht existierten. Sie existieren nur jetzt und werden in der Zukunft nicht existieren. Folglich dürfen sie nicht ergriffen und bewahrt werden, weil selbst die Wahrheiten leer sind. Deshalb hat Buddha gesagt:»Die guten Dharma, das heißt die Wahrheit, die Weisheit, müssen zerstört werden und die schlechten erst recht.« Zum Beispiel reden wir von Ursache und Wirkung. Was ist die erste Ursache? In den Sutren heißt es häufig:»Das Karma hat keinen Anfang.« Warum sagt man das in den Sutren? Um den Menschen verständlich zu machen, dass die Seelenwanderung, das Umherirren und das Leiden einen enormen Schmerz bilden, der seit Urzeiten andauert und der sie dazu drängt, etwas zu ändern, anzuhalten. Man sagt, dass ein einziger Mensch während seiner Seelenwanderung innerhalb eines einzigen *Kalpa* Existenzen und Sorgen auf sich nimmt, die mehr Blut enthalten als es Wasser im Meer gibt. Er weint mehr Tränen als es Wasser im Meer gibt, er trinkt mehr Muttermilch als es Wasser im Meer gibt. Er häuft Gebeine und Leichen an, die an Höhe den Berg Vahipulia übertreffen, und wenn er die Erde in kleine ein Zentimeter große Lehmkügelchen verwandeln und diese benutzen würde, um seine Mütter, Großmütter, Frauen oder Freunde zu zählen, hätte er noch lange nicht fertig gezählt, wenn die Kügelchen aufgebraucht wären. Ganz wie die Unbeständigkeit, ist die Theorie des *Samsara* folglich in Wirklichkeit eine extremistische Sicht. Buddha hat sie benutzt, um die Wesen zu retten, um ihnen den Ekel des Samsara einzugeben und sie zu veranlassen, ein inneres Glück zu suchen. Buddha spricht auch von einem »ohne Anfang«, aber es existiert auch die Leere der Dinge ohne Anfang. Das ist sehr interessant. Die Erklärungen im *Prajna Paramita* sind vollkommen logisch und pragmatisch. Das Interessante an Buddhas Unterweisung ist, dass es weder Nichts noch Nicht-Nichts gibt. In Wirklichkeit schafft er seine Unterweisung in Übereinstimmung mit der Notwendigkeit. Aber die wahre Quelle ist Zazen, die unerschöpfliche Quelle, unendlich, von der aus man erschaffen und alles verstehen kann. Die Realität verstehen und darüber hinausgehen: die Leere, das Nichts verstehen und darüber hinausgehen, frei von Festhalten oder Nicht-Festhalten.

»Jeder kann seine eigene Religion erschaffen«, sagte Sensei. Es besteht die Gefahr, dass man sich festklammert und dogmatisch wird: »Es gibt ein Leben nach dem Tod. Ich glaube an das Leben nach dem Tod!« Das ist Dogmatismus. Es gibt, was ihr wollt, was ihr fühlt ... Es gibt keinen Unterschied zwischen Vergangenheit, Gegenwart und Zukunft. Wenn ihr jetzt jemanden liebt, wird er euch in Zukunft nicht verlassen. Ich rede von den Toten immer in der Gegenwart. Vorhin war ich auf der Toilette und hörte ein Kind rufen: »Pauline!« Da dachte ich: »Ah, *Pauline* ist hier, ich habe sie gar nicht gesehen!« Ich hatte vergessen, dass sie tot ist. Ich hatte es wirklich vergessen. Sie ist anwesend. Sie ist da. Sie ist hier, weil sie in dem Moment, als sie in der Vergangenheit anwesend war, vollkommen da war. Doch ist dies Anhaftung? Ich fühle mich überhaupt nicht verhaftet. Ich habe ihr nicht einmal Auf Wiedersehen gesagt, als sie wegging. Es ist eben nicht nötig, ihr Auf Wiedersehen zu sagen. Ich fühle, dass sie mich nicht verlässt. Mit meiner Mutter ist es dasselbe: Sie ist da und wenn sie tot sein wird, wird sie noch immer da sein. Wenn ich weggehe, verabschiede ich mich nicht mal von ihr, und wenn ich sie besuche, sage ich ihr vorher nicht Bescheid. Wir sind weder zusammen noch getrennt. »*Der Weg Buddhas geht über sich selbst hinaus. Es gibt keine einzige Vorstellung von Überfluss, Mangel oder Unzulänglichkeit. Jedoch gibt es Erscheinen und Verschwinden, Illusion und Satori.*« Es gäbe keine Illusionen, wenn es kein Satori gäbe und umgekehrt.

Mondo: Fragen an den Meister

Was ist Erleuchtung?

Dogen sagt: »Vor allem dürft ihr nicht nach der großen Erleuchtung suchen. Die große Erleuchtung ist nur der Normalzustand, der gewöhnliche Zustand der Dinge.« Eines Tages fragt ein Schüler seinen Meister: »Was passiert, wenn ein erwachter, erleuchteter Meister Illusionen hat und Gefangener seines Karmas bleibt?« Der Meister antwortet: »Das ist wie ein zerbrochener Spiegel. Man kann ihn nie wieder zusammenkleben oder reparieren.« Wenn ihr erwacht, wird euer Karma, eure Illusion, euch auch nie wieder einsperren können. Deshalb soll man weder nach der großen Erleuchtung suchen, noch sich an der großen Illusion festklammern. Wenn ihr das Erwachen, die Freiheit, umarmt habt, Zazen, das Leben, dann fürchtet ihr das vergangene, schlechte Karma nicht. Manchmal kennt man es. Man kennt seine Ursache. Manchmal ist es so weit entfernt, dass man sich nicht mehr daran erinnern kann. Das schlechte Karma muss man auf sich nehmen, ohne Angst. Und nicht nur das eigene – das Karma seiner kleinen Welt, seines kleinen Egos – sondern auch das Karma aller, die man liebt, der ganzen Menschheit, seiner Vorfahren, das Karma Christi und sogar, jenes des Satans. Es auf sich nehmen, aber sich nicht damit identifizieren. Auf sich nehmen heißt nicht, sich zu identifizieren. Wenn man sich identifiziert, wird man verrückt, man wird schlecht, kompliziert. Wenn ihr dieses Karma nicht auf euch nehmen könnt, könnt ihr die spirituelle Energie in euch nicht durchsetzen. Das schlechte, vergangene Karma auf sich nehmen erlaubt auch, aufzuhören, schlechtes zukünftiges Karma zu schaffen. Das heißt: die Gebote praktizieren. Das Wesentliche, das während der Ordination und während des *Shiho* weitergegeben wird, sind die Gebote. Die Gebote sind das Geheimnis des Glücks, der Freiheit, der idealen Welt. Es ist eine geheime Weitergabe von Meister zu Schüler. Sie wird mündlich weitergegeben – das bedeutet, nicht durch Worte, nicht durch Schlussfolgerungen. Meister Dogen sagt: »Auf den ersten Blick kann man sagen, dass Shakyamuni eine geheime Lehre, eine geheime Praxis, eine geheime Erleuchtung überliefert hat.« Selbstverständlich glauben die Idioten, »geheim« bedeute, dass die anderen es nicht kennen können, dass nur einige wenige, bestimmte Leute es kennen. Viele denken so – sogar früher schon in Indien, in China oder in Japan –, weil sie völlig neben den Schuhen stehen, neben dem Zen. Sie machen Zen, aber sie sind daneben. Wenn man sich selbst kennt, wenn man sich selbst entdeckt, lernt man sein eigenes Geheimnis kennen, man entdeckt seine eigene geheime Praxis. Sicherlich kennen die Buddhas und die Patriarchen einen enormen Teil ihrer eigenen geheimen Praxis. »Ihr müßt wissen«, sagt Meister Dogen, »dass, wenn man Buddha wird, durch und während Zazen, sich die Lehre der geheimen Praxis augenblicklich aktualisiert.« Und ich füge hinzu: Diese geheime Lehre, die sich uns enthüllen und unsere eigene Lehre sein wird, unsere eigene Aktualisation, aus unserem tiefsten Selbst hervorsprudelnd, ist diejenige, die uns durch unseren Meister übergeben worden ist. Dies macht das Meister-Schüler-Verhältnis im Zen viel verständlicher.

Was ist das Denken?

Wir neigen dazu zu glauben, dass man nur mit dem Gehirn denken kann. Wir können nicht verneinen, dass das Denken des Gehirns ein typisch menschlicher Ausdruck und äußerst wichtig ist. Er macht die Charakteristik und die Nützlichkeit des Menschen auf dem Planeten aus. Das, was den Menschen von den Tieren unterscheidet, ist die Struktur seines Bewusstseins, seine Konstruktion, seine Evolution, seine Vorstellungskraft. Den Denkmechanismus verstehen, reflektieren, analysieren, Entscheidungen treffen zu können und vor allem die Freiheit des Denkens erlangen, die Freiheit des Bewusstseins. Unser Gehirn ist wie ein Computer. Es kann eine Menge Informationen lagern und zurückgeben, Analysen machen, speichern, aufbewahren. Manchmal gelangt ein Virus in ein Programm. Im menschlichen Gehirn, im menschlichen Denken ist es das Gleiche: Es gibt Viren, die Chaos anrichten und das freie Funktionieren des Denkens verderben. Chirac lässt zum Beispiel eine Atombombe hochgehen, was soll man dazu sagen? In einem alten Sutra heißt es:»Das Denken, das von Sehnsucht verschmutzt ist, ist nicht frei.« Die Sehnsucht ist eine Art Virus des Denkens, oder auch:»Weisheit, die von Begierde verschmutzt ist, ist nicht rein.« Der Virus im Programm Weisheit ist Begierde. Oder: Weisheit kann nicht von Weisheit verschmutzt werden. Das Denken kann nicht vom Denken verschmutzt oder eingesperrt werden. Das Denken selbst verkompliziert das Denken nicht, und Weisheit selbst verschmutzt die Weisheit nicht. Dies ist ein wichtiger Punkt. Das Sutra geht weiter. Meister *Vasubandu* sagt:»Wenn Sehnsucht das Denken verwirrt, ist die Sehnsucht nicht das Denken.« Wenn ihr Wasser zu Wasser gießt, wird es das Wasser nicht trüben.»Wenn Begierde die Weisheit trübt, ist die Begierde nicht die Weisheit.« Wenn man den Virus isoliert, ist es viel leichter, sein Programm zu retten.

Eines Tages fragte mich Sensei:»Haben Sie während Zazen eine Erektion?« Ich antwortete:»Ja, das kommt vor. Manchmal denke ich an hübsche Mädchen, an Lucette.« Er sagte:»Nein! Das meine ich nicht! Haben Sie eine Erektion, ohne zu denken?« Das ist sehr wichtig. Selbstverständlich ist es nicht nur den Männern vorbehalten, Erektionen zu haben, auch Frauen haben Erektionen. Dies ist auch ein Juwel des Schatzes. Die Sehnsucht, die durch das Denken verschmutzt wird, ist nicht frei. Er sagte mir:»Sie sollen nicht an Lucette denken.« Oft zeichnete Sensei in seinen *Kalligraphien* Zazenhaltungen wie ein Geschlechtsteil in Erektion. Die Sehnsucht schafft das ewige Leben, die absolute Sehnsucht ohne Verschmutzung, ohne Gier, die wahre lebende Quelle, die wahre innere Revolution. Das ist ein außerordentlich wichtiger Punkt. In den Geboten wird immer von guter Sexualität gesprochen. Was ist gute Sexualität? Wenn man in alten Zeiten um die Mönchsordination bat, musste man zusammen mit dem Meister ein Bad nehmen. Er prüfte, ob man eine Erektion bekam. Hatte man keine Erektion, konnte man nicht Mönch werden. Das hat nichts mit sexueller Besessenheit zu tun. Sensei sagte auch:»Schlechte Sexualität ist gefährlicher als die Atombombe!« Als ich das hörte, dachte ich:»Er phantasiert!«

Was sind Worte?

Das *Fukanzazengi*, das hier im Dojo hängt, ist eine Kopie des Sutra, das Meister Dogen kalligraphiert hat. Es ist eine echte Fälschung. Meister Dogen selbst würde den Unterschied nicht sehen. Auf jeden Fall ist es die Schrift, sind es die Linien und der Ausdruck von Meister Dogen. In diesem Sutra heißt es, die Essenz des Zazen ist Hishiryo. Auf Japanisch bedeutet *Shiryo* das Denken und *Fushiryo* das Nicht-Denken. Im Wort Hishiryo bedeutet *Hi* absolut, darüber hinaus. Man kann es auch freies Denken oder das Denken Gottes, Buddhas oder universelles Denken nennen. Dieses Denken geht aus *Ku* hervor. Es taucht aus der Wahrheit selbst auf, aus dem Leben selbst. Es ist ein lebendiges Denken. Sensei sagte: »Wahres Zen, lebendige Quelle, innere Revolution.« Während das gewöhnliche Denken immer durch ein Phänomen ausgelöst wird, durch einen anderen Gedanken, durch eine Unruhe, durch ein Karma, ist das Hishiryo-Denken Buddha selbst, der denkt. Was ist Buddha? Buddha ist Hishiryo. »Das von Sehnsucht verschmutzte Denken ist nicht frei.« Natürlich können wir mit Worten totale Verwirrung schaffen. Worte, die Bedeutung der Worte ist uns in unserer Kindheit gegeben worden. Diese Bedeutung hat uns stark beeindruckt. Ich erinnere mich an das Glück, das ich als Kind empfand, wenn ich ein neues Wort kennen lernte. Man prägt Worte auch mit Vorstellungen des Zen, mit christlichen, missverstandenen Vorstellungen. Man färbt sie mit den Problemen unserer Vorfahren, mit der Angst, zu leben. Der Angst der meisten Menschen, die das Leiden, die Verbote und die Gefangenschaft allem anderen vorziehen. Sie ziehen es eher vor, ihr Leben im Gefängnis zu verbringen, als den Gefahren der Straße die Stirn zu bieten. Also, wenn man Worte benutzt, beeilen sich diejenigen, die sie hören, sie zu begrenzen, wie man es ihnen beigebracht hat. Es sollte immer zwei Bedeutungen desselben Wortes geben: Die schwarze und die weiße. Das Wort Sehnsucht zum Beispiel: »Das von Sehnsucht verschmutzte Denken« – diese Worte können das tiefe Denken Meister Vasubandus nicht ausdrücken. So reicht auch der Ausdruck »menschliches Wesen« nicht aus, um zu beschreiben, was ein Mensch ist. Bedeutet es Tier-Mensch? Sehr wenige Leute wissen, was ein menschliches Wesen wirklich ist. Wie jemand, der einen Porsche fährt und sagen würde: »Dieses Auto fährt nicht schneller als 80 km/h.« Er weiß nicht, dass es mehrere Gänge gibt, und fährt immer im ersten. Meister Vasubandu hätte schreiben können: »Die vom Denken verschmutzte Sehnsucht ist nicht frei.« In diesem Moment wird die Sehnsucht absolutes Denken, lebendige Quelle, und das Denken wird zur Komplikation, zur

Verschmutzung. Die Sehnsucht wird nicht von der Sehnsucht verschmutzt. Ihr seht, wie man ein Wort nehmen, es an die Stelle eines anderen Wortes setzen und dennoch die gleiche Bedeutung aufrechterhalten kann. Man könnte Hishiryo auch mit »absolute Sehnsucht« übersetzen, Sehnsucht ohne Denken. Alles im Universum ist lediglich Ausdruck der absoluten Sehnsucht. Was ist innere Revolution? Es ist die absolute Sehnsucht nach innen gekehrt, nicht nach außen. Dann erscheint die wahre Haltung, die gute Energie, die wahre universelle Liebe.

4

Das erste Zazen praktizieren

Drückt mit den Knien fest auf den Boden, um den Druck zwischen den Pobacken ins Gleichgewicht zu bringen. Wenn die Haltung in ihrer Mitte ruht, ohne überflüssige Spannungen, fällt es leicht, die Hände in die richtige Stellung zu bringen. Die Hände müssen auf einer horizontalen Linie liegen. Oft ist eine Hand tiefer als die andere und die Finger fallen nach vorn. Die Finger müssen exakt übereinander liegen, die Daumen berühren sich und bilden eine Linie über der Mitte der Hände, sie dürfen nicht nach vorn fallen. Ihr müßt euch der Haltung eurer Hände bewusst sein (einige sind sich dessen nicht bewusst). Sie müssen sich entspannt anfühlen und leicht zu korrigieren sein. Wenn ihr keine Kontrolle über eure Hände habt, könnt ihr euren Geist nicht kontrollieren! Zazen ist den Geist zu korrigieren versuchen, also zunächst seine Haltung zu korrigieren. Man muss frisch sein, immer bereit, Gewohntes in Frage zu stellen, zu verändern. Gewisse alte Schüler wollen ihre Haltung nicht in Frage stellen. Sie werden völlig steif. Ihr könnt ab und zu bei euch zu Hause vor einem Spiegel Zazen machen und schauen, was nicht stimmt. Es kommt vor, dass man zu sehr nach links oder rechts neigt. Auch wenn man bei jedem Zazen das Bein wechselt, kann ein Ungleichgewicht entstehen. Dann empfindet ihr einen ungewöhnlichen Schmerz in den Schultern, in den Hüften, in der

Herzgegend, im Nacken. Ihr könnt das wieder ausgleichen, indem ihr die Praxis auf der anderen Seite verstärkt, indem ihr das Bein nach einem oder zwei Zazen wechselt. Versucht, eure Haltung immer zu korrigieren. Seine Haltung korrigieren bedeutet auch, sein Leben zu korrigieren: Was klappt nicht? Was funktioniert nicht gut? Was lebe ich? Was esse ich? Wie schlafe ich? Wie mache ich Liebe? Bewegt sich mein Körper genug? Strenge ich mich körperlich genug an? Trinke ich genug Wasser? Man muss die Ursache finden; seine Gewohnheiten ändern, welche die Praxis des Zazen stören. Manchmal ist die Praxis des Zazen stark, die Haltung, die Gesundheit sind stark; und für einen Augenblick kann man vielleicht alles tun, auch beim Zazen. Man kann nicht immer nur korrigieren und korrigieren, sonst wird man egoistisch. Manchmal muss man loslassen. Aber wenn man nur noch loslässt, stellen sich von einem gewissen Moment an Fehlhaltungen ein, ohne dass man es merkt. Man kann den Stand des Zazen, seines Lebens ermitteln, besonders im Frühling. Dies nennt man von Zazen gezogen werden. Dogen sagt:»Unsere Religion ist nur die Andacht, die Konzentration auf Zazen.« Sensei sagte:»Zazen ist das Barometer unseres Lebens, der Kompass.«

Vierter Satz des Genjo Koan:»*Illusion ist praktizieren und bestätigen, das heißt identifizieren, die 10.000 Phänomene wieder erkennen, während man sein Ego trägt.*« Praktizieren, wieder erkennen, die 10.000 Phänomene von seinem Ego aus identifizieren, das ist Illusion und sogar die schlimmste. Dogen sagt es ganz klar, dennoch funktionieren alle so. Manche Leute funktionieren von ihrem Ego aus und werden vom Ego der anderen beeinflusst.»*Satori ist das Ego entdecken, voranschreitend mit den 10.000 Dharma, den 10.000 Phänomenen.*« Vorhin habe ich vom Sinn des Weges gesprochen. Oft fragen die Leute den Meister:»Was ist der Weg?«»Gehen Sie nach links und dann weiter geradeaus, im Dorf angekommen, nehmen Sie die erste

Straße nach rechts.« »Aber davon spreche ich doch nicht! Ich spreche vom Weg!« »Na also«, sagt er »das ist der Weg, das ist nichts anderes. Es gibt keinen Unterschied: Es ist wissen, wohin man geht.«

Man glaubt zum Beispiel, mit seinen Freunden zu sprechen. Man glaubt, in diesen oder in jene verliebt zu sein. In Wirklichkeit ist diesem oder jener eure Existenz ziemlich egal. Man ist sicher, dass dies der Mann des Lebens ist. Man glaubt, mit ihm zu sprechen, doch er hört nicht zu. Es kommt vor, dass man mit gewissen Personen spricht, die mit dem Kopf nicken und überhaupt nicht zuhören: »O.K., O.K. ...« Bei den Parisern ist das ein Tick: »Mmm... mmm... mmm...«, sagen sie den ganzen Tag, ohne sich darum zu kümmern, was ihr ihnen sagen wollt, indem sie sich selbst super-wichtig nehmen. Man glaubt, zu kommunizieren ... Im Gegensatz dazu wissen nur wenige, dass man mit dem Wind, mit der ganzen Natur kommunizieren kann. Vielleicht einfacher als mit den Menschen. Die große Natur hat ihre Sensibilität. Man kann ihr schmeicheln, sie umarmen, genau wie ein normales menschliches Wesen. Doch das kann die Mehrheit der Leute nicht glauben, weil sie die Dinge von ihrem Ego aus identifizieren, welches völlig verstopft ist. Das ist ein wichtiger Punkt, denn die wahre Dimension des Zazen kann man unter solchen Bedingungen nicht entdecken.

Sensei sagte: »Erinnert euch, erinnert euch an euer erstes Zazen.« Ich werde es nie vergessen, zumal ich vor einem Spiegel, in einem Tanzsaal saß. Nie in meinem Leben habe ich so geschwitzt. Eine Woche lang hatte ich Muskelkater, weil ich mich so hingegeben hatte. Das erste Zazen ist sehr wichtig. Gewiß hat es euch enorm beeindruckt. Sensei sagte: »Wenn ihr heute das wahre Zen versteht, dann praktiziert ihr euer erstes Zazen, jenes, das euch euer ganzes Leben lang führen wird. Was hat euch am Tag eures ersten Zazen beeindruckt?« Meister Dogen sagt: »Selbst wenn eine einzige Person ein einziges Zazen praktiziert, ist dieses Zazen in Harmonie mit allen Existenzen. Zazen existiert nicht nur in der Gegenwart und in der Vergangenheit, sondern im Nullpunkt von Zeit und Raum, das heißt in der Ewigkeit, der Ewigkeit des gesamten Kosmos. Der Austausch mit dem Kosmos geschieht in allen Richtungen, in allen Zeiten und in allen Räumen.«

»*Das Ego bestätigen oder das Ego entdecken, voranschreitend mit den 10.000 Phänomenen, das ist Satori.*« Was geschieht an einem Ort, an dem alle verrückt sind? Jemand, der Satori hat, wird automatisch verrückt, wenn er sein Ego im Licht dessen entdeckt, was ihm die heutige Welt anbietet. Glücklicherweise empfindet man das sogar in den schlimmsten der Städte. Es fehlt einem die Natur, der Frühling, doch man riecht einen ganz feinen Geruch, wie eine Katze, die zum Fenster hinausspringen möchte. Man kann tief aus der Erde schöpfen, hoch aus dem Himmel. Wichtig ist nicht nur, sein Ego mit dem ganzen Kosmos zu bestätigen, sondern zu entdecken, dass eben dieses Ego ohne *Numen* ist, nicht existent, doch extrem sensibel auf unsere Umgebung. Wenn ihr euren Wahnsinn spürt, wenn ihr euer Leiden spürt, eure Einsamkeit, wißt ihr, dass diese euch nicht gehören. Sie gehören den 10.000 Existenzen und ihr tragt sie durch Liebe, mutig. In diesem Moment könnt ihr Zazen mit ihnen machen und ihr habt eine Wirkung auf die 10.000 Existenzen. Ihr filtert durch Zazen. Das ist die wahre Berufung des Zazen.

Wenn man das versteht, wenn man es wirklich begreift, praktiziert man mit einem anderen Geist. Die Vision des Zen, des Lebens, der Praxis ist revolutioniert. Das ist etwas völlig anderes. Es geht nicht darum, in seiner Karriere als Prediger Erfolg zu haben, sondern ganz allein, tief, den Wert des Zazen, die Kraft des Zen zu verstehen. Es lohnt sich nicht, mit Leuten zu praktizieren, die das nicht empfinden. Es ist besser, eine kleine Gruppe von zehn Personen zu bilden, die diese Dimension verstehen. In diesem Moment wird es außerordentlich effektiv, eine wahre Hilfe für die Welt. Die Indianer zum Beispiel bewundern einen wertvollen Stein wegen seiner Schönheit. Sie bewundern ihn, weil er ein Teil der Erde ist, die sie tief respektieren, aber sie bewundern ihn nicht mehr als einen Kaktus oder ein einfaches Coca-Blatt. Dagegen leuchten ihre Augen, wenn sie die wahre religiöse Dimension empfinden. Ihre Herzen füllen sich mit Freude und sie bewundern dieses Phänomen wie einen der seltensten wertvollsten Steine. Sie haben einen direkten, unmittelbaren Glauben. In einer großen Stadt dahingegen werden Leute selig vor Bewunderung, wenn sie einen Diamanten sehen. Sie lassen ihn begutachten – eine Frage des Charakters, das rührt vom Karma her. Wenn man ihnen etwas von Religion sagt, dann sind sie dafür überhaupt nicht sensibel oder sie praktizieren, um ihre Probleme zu lösen:»Glauben Sie, dass mir das gut tun wird? Kann mir das helfen in den Kampfkünsten? Als Ergänzung zum Tanz? Um einen Mann zu finden?« Wenn ihr falsch praktiziert, von den Illusionen ausgehend, beeinflusst ihr schlecht, ihr werdet ein Dämon für das ganze Universum. Deshalb sagt Dogen im folgenden Satz:»*Jene, die die Erfahrung des Satori in Bezug auf die Illusion machen...*« Man soll nicht glauben, dass das Satori eine besondere Erfahrung ist, sondern klar sehen, was diese Illusion ist, dieses Leiden, das ist Satori.

»Diejenigen, die Zazen machen wie wahre Buddhas, mit den 10.000 Dharma, mit der ganzen Welt, nennt man Buddhas. Dagegen werden diejenigen, die ihre eigene Illusion, ihre eigenen Kategorien für Satori halten, Mittelmäßige genannt.«

Außerdem, sagt Dogen:»*... Es gibt keine Grenzen des Erwachens. Man muss immer mehr wünschen, mehr lernen, mehr folgen, sich öffnen. Es gibt diejenigen, die mehr Satori im Satori erlangen, es gibt diejenigen, die mehr Illusion in der Illusion erschaffen.«*

Die Leute sind schon in der Illusion und man fügt ihr eine andere hinzu. Eine andere Grenze in ihrem Leben, die man Zen nennen wird oder anders. Das ist wirklich sehr heikel. Sensei sagt: »Buddha ist gleichzeitig Dämon und Gott, er umarmt beide. Gut oder schlecht gibt es für ihn nicht, er beleuchtet beide Aspekte.« Aber die Leute, die vom Äußeren beeinflusst sind, die den Kosmos von ihrem Ego aus verstehen wollen, in dem sie versuchen, das Äußere zu analysieren, befinden sich nur in einem Aspekt. Das ist der Dämon. Sieh mal an, der dort ist sehr schlau! Er ist sehr schlau! Von seinem Ego aus kann man die Wahrheit nie finden, man irrt sich, man hält das Gute für schlecht, das Schlechte für gut. Selbst wenn man das Gute findet, wie dem auch sei, man versteht es nicht. Man ist wie ein Maulwurf. Die Egoisten schauen nach außen, diejenigen, die nicht egoistisch sind, schauen nach innen. Das heißt nicht schielen, sondern nur verstehen, dass sein wahres Ego überall im Kosmos ist. Alles, was uns umgibt, ist wahrlich intim im Inneren von uns. Die Atmung ist der Austausch zwischen dem inneren Leben und dem äußeren Leben, wenn die Haltung regungslos ist. Eure Atmung darf sich auch nicht bewegen, sie darf die äußere Welt weder nehmen noch vergewaltigen. Das ist etwas, das man fühlen kann, was jedoch schwierig zu erklären ist: Die Energie der Luft berühren. Es heißt, dass wenn die Atmung korrekt, in einer tiefen Konzentration ist, wenn man einen kleinen Flaum, eine Feder unter die Nase hält, diese sich nicht bewegen dürfte. Wenn die Atmung sehr langsam und fein ist, begreift man wirklich die Quintessenz der Energie. In diesem Moment atmet man nicht nur mit seiner Nase, sondern wirklich mit seinem ganzen Körper. Das heißt, dass die Atmung im selben Tempo wie die Zeit gehen muss, folglich wie das Leben, wie das Wesen.

5

Der Weg bedeutet: der normale, ursprüngliche, adamische Zustand

Sorgt immer dafür, dass der Geist auf den Punkt konzentriert bleibt, der 4,5 cm unter dem Nabel liegt. Ihr könnt mit einem Zentimetermaß nachmessen, aber ihr könnt diesen Punkt auch durch euch selbst, durch eure Aufmerksamkeit spüren. Im Japanischen wird er Kikai Tanden, im Chinesischen Chi Si Ten Dien, im Deutschen Zinnoberfeld, Ozean der Energie, genannt. Im Zen spricht man oft von Konzentration. Im Allgemeinen handelt es sich darum, sein Bewusstsein auf diesem Punkt zu halten. Das unterstützt die Atmung sehr. Selbst wenn ihr irgendwie atmet, wenn ihr das Bewusstsein auf diesem Punkt haltet, stellt die Atmung sich auf natürliche Weise ein. Aber wir sind weit davon entfernt, nur mit den Lungen zu atmen. Wenn ihr Zazen oder Kin Hin macht, seid ihr so gut wie unbeweglich, völlig aufmerksam, und ihr könnt euch öffnen, könnt alle Möglichkeiten, die gesamte Empfindsamkeit, die ihr in euch habt, erfassen. Man muss in der Lage sein, mit dem gesamten Körper, mit welcher Region des Körpers auch immer, zu atmen, in der Lage sein, sogar mit seinen inneren Organen, mit seinem Magen, seiner Leber, seinen Eingeweiden, seinen Lungen, seinem Herzen zu fühlen und mit ihnen zu kommunizieren. Sie dürfen keine Fremden für uns sein. Unser eigener Körper ist kein Fremder, sondern ein Freund.

Eines Tages begann *Meister Joshu*, den Weg zu praktizieren – man nennt ihn Meister, weil er als Meister berühmter ist denn als Schüler. Als er 80 Jahre alt war, hat er begonnen, mit seinem Meister Nansen zu praktizieren. Meister Joshu war außergewöhnlich gebildet, außergewöhnlich intelligent, außergewöhnlich aufrecht in seiner Praxis.

Das erste Mal, als er seinem Meister eine Frage gestellt hat, in einem Mondo, hat er ihn gefragt: »Was ist der Weg?«

Vorhin sagte jemand zu mir: »Du sprichst oft vom Tao.« Die Leute kennen den Begriff Tao als Sexualtechnik, aber man kann ihn ebenfalls im Sinne des Weges, der Richtung verwenden. Wenn ihr zum Beispiel während Zazen husten wollt, ist es besser, euren Speichel nach innen zu schlucken. Nach innen, das ist die Richtung der Energie. Das ist das Gegenteil der Leute, die im Dojo, den Kopf nach rechts und nach links drehen, um zu sehen, was sich abspielt – das ist die gegensätzliche Richtung zum Tao. Im Augenblick des Zazen, im Dojo, muss man wissen, in welche Richtung man das Bewusstsein lenken muss. Das Bewusstsein ist nicht nur Denken. Das Bewusstsein ist das Leben, das Tao ist das Leben. Das Leben nach innen zurückzuführen, den Wert jedes winzigen Partikels unseres Körpers zu beachten, bedeutet, den Kosmos in seinem Inneren zu verstehen. Wie ich gesagt habe, von der Vielheit zur Einheit übergehen. Das Gegenteil vom Tao ist zersplittern: sein inneres, lebendiges Bewusstsein nach außen hin zersplittern. Wenn sich unser ganzes Bewusstsein nach außen richtet, können wir nichts verwirklichen. Das führt zum Tod hin – schlimmer als der Tod –, dahingegen enthüllt das Nach-innen-Lenken der Energie das ewige Leben. Deshalb beginnt der Weg mit Zazen, in die Richtung »ins Innere«.

Der Meister antwortete Joshu:»Das Tao ist...« Ich suche ein Wort, die übliche Übersetzung ist falsch ... Meistens wird die Antwort mit»Der gewöhnliche Geist ist das Tao« übersetzt. Aber das kann es nicht sein. Wenn der gewöhnliche Geist das Tao wäre, wäre die Welt perfekt, in perfekter Ergänzung, denn es gibt nur gewöhnliche Leute! Ich habe dazu auch einen spanischen Text geschrieben. Wir suchten die Übersetzung von»gesunder Menschenverstand« – gesunden Menschenverstand haben. Wir haben die Übersetzung nicht wirklich gefunden, aber dieser Ausdruck»gesunder Menschenverstand« drückt gut aus, in welche Richtung man seine Energie lenken soll. Der gesunde Menschenverstand ist keine außergewöhnliche Intelligenz, im Gegenteil, er zeigt sich fast gewöhnlich. Die gesamte chinesische Weisheit basiert auf dem gesunden Menschenverstand. Es gibt keinen Moralbegriff, keine Schuldzuweisung, sondern vielmehr Vorstellungen von gesundem Menschenverstand und Hygiene. Mit dem gesunden Menschenverstand kann man selbst sehen, was gut ist und was nicht. Es ist eher das, was Nansen antworten wollte. Man könnte»das Tao« übersetzen mit: Der Normalzustand, der normale Geist – obwohl man heutzutage nicht mehr oft auf normale Leute trifft. Sensei sagte immer:»Satori heißt, zum Normalzustand zurückkehren und den Sinn aller Dinge des Lebens ohne neurotische Verfärbung verstehen.« Die normalen Dinge, die Dinge, so wie sie sind, das ist das Tao.

Also fragte Joshu – völlig logisch:»Wie kann ich normal werden? Wie kann ich versuchen, mich selbst so zu lenken, dass ich die kosmische Ordnung lebe?« Sein Meister sagte: »Angenommen, du bist degeneriert, egal was du versuchst, du wirst dich irren, du wirst die wahre Bewegung des Weges verraten.« Deshalb gibt es in der Praxis, in der Haltung, ein Loslassen, eine Öffnung. Man lässt der unbewussten Bewegung Raum. »Aber wenn ich mich nicht korrigiere, wenn ich mich nicht lenke, wie könnte ich das Tao kennen? Wie könnte ich meine Fehler erkennen und wissen, was wahr ist?« »Der Weg ist nicht etwas, das man kennt oder nicht kennt. Was man darüber sagen kann, ist eine Illusion, in dem Sinne, dass es immer nur ein kleiner Teil davon ist. Aber ihn nicht zu kennen heißt blind zu sein. Wenn ihr eines Tages den authentischen Weg wirklich durchdringt, werdet ihr fühlen, dass selbst das All nur eine kleine Parzelle ist, und dass es von einem Ende zum anderen des Unermesslichen, des Unendlichen, kein Atom gibt, kein Staubkorn, das getrennt wäre. Wenn man ein Staubkorn bewegt, bewegt sich das Unendliche, das gesamte Universum, alles was existieren kann, alles was man erfassen kann. Wie könnte man also auf der Ebene von Bejahung und Verneinung sprechen?« Es heißt, dass Joshu bei diesen Worten erwachte.

Meister Mumon kommentiert diese Worte: »Als Antwort auf die Frage Joshus hat Nansen nicht eine Sekunde verloren, um ihm den verpulverten Dachziegel und das geschmolzene Eis zu zeigen. Wenn es keine mögliche Erklärung gibt, darf man nicht zögern. Dennoch musste Joshu 30 Jahre praktizieren, um das aufzunehmen, zu verdauen und sich zu eigen zu machen, was er in diesem Moment begriff.« Und er schrieb ein Gedicht:

> *Der Frühling kommt mit seinen Blumen,*
> *Der Herbst kommt mit dem Mond,*
> *Der Sommer kommt mit einem leichten, frischen Wind,*
> *Und der Winter mit Schnee.*

Wenn unsere unnötigen Sorgen nicht an unserem Geist hängen, ist es immer die beste Jahreszeit. Joshu lebte 120 Jahre. Sicherlich hat er das Tao praktiziert. Für einen Taoisten ist die Wurzel des Baumes, das Bild der Kraft, die die Erde anhebt, langsam, langsam die Steine bewegt. Wenn man beim Zazen unbeweglich ist, kann man genau diese Kraft der Wurzel des großen Baumes spüren. Äußerlich ist sie nicht zu sehen, der Zeitbegriff ist ein anderer. Die Kraft des Berges, der sich aufrichtet, kann der Einfältige nicht sehen, aber die Kraft ist da, konstant, in jedem Moment in der Lage, Millionen von Tonnen anzuheben. Das ist die Kraft des Tao.

Zum Genjo Koan Meister Dogens sagte Meister Deshimaru: »Die Unterweisung des Zen ist keine universitäre Unterweisung.« Es wird eine andere Zone des Gehirns angesprochen, es ist kein intellektuelles Wissen. Es gleicht einem Samen, den wir in unsere eigene Erde pflanzen. Wenn man Wein pflanzt, nimmt man einen Weinstock (Cabernet oder Merlot, Pinot): Der Weinstock ist wichtig, auch der Wurzelballen und die Erde, in die man ihn pflanzt – jede Erde hat ihre Eigenheit, mehr oder weniger eisenhaltig, natriumhaltig, mehr oder weniger vermischt mit Sand oder Kieseln ... Es ist auch abhängig vom Klima, der Feuchtigkeit und Sonneneinwirkung. So viele Faktoren machen aus dem Zusammentreffen von Weinstock und Erde eine ganz einzigartige Frucht. Es gibt Weinkenner und andere, die nicht viel davon wissen. Wenn ihr eines Tages einen wirklich guten Wein trinkt, werdet ihr wissen, dass er wirklich außergewöhnlich ist. So ist auch die Unterweisung des Zen keine intellektuelle Unterweisung, keine universitäre Unterweisung. Es ist kein wörtliches Wissen, es ist Alchimie. Das *Kusen* im Dojo ist wie Weintrinken: ihr trinkt den Wein des Weinstocks, den Deshimaru in eine bestimmte, ganz besondere Erde gepflanzt hat. »Aber gleichzeitig«, sagte Sensei, »kommt Kusen von Ku, der Leere. Er pflanzt Samen der Weisheit in euch, in eure Erde. Mit der Zeit werden sich diese Samen verwandeln und eure eigenen Früchte erzeugen. Nicht meine Weisheit werdet ihr wiederholen.« Ich habe die Kusen von Deshimaru wenig gelesen, aber ich habe sie alle gehört, ich habe sie aufgenommen, jeden Morgen, jeden Abend, jedes Sesshin, jedes Sommerlager, im Dojo, in diesem viereckigen, geschlossenen Raum, im Beisein der Schüler und des Meisters. Ewige Momente, für immer unvergeßlich, wahrscheinlich die größte Intensität im Leben eines Menschen. Zen ist nur das. Wie ein Sohn bewunderte ich Meister Deshimaru außerhalb des Dojo, aber ich mischte mich nicht zu sehr in sein Privatleben ein. Ich legte es nicht speziell darauf an, meine Zeit bei ihm zu Hause zu verbringen. Auf jeden Fall können zwei Tiger nicht unter einem Dach leben; das hat er mir schnell zu verstehen gegeben. Ich wohnte im Dojo gegenüber seinem Fenster. Wenn er mich brauchte, rief er mich an. Aber wichtig, am allerwichtigsten ist Zazen, die Weitergabe im Dojo, diese Weitergabe befindet sich jenseits von Meister und Schüler.

6

Man spricht uns vom Weg der Mitte

Vierter Satz des Genjo Koan. Dogen schreibt: *»Illusion ist vom Ego ausgehend zu praktizieren und die 10.000 Dharma zu identifizieren.«* Die 10.000 Dharma bedeuten alles, was wir mit unserer Nase, unseren Ohren, unseren Augen, unserem Bewusstsein wahrnehmen. Alles was man sieht, alles was man denkt, alles was man berührt sind die 10.000 Dharma – auch Phänomene genannt. Zu praktizieren und sie vom Ego ausgehend zu identifizieren, ist Illusion. Was man Satori nennt, ist praktizieren und das Ego entdecken. Ego bedeutet in diesem Fall unsere wahre Natur, die der Bewegung der 10.000 Dharma, das heißt der kosmischen Ordnung, folgt. Wenn man die Schriften der Zenmeister liest und die Antworten, die sie ihren Schülern gegeben haben, wird einem klar, dass sie alle dasselbe sagen. Natürlich spreche ich von wahren Meistern wie *Hyakujo, Rinzai, Baso,* alle diese Meister, die zum Beispiel in der amerikanischen Literatur bekannt sind.

Aber niemand hat die Wahrheit auf so wunderbare, klare Weise niedergeschrieben und formuliert wie Dogen. Illusion ist die Außenwelt vom Ego ausgehend zu identifizieren, Satori ist, das Ego zu entdecken, indem man der kosmischen Ordnung folgt. Unwider-

rufbare, perfekte Beschreibung. Es gibt etwas, das man verstehen muss – und das ist etwas, über das wir kartesianische Westeuropäer uns nur schwer hinwegsetzen können – nämlich dass die wahre Unterweisung von Buddha, dem Meister, nicht daraus besteht, die Illusion zurückzuweisen und sich an das Satori zu klammern, sondern, wie Buddha selbst unterwiesen hat, dem Weg der Mitte zu folgen, ohne vorab zu urteilen: Illusion ist das Schlechte, Satori das Gute. Das eine existiert nicht ohne das andere, so wie man um voranzukommen ein Bein nach hinten bewegen muss, damit das andere nach vorn gehen kann.

Wir sind an eine jüdisch-christliche Lehre gewöhnt, die tief in uns verwurzelt ist, in unserem Bewusstsein, selbst wenn wir ihr entkommen wollen. Wenn wir sagen: »Ich verstehe, dass es im Grunde das Gute und das Schlechte nicht gibt«, bleibt es ein intellektuelles Verständnis, und unsere Reflexe bleiben geprägt vom Einfluss unserer Vorfahren. Unsere Eltern, unsere Großeltern, unsere Urgroßeltern sind so erzogen worden, es ist unseren Zellen, unseren Genen, unserem tiefen Unterbewusstsein eingeschrieben. Es ist sehr schwierig, diesem Gift, dieser falschen Wahrnehmung des Lebens zu entrinnen. Als wenn man im Schlamm steckt: Versucht man einen Fuß herauszuziehen, versinkt der andere noch mehr. Man macht intellektuelle Spielchen und liebt es, sich einzubilden, dass man das Zen versteht. In unserem eigenen Weg der Mitte müssen wir uns unseres westlichen Karmas, unserer dualistischen Reflexe, die tief in uns eingegraben sind, bewusst werden. Meister Hyakujo wurde einmal gefragt: »Was bedeutet es, dem Weg der Mitte zu folgen?« Er antwortete: »Der Weg der Mitte, das sind die Extreme.« Wenn ihr Begriffe der taoistischen Medizin oder des Shiatsu kennt, könnt ihr diese Antwort leicht verstehen. Wenn man eine Diagnose stellt, muss man bestimmen, was sich im Übergewicht befindet und es durch das entgegengesetzte, kontrollierende Extrem ausgleichen. Das Extrem Feuer wird beispielsweise durch das Extrem Wasser kontrolliert, das zum Weg der Mitte zurückführt, das heißt, zum Gleichgewicht. Das Extrem Kälte wird durch das Extrem Wärme ausgeglichen, das Extrem Höhe durch das Extrem Tiefe – Unvollständiges vervollständigen, Übermäßiges mindern. Illusion, Satori sind zwei Extreme, nur das eine oder nur das andere würde ein Ungleichgewicht erzeugen. Daher ist das Satori, im Gegensatz zu dem, was oft geschrieben wird, absolut nicht das Ziel des Buddhismus. Es ist einfach nur so, dass die meisten Leute ihr Leben auf Illusion gründen, nur auf Illusion. Um sie zu heilen, brauchen sie also das Satori, sie müssen ihre Satori-Seite öffnen. Jemand, der sich vollkommen auf der Satori-Seite befände, müsste seine Illusion-Seite öffnen, sich ein bisschen an der Materie, den Vergnügungen festhalten, Begierden haben; so könnte man ihn von seinem Satori-Extrem heilen. Zu lehren, dass Illusion schlecht und Satori gut sei, wäre sektiererisch und absolut nicht universal, es ist eine kleine Dimension.

Im vierten Satz des Genjo Koan erklärt Dogen es deutlich: »Illusion ist das, Satori ist das.« An keiner Stelle sagt er: »Illusion ist schlecht, Satori ist gut«, aber alle glauben das, alle interpretieren das so, und wißt ihr, warum? Ein Sprichwort sagt: »Alles was selten ist, ist teuer.« Satori ist selten – alle stecken in der Illusion, niemand hat das Satori – würde man 100 g Kaviar für 1,50 DM verkaufen, hätte er keinen Wert mehr. Es gab eine Zeit, in der Orangen sehr selten waren, man aß sie einmal im Jahr als etwas Besonderes. Wer interessiert sich heute noch für ein Kilo Orangen? Es ist sehr schwierig für uns, den Sätzen Dogens oder Buddhas keine eigene qualitative oder quantitative Einschätzung hinzuzufügen. Wenn man diesen Fehler vermeidet, kann man sie in all ihrer Größe und Freiheit verstehen. Es macht nichts, in der Illusion zu sein, wenn man weiß, dass es Illusion ist und es macht nichts, nicht zu wissen, dass man Satori hat, wenn man es hat. Eigentlich kann man nicht wissen, dass man Satori hat, da es genau genommen bedeutet, dass man nicht existiert. Man kann diese Nicht-Existenz ahnen, aber es ist wie die Erinnerung an einen Traum. In Wirklichkeit ist diese Nicht-Existenz unser Wesen, unsere wahre universale Existenz. Sensei sagt:»Es geht darum, in uns den Ursprung des greifbar gewordenen Lebens zu entdecken. Der Ursprung des greifbar gewordenen Lebens, die Wurzel unseres Geistes, ist das Herz des Zazen. Der einzige Ort, wohin man fliehen kann, ist das Herz unseres Geistes.« Das ist die wahre Magie, die den Standpunkt der Praxis völlig verändert.

Was ist der Standpunkt der Lehre Buddhas? Er hat es gesagt:»Das Wesentliche meiner Unterweisung ist, das Schlechte zu stoppen«: Aufhören, das Schlechte zu tun, das Gute tun: das ist viel schwieriger als man glaubt. *Shoaku Makusa*. Buddha hat nie gesagt, das Ziel des Buddhismus sei, Satori zu erlangen, zu verstehen, sondern Gutes zu tun und damit aufzuhören, Schlechtes zu tun. Er sagte:»Das Schlechte ist das Leiden, das Alter, die Krankheit, der Tod. Das Gute ist Glück und ewiges Leben.« Aber die menschliche Kraft reicht nicht aus. Man möchte das Gute tun und am Ende wird es zur Katastrophe, weil unsere Auffassung von der Praxis, dem Ideal, der Moral, auf Begriffen der Existenz, unseren begrenzten Begriffen beruhen. Selbst wenn man sich eine ideale Welt vorstellt, würden Leiden und Sünde weder gänzlich davon losgelöst noch davon ausgeschlossen sein. Im vorigen Satz des Genjo Koan hat Dogen geschrieben, dass der Weg des ursprünglichen, das heißt des reinen Buddhismus, über sich selbst hinausgeht. Man kann nicht sagen:»Der Weg ist dies oder jenes.« Selbst Zazen ist nicht gezwungenermaßen der Weg, man kann nicht sagen:»Ich mache Zazen, also bin ich gut, ich praktiziere den richtigen Weg.«*»Der Weg des reinen Buddhismus geht über sich selbst hinaus, folglich gibt es keinerlei Vorstellung von Überfluß oder Mangel in Bezug auf Illusion und Satori, es gibt keine Vorstellung von Unzulänglichkeit.«* Wenn ihr anfangt, den wahren Buddhismus zu verstehen – das bedeutet, ohne dass ihr euch Illusionen macht – ist das kein super-intellektuelles Verständnis. Wenn ihr beginnt, den wahren Weg so zu sehen, wie er ist, dann seht ihr, dass er von einer immensen Einfachheit ist und nichts Außergewöhnliches hat, er ist lediglich normal. Alles im Universum geht über sich selbst hinaus, die Bäume, die Sterne, die Wolken, der Regen, die Sonne, die Berge, das Meer ... Nur die Egoisten gehen nicht über sich selbst hinaus; allein der Mensch hat den Egoismus erfunden. Für den Menschen bedeutet der Weg lediglich, sich selbst ähnlich zu werden. Das kann viele »Ismen«-Liebhaber enttäuschen. Zunächst einmal zurückkehren zum normalen Menschen, um anschließend das unglaubliche Potential, das unglaubliche Wunder, das der Mensch sein kann entdecken zu können.

Meister Joshu fragte Meister Nansen, als er dessen Schüler war, was der Weg sei. Nansen antwortete:»Der Weg ist der gewöhnliche Geist, der Normalzustand.« »In welche Richtung muss ich gehen, um normal zu sein, was muss ich machen?« »Wenn es etwas gäbe, was man tun müsste, um normal zu sein, wäre das nicht die Normalität.« »Aber wie kann ich den Weg erreichen, wenn ich nicht weiß, was man machen muss, wenn ich keine Methode habe, keine Richtung, in die ich gehen kann?« Nansen antwortet:»Der Weg ist nicht etwas, das man kennen oder verstehen kann.« Glauben, dass man den Weg kennt, heißt eine weitere Illusion hinzufügen, aber den Weg nicht zu kennen, bedeutet, blind zu sein. Wie muss die Geisteshaltung, die wahre menschliche Religion sein? Heute natürlich, nicht vor 100 oder 1000 Jahren. Wie ich vorhin bereits gesagt habe, der Mensch ist ein Egoist. Das menschliche Gehirn ist nicht auf dieselbe Weise strukturiert wie das Gehirn der anderen Tiere. Seine Überlegenheit ist gleichzeitig eine Begrenzung, ein Trauma, das ihn dazu zwingt, über sich selbst hinauszugehen, um sich mit dem, was man den Weg nennt, wiederzuvereinigen, man könnte sagen: sich mit dem Leben wiederzuvereinigen. Der Mensch ist immer neben der Spur. Die Tatsache, dass er neben der Spur ist, bildet die Besonderheit, in der er sich einschließt. Was er auch schöpft, er schließt sich in seiner Struktur ein, selbst wenn es eine religiöse Schöpfung ist. Selbst im Herzen seiner Religion schließt er sich ein, und sie wird eine Anti-Religion, eine Anti-Freiheit, ein Anti-Satori, ein Gefängnis.

Deshalb sagt Dogen, dass der ursprüngliche Buddhismus rein ist, über sich selbst hinausgeht, das bedeutet, dass er nicht existiert, keine Grenzen hat, es ist weder eine Kirche noch eine Entschuldigung. Die Welt, die Menschen sterben daran, dass sie ihren gemeinsamen Punkt nicht finden, das was sie miteinander und mit der immer während revolutionären Bewegung des Kosmos verbindet, wo Magie sich ausdrückt und in jedem Moment zu euch spricht, wo jeder Moment überwältigend ist, viel überwältigender als virtuelle Bilder, nicht nur in den drei Dimensionen, sondern in den drei Welten. Die Welt des Traumes mit der Realität, die Welt des Unbewussten mit dem Bewusstsein, die Welt des Todes mit der Welt des Lebens zu durchdringen, das ist die religiöse Dimension. Ohne dies leidet der Mensch, lebt er eingesperrt in einem Berg aus Blei. Für jemanden, der das wahre Leben gesehen, gekostet hat, ist das, was man uns heute anbietet, absolut unerträglich. Als ob man ein Kind den Armen und der Liebe seiner Mutter entrisse und ins Waisenhaus steckte, ohne Liebe, nur mit Regeln und autoritären Verhältnissen. Es besteht derselbe Unterschied zwischen den Armen der Mutter und dem Waisenhaus wie zwischen dem normalen Leben – normale Verhältnisse, so wie sie sein sollten – und der verrückten Wirklichkeit, die unsere Welt ist. Tatsächlich gibt es ein Übermaß an Illusion, ein Übermaß in dem Sinne, dass man die Phänomene mit seinem Ego bestätigt, wenn ihr jedoch Satori habt, wird euer Ego von den Phänomenen bestätigt: Ich wünsche euch das Satori also nicht.

Ich werde euch die Basis, die Grundlagen der Zazen-Haltung erklären. Die Knie müssen gut im Boden verankert sein. Wenn es möglich ist, nehmt den Lotussitz ein. Bringt immer die rechte und die linke Seite ins Gleichgewicht. Das *Zafu* ist auch ein sehr wichtiger Bestandteil, es darf weder zu hoch noch zu niedrig sein. Es muss eine exakte Spannung, das Aufrichten der Wirbelsäule zulassen. Das Perineum liegt genau zwischen dem After und den Sexualorganen; es steht in Verbindung mit dem Scheitelpunkt, der Fontanelle. Ich werde euch erklären, warum man diesen Punkt »das Tor des Lebens und des Todes« nennt. Auf diesem Punkt sitzt man während Zazen. Dahinter liegt der After, der von Muskeln umgeben ist. Der After ist ebenfalls ein sehr wichtiges Tor, er dient zur Ausscheidung, aber er ist ebenfalls sehr wichtig um Energie zu kanalisieren. Dann gibt es das Kreuzbein (die Spitze des Kreuzbeins ist das Ende der Wirbelsäule), schließlich ist da noch ein Punkt zwischen dem After und dem letzten Knochen der Wirbelsäule. Wenn man sich mit Shiatsu auskennt, kann man all diese Punkte massieren. Das ist sehr wichtig. Also auch die Stelle der Wirbelsäule, das Kreuzbein, muss lebendig sein. Wenn man dann an der Wirbelsäule entlang hinaufgeht, erreicht man den fünften Lendenwirbel: Hier hört die Wirbelsäule auf, unbeweglich zu sein, der Punkt der Lendenwirbelkrümmung. Darüber, zwischen dem zweiten und dem dritten Lendenwirbel des Rückens, genau auf der Höhe des Nabels, befinden sich die Nieren. Dieser Teil ist ebenfalls sehr wichtig und sollte gestreckt sein. Wenn diese Grundlagen stimmen, kann man Zazen praktizieren.

7

Der menschliche Geist

Der fünfte Satz des Genjo Koan handelt von der Beziehung zwischen Satori und Illusion. Die ersten fünf Sätze handeln vom menschlichen Geist, genauer gesagt vom Geist des Menschen, der den Weg geht, des Menschen, der erwachen will. Es ist ja ganz nett, erwachen zu wollen, aber was bedeutet das wirklich? Wie vertieft man den menschlichen Geist, wie entwickelt man ihn? Wir haben alle in uns die beiden Anziehungspole: Einen zum Licht, zur Klarheit, zur Freiheit, zur Loslösung, den anderen zur Dunkelheit, zum Tod, zu den Begierden, zum Festhalten, zur Zerstörung. Man kann diese beiden Kräfte nicht trennen, sie sind wie Nord- und Südpol, wie ein Magnet. Als wenn ihr eine Magnetstange habt und euch sagt: »Ich will nur den Nordpol haben, also schneide ich den Südpol ab. Ich will nur die Hälfte des Nordpols behalten.« In dieser Hälfte wird ein neuer Südpol entstehen und das bis ins Unendliche. Ihr müsst also diese beiden Energien, diese beiden Kräfte in euch akzeptieren. Im Dojo hängen zwei Kalligraphien. Auf der einen steht:

»Selbst wenn man die Blumen liebt, verwelken sie, selbst wenn man das Unkraut hasst, sprießt es immer wieder«, auf der anderen: *»Je heller der Mond, desto deutlicher unterscheidet man die Dunkelheit.«*

Der fünfte Satz des Genjo Koan lautet:

»Jene, die die Erfahrung des Satori in Bezug auf die Illusion machen, werden Buddhas genannt, jene, die ihre große Illusion für Satori halten, werden mittelmäßige oder gewöhnliche Leute genannt. Außerdem gibt es die, die das Satori selbst im Schoß des Satori vertiefen und die, die selbst im Schoß der Illusion noch mehr Illusion erschaffen.«

Man spricht immer vom Satori in Bezug auf Illusion, in Beziehung zur Illusion. Satori kann nicht aus sich selbst bestehen. Sensei sagte: »Es ist wie das Verhältnis zwischen Wasser und Eis.« Dogen sagt auch: »Jene, die die Erfahrung des Satori in Bezug auf Mayoi machen ...« *Mayoi* heißt im Japanischen das Gegenteil von Satori. Die Übersetzung von Worten ist sehr heikel, wir haben nicht unbedingt dieselbe Lebensauffassung. Die Vorstellung, die ein Franzose oder ein Deutscher sich beim Wort Illusion macht, wird nicht dieselbe sein wie die eines Japaners oder Inders; man muss den Worten also misstrauen. Es heißt, die Bedeutung von Mayoi sei Dualität, Zögern, Verirrung. Satori existiert nur in Bezug auf Mayoi. Illusion besteht auch nicht aus sich selbst, ist kein besonderer Zustand, es ist lediglich die Begrenzung der Wirklichkeit, eine eingeschränkte Sichtweise. Dennoch hat die Illusion keine Grenzen, hat der Schwachsinn keine Grenzen, denn sie ist nicht von anderer Natur als das Satori, und das Satori hat keine Grenzen. Satori und Illusion sind keine Begriffe, das Ziel des Zen ist nicht ein Verständnis: »Ach so! Ich habe das Zen verstanden. Es ist soweit, ich habe das Satori!« Zen ist eine Lebenshaltung, ein Verhalten, das für jeden anders sein wird. Es gibt kein stereotypes Zen-Verhalten. Obwohl eine Vielzahl von Dummköpfen das glaubt. Sie sehen den Meister rauchen, ein Glas Wein trinken, sie sagen: »Oh je! Der da ist aber nicht Zen!« Oder er wird wütend oder schaut einer Frau nach, dann denken sie, dass das nicht Zen ist. In ihren Köpfen haben sie ein stereotypes Bild des Zen, das absolut beschissen ist, jedenfalls für mich. Das Satori ist für jeden anders, aber es gibt natürlich immer Gemeinsamkeiten.

Jeder Einzelne ist besonders, seinem Karma, seinen Charakteristika und seiner Aufgabe im Schoße des Kosmos gemäß. Es ist wichtig, seine Aufgabe zu finden. Das Universum ist ein Ganzes, in dem jedes Phänomen, jedes Wesen, eine Aufgabe hat, selbst wenn sie ganz einfach ist. Jedem also sein Satori, jedem Tag sein Satori, jedem Augenblick sein Satori. Man kann sagen, dass das Satori zwei Aspekte hat. Buddha hat gesagt: »Der wahre Buddhismus ist keine Wahrheit, denn jeder Wahrheit kann widersprochen werden.« Das bedeutet, die Relativität jedes Phänomens wahrzunehmen, das ist ein Teil des Satori. Der andere Teil ist, die Realität jedes Phänomens wahrzunehmen. Also, auf der einen Seite die Relativität, auf der anderen die Realität, ihre Aufgabe, ihre Wichtigkeit. Zwischen der Relativität und der Realität liegt der Weg der Mitte. »*Selbst wenn man die Blumen liebt, verwelken sie, selbst wenn man das Unkraut hasst, sprießt es.*« In Wirklichkeit ist Unkraut nicht unbedingt schlecht. Ich habe die Blumen mit dem diesseitigen Leben verglichen, zwischen Geburt und Tod: Selbst wenn man sich an dieses diesseitige Leben klammert, vergeht es. Ich habe das Unkraut mit dem ewigen Leben verglichen: Selbst wenn man das ewige Leben verabscheut, geht es weiter. Mit diesen Vergleichen kann man unendlich weiterspielen. Im *Hannya Shingyo* heißt es: »Shiki, die Phänomene, die Bestandteile des Wesens und der Dinge, sind in sich selbst leer von jeglicher Substanz.« Aber Leere ist nichts anderes als Form. Das gleiche gilt für die Empfindungen, die Wahrnehmungen, die Vorstellungen und das Bewusstsein: Ihr Bestandteil ist leer, aber er nimmt Form an, und die Form kehrt zur Leere zurück. In diesem Sutra heißt es auch: »Dieses erfassen.« Das ist nicht dasselbe wie verstehen: Das bedeutet, es zu sehen, zu leben, zu fühlen, das heißt, entkommen von allem

Leid, von aller Not gerettet werden. Weiter heißt es dort: »Ohne etwas zu erwarten, dank der Tugend dieser Weisheit, hindert nichts den Geist des *Bodhisattva*. In seinem befreiten Geist gibt es keine Angst mehr. Er siegt über alle irrtümlichen Anschauungen und in Wirklichkeit wohnt er im ewigen Nirwana.« Das ist einer der fundamentalen Texte des menschlichen Geistes. Man rezitiert ihn jeden Tag. Niemand in keiner anderen Religion hat das jemals formuliert. Alle Buddhisten, ob in Tibet, in Indien oder ganz Asien, einschließlich Japan, in Korea, in Vietnam, rezitieren das Hannya Shingyo. Das Mantra, das man am Ende singt, ist das Gebet des Herzens:

> *Gyatei, gyatei, hara gyatei,*
> *Hara so gyatei,*
> *Boji so waka*

Die ersten fünf Sätze des Genjo Koan lauten:
»*Wenn alle Existenzen vom Dharma des Buddhas ausgehend wahrgenommen werden, gibt es Satori und Illusion, die Praxis und die Verwirklichung, Leben und Tod, Buddhas und gewöhnliche Wesen. Aber wenn alle Existenzen von Ku aus gesehen werden, dann gibt es weder Illusion noch Satori, kann man die gewöhnlichen Wesen nicht mehr von Buddhas unterscheiden, kann man Geburt und Tod nicht mehr definieren. Ursprünglich steigt der wahre Weg Buddhas in all seiner Reinheit über sich selbst hinaus. Darin ist keine einzige Vorstellung von Überfluss oder Mangel zu finden. Und doch gibt es Erscheinen und Verschwinden, gibt es Illusion und Satori. Es gibt normale Wesen und Buddhas, aber obwohl das so ist, verwelken die Blumen, selbst wenn man sie liebt und sie bedauert, und das Unkraut sprießt, selbst wenn man es loswerden will, selbst wenn man es nicht mag. Es ist eine Illusion zu praktizieren und die 10.000 Dharma zu definieren, während man sein Ego trägt, ausgehend von seinem Ego. Es ist Satori, zu praktizieren und die wahre Natur des Ego zu entdecken, indem man weitergeht,*

existiert und durch die 10.000 Dharma existiert hat. Jene, die die Erfahrung des Satori in Bezug auf die Illusion machen, werden Buddhas genannt. Jene, die aus dem Satori eine zusätzliche Illusion machen, werden Durchschnittsmenschen genannt. Andererseits gibt es Menschen, die im Satori noch mehr Satori erlangen und solche, die in der Illusion noch mehr Illusion erschaffen.«

Da sind wir jetzt. Jene, die ihre große Illusion für Satori halten oder aus dem Satori eine zusätzliche Illusion machen, werden Durchschnittsmenschen oder gewöhnliche Menschen genannt. Man kann keine Grenze zwischen Satori und Illusion ziehen, sie existiert nicht. Darin liegt die Gefahr der Religionen. Viel häufiger kann man sehen, wie sie zu großen Illusionen werden, die uns stärker in neue Grenzen, neue Kategorien sperren, als dass man auf die wahre Religion stößt, die den Geist zur Ganzheit öffnet. In diesem Fall wäre es vielleicht vorzuziehen, überhaupt nichts zu praktizieren. Schlussendlich ist es besser ein Durchschnittsmensch zu sein, der sich als gewöhnlicher Mensch akzeptiert, als ein Durchschnittsmensch, der sich einbildet, keiner zu sein, dank der Zugehörigkeit zu dieser oder jener Religion. Dogen sagt es im *Gakudo Yojinshu*: »Wenn ihr nicht das wahre Zen praktiziert, wenn ihr euch in der Richtung irrt, ist es noch immer besser, überhaupt nicht zu praktizieren.«

»Und dann gibt es jene, die das Satori selbst im Schoß des Satori noch vertiefen.« Dogen betrachtet das Satori als Ausgangspunkt der Praxis, nicht als Ziel. Wenn ihr kein Satori habt, lohnt es sich nicht, zu praktizieren. Er sagt ebenfalls: »Zazen und Satori bilden ein Ganzes«, was beweist, dass das Satori der Ausgangspunkt der Praxis ist, nicht ein Ziel als solches. Zazen darf nicht mit einem Ziel praktiziert werden, aber es kann ein Mittel sein, es kann ein Ausgangspunkt sein, die Stütze eines neuen Lebens von großer Dimension. Man verfällt leicht in

Dogmatismus. Sogar im Zen. Man sagt: »Zen ist ohne Ziel, man darf es nicht benutzen.« Auch das kann dogmatisch werden. Natürlich darf man sich seiner nicht zugunsten des Ego bedienen, aber man muss es für die Menschheit benutzen. Wie soll man das Zen benutzen? An dieser Stelle erscheint entweder mehr Illusion (weil Zazen absolut ist, kann es genauso gut zu einer Entschuldigung werden) oder mehr Satori im Satori (weil Zazen absolut ist, kann es genauso gut eine Quelle des Wunderbarsten werden). Es kann nicht begrenzt werden, denn es kann nicht einfach die Hälfte der Dinge sein: Das Satori ist total, es ist eins, es enthält also ebenfalls Illusion. Es ist nicht etwas, das man hat, das man persönlich erlangt, es ist das lebendige Wesen der Dinge. Es ist nicht persönlich, sondern allen Existenzen gemein. Wenn ihr euch dem Satori öffnet, könnt ihr auch die Illusion durchdringen, könnt ihr alle Phänomene von eurem Ego aus bestätigen, identifizieren; wenn dieses Ego zum wahren Wesen der Dinge geworden ist, könnt ihr frei eintauchen, selbst in die Illusion. Am Ende gibt es keinen Unterschied mehr.

Dogen sagt, dass das Satori der Ausgangspunkt der Praxis ist. Das bedeutet, dass man, ausgehend von einem Bewusstsein, von einer normalen Wahrnehmung, ohne jegliche Illusion, damit anfangen kann, die Themen anzugehen, die uns tief am Herzen liegen. Dass man Probleme lösen kann, die den Menschen seit Urzeiten beschäftigen. Das heißt, das Satori vom Satori aus zu vertiefen. Das Problem besteht darin, dass es für die meisten Leute sehr schwierig ist und sehr lange dauert, den Normalzustand, eine normale Sicht der Dinge zu erreichen. Das Karma ist tief verwurzelt und selbst wenn man euch einen Schatz gibt, könnt ihr ihn nicht benutzen. Selbst wenn man euch Zazen zeigt, euch einen wunderbaren Weg lehrt, macht ihr daraus sofort etwas Begrenztes. Meistens wird die Praxis durch ein inneres Unglücklichsein stimuliert. Man praktiziert also ausgehend von der Illusion. Es gibt Leute, die überhaupt keinen spirituellen Weg praktizieren und die eine normale Sicht der Dinge haben, die unbewusst Satori haben. Diese Leute spüren kein Bedürfnis, keine Notwendigkeit, zu praktizieren, einen Meister zu suchen und dennoch sind es gerade sie, die es tun müssten. Das ist ein sehr wichtiges Problem. Im Fukanzazengi erklärt Dogen, warum die Praxis, die Verwirklichung für einen normalen Menschen notwendig wären. Er sagt:»Selbst jemand, der schon normal ist, wird niemals den Weg verwirklichen können, wenn er nicht praktiziert.« Also, wenn eine Person – aber davon gibt es nur wenige – vom Satori ausgehend praktiziert, wird sie ein großer, großer Mönch. Im Allgemeinen praktizieren die Leute mit einer abnormalen Motivation, und wenn sie keinen guten Lehrer haben, keinen guten Meister, der sie zum Normalen zurückbringt, können sie 20, 30 oder 40 Jahre praktizieren, sie werden noch immer genauso dumm sein. Manchmal, nach fünf, sechs Jahren, wenn sie die Normalität erreichen, wenn sie ihre Anfangsillusionen vom Zen verloren haben, hören sie auf, zu praktizieren, aber gerade da fängt es an. Jene, die vom Satori ausgehend praktizieren, vom Nichts ausgehend, ohne Illusion, sind außergewöhnliche, sehr wertvolle Wesen.

8

Eine ganz besondere Wolke

Sechster Satz des Genjo Koan:

»Wenn die Buddhas genau der wahre Buddha sind, ist es nicht notwendig, dass sie sich bewusst sind, dass sie Buddha sind. Sie brauchen es selbst nicht zu verstehen, aber sie sind es, weil sie objektiv bestätigt sind und sie werden sich weiter als Buddha bestätigen, indem sie ihre tägliche Praxis fortsetzen: Dokan.«

Um diesen Satz zu kommentieren, werde ich euch die Geschichte des siebten Patriarchen Indiens erzählen, des Meisters Vasumitra. Er wurde im Norden Indiens geboren, sein Familienname war Baradvaja. Er war ein merkwürdiger Mensch. Man erzählt, dass er um das Dorf herum irrte, dennoch war er kein Bettler. Immer in Weiß gekleidet, seine Kleider waren völlig sauber, ging er, durchquerte das Dorf und ging um es herum, wobei er immer einen Weinschlauch bei sich trug. Sein Verhalten schien sehr merkwürdig. Manchmal sang er oder spielte den Idioten, manchmal mischte er sich unter die Leute, schrie herum, indem er eine Art Performance zum Besten gab. Er spielte ein wenig den Narren. Die Leute nahmen daher an, dass er verrückt sei. Niemand wusste, wie er hieß. Zu dieser Zeit reiste der sechste indische Patriarch, der ehrwürdige Mishika, umher, um die Menschen zu unterweisen und sie zum Weg zu bekehren. Er kam aus dem Norden Indiens und wanderte also in Begleitung seiner Schüler, als er von weitem eine Wolke sah, es war allerdings keine gewöhnliche Wolke. Es war eine sehr leuchtende Wolke, mit einem goldenen Schimmer, die sich über den Mauern der Stadt erhob. Der Ehrwürdige sagte zu seinen Schülern:»Seht ihr diese Wolke dort?«»Oh! Sie ist wunderbar!« sagen seine Schüler,»wir haben noch nie eine vergleichbare Wolke gesehen!« Der Meister sagt:»Allerdings ist das keine gewöhnliche Wolke: Es ist die Energie eines großen Menschen. Er wird der Nachfolger meines Dharma sein, er wird mein spiritueller Erbe sein.« Kaum hatte er diese Worte ausgesprochen, als Vasumitra auf sie zukam, wie immer blendend weiß gekleidet, seinen üblichen Weinschlauch in der Hand. Er sagt zum Meister:»Wisst ihr, was ich in der Hand halte?« Der Meister:»Ja, einen alten, unreinen Weinschlauch! Es ist bestimmt kein reines Gefäß, es stinkt nach altem Leder und riecht nach schlechtem Wein.« Daraufhin stellte Vasumitra den Weinschlauch vor den Ehrwürdigen und verneigte sich in *Sampai*. Der Ehrwürdige fragte ihn:»Dieser Weinschlauch, den ihr da vor mich hinstellt, ist es meiner oder euer?« Vasumitra dachte nach. Der Ehrwürdige fügte hinzu:»Wenn Ihr denkt, dass dieser Weinschlauch mir gehört, dann ist das sicherlich der Buddha in Euch, der das denkt; wenn Ihr denkt, dass er Euch gehört, müsst Ihr mein Dharma empfangen.« Als Vasumitra diese Worte vernahm, erwachte er zu seiner wahren Natur, nicht-geboren und unendlich. Just in diesem Augenblick verschwand der Weinschlauch plötzlich. Der Ehrwürdige sagte:»Sag mir deinen Namen und ich werde dir etwas über dein vergangenes Karma enthüllen, das Karma, das deine Schritte bis hierher geführt hat.« Vasumitra antwortete mit diesen Versen:

»Seit unzähligen Kalpa,
seit meiner Geburt hier unten,
war mein Name Baradjava
und der, mit dem man mich rief, war kein anderer als Vasumitra.«

Der Ehrwürdige antwortete:»Mein Meister, der fünfte Patriarch, hat mir eines Tages gestanden, dass der selige Buddha, als er durch die Länder im Norden Indiens reiste, zu Ananda gesagt hatte, dass 300 Jahre nach seinem Tod hier an dieser Stelle ein Heiliger erscheinen würde, der den Familiennamen Baradjava und den Vornamen Vasumitra tragen würde, und dass diese Person der siebte Patriarch des Zen werden sollte. Dies war die Prophezeiung Shakyamunis. Packe also deine Sachen, denn von nun an musst du diese Welt, deine Bindungen und dein Haus verlassen.« Vasumitra sagt:»Das ist erstaunlich! Wenn ich an meine früheren Leben zurückdenke, erinnere ich mich, dass ich in meinen vorgehenden Leben ein großzügiger Mensch war. Ein Buddha, dem ich einen geschmückten Sessel schenkte, sagte mir voraus:»Du wirst ein Patriarch im *Stammbaum* Buddha Shakyamunis werden, der siebte Patriarch in Indien.«

Im Denkoroku erzählt und kommentiert Meister Keizan seinen Schülern die Geschichte und die Satori aller Patriarchen bis hin zu Meister Dogen. Er beendet jede Geschichte mit einem Gedicht. Keizan ist einer der drei großen japanischen Meister. Sein Meister Tetsu Gikai, Nachfolger von *Ejo*, dem dritten Patriarchen des *Eihei-Ji-Tempels*, hatte beschlossen, die Meister in China zu besuchen. In dieser Zeit fühlten die Japaner sich sehr zum chinesischen Zen hingezogen, da Dogen viel von China erzählt hatte. Als Tetsu Gikai aus China zurückkehrte, hatten seine Schüler seinen Platz eingenommen und verjagten ihn. So geschah es, dass der Schüler Keizan den *Soji-Ji-Tempel* gründete und das Zen in ganz Japan bekannt machte. In der Zeit Dogens und Ejos war dem Volk nichts von den Tempeln bekannt, die sich abgelegen in den Bergen befanden. Diese Streitereien um den Ausschluss des Meisters Keizan setzen sich in dem Stammbaum des *Soto-Zen* bis heute fort: Es gibt den Zweig Eihei-Ji und den Zweig Soji-Ji. *Kodo Sawaki*, der Meister von Deshimaru, gehörte dem Soji-Ji-Zweig an; er war sogar *Godo* des Tempels von Keizan, natürlich 700 Jahre später.

Zu Mishika und Vasumitra schrieb Keizan Folgendes: Bevor er Meister Mishika traf, trug Vasumitra stets einen Weinschlauch mit sich herum, er trennte sich weder tagsüber noch nachts davon. In Wirklichkeit ist dieser Schlauch ein Symbol: Er ist morgens, mittags und abends wichtig und in Wahrheit repräsentiert er ihn selbst, er ist wie das Symbol seines Körpers. Folglich fragt er beim Zusammentreffen mit seinem Meister Letzteren: »Wisst Ihr, was ich in meiner Hand halte, was dieser Schlauch symbolisiert?« Habt Ihr euch schon mal Fragen über Euren Körper gestellt? Für jeden ist das Karma anders – für manche ist der Körper gut, eine gute Vererbung, wenig Spannungen. Sensei sagte oft: »Man kann Körper und Geist nicht voneinander trennen.« Aber gleichzeitig kann man sie unterscheiden: Shiki wird Ku, Ku wird Shiki. Man spricht vom einen oder man spricht vom anderen. Wenn man keinen Körper hätte, würde man nichts spüren. Bedenkt, dass das, was ihr im Geist empfindet, durch den Körper reflektiert und materialisiert wird. Warum sind wir nicht frei? Warum sind wir nicht alle lebendige und freie Götter, mit einem perfekten und reinen Körper? Warum müssen wir so viele Jahre unseres Lebens mit Leiden zubringen, wenn doch die Freiheit und das Glück nicht nur existieren, sondern sogar ein Normalzustand sind, der Normalzustand sein sollten? Mit Recht fragen wir uns: »Warum schleppe ich diesen Schlauch von morgens bis abends mit mir herum?« Keizan sagt:»Selbst wenn Euch klar wird, selbst wenn Ihr versteht, dass Euer Körper Buddha ist, dass der Normalzustand ist, einen schönen und reinen Körper zu haben, gleicht er dennoch einem unreinen Schlauch die Reinheit stört.« Das bedeutet, dass wir in Wirklichkeit nicht in dieser idealen Welt leben. Selbst wenn man sich der Tatsache bewusst ist, dass dieser Körper Buddha ist, dass diese Welt die Welt Gottes ist, dass das Wesen der Dinge Buddha ist, gleicht der Körper dennoch einem unreinen Schlauch und ist diese Welt nicht die ideale Welt Buddhas. Keizan fährt fort – er ist sehr intelligent:»Selbst wenn Ihr versteht, dass Eure Existenz in der Vergangenheit existierte und dass sie jetzt in der Gegenwart existiert, selbst wenn Ihr begreift, dass diese Existenz grundlegend vollständig, unendlich ist, gleicht sie dennoch einem unreinen Schlauch.« Wenn man ernsthaft praktiziert, hat man das Recht, sich diese Fragen zu stellen:»Gut, also, man sagt, dass ich nicht-geboren bin, man sagt, dass mein Körper der Körper Buddhas ist, dass der Geist der Geist Buddhas ist, dennoch gleicht er einem unreinen Schlauch. Übrigens von welcher Vergangenheit könnten wir sprechen, von welcher Gegenwart, von welchem Anfang und von welchem Ende? Solche Sichtweisen verletzen notwendigerweise die Reinheit.« Als er die Überlegenheit dieses Prinzips verstand, legte Vasumitra den Schlauch nieder und symbolisierte damit seine Bekehrung durch den Ehrwürdigen. Der Meister fragte ihn:»Ist dies Euer Schlauch oder mein Schlauch?« Eine sehr, sehr interessante Frage. In diesem Moment war nicht einmal mehr die Rede von Vergangenheit oder Gegenwart, es gab keinen Begriff mehr von kommen oder gehen. Wie könnte man unter diesen Bedingungen fragen, ob es meiner oder Euer sei? Als Vasumitra dachte:»Warum fragt er mich, ob es mein Schlauch ist oder seiner, mein Ego oder seins, mein Körper oder seiner, meine Buddhanatur oder seine?«, sagte Meister Mishika:»Wenn Ihr denkt, dass es mein

Schlauch ist, versteht Ihr Eure wahre Natur.« Das heißt, wenn Ihr diesen Körper, auch wenn es Euer ist, nicht als persönlichen betrachtet, wenn Ihr in Erwägung zieht, dass er in gegenseitiger Abhängigkeit existiert, dann ist es auch mein Schlauch, gehört er auch mir. Wenn Ihr davon ausgeht, versteht Ihr Euer wahres Wesen. In dem Moment ist dieser Schlauch Euer wahres Wesen und in dem Fall ist es nicht mein Schlauch. Wenn Ihr dagegen davon ausgeht, dass es Euer ist, dann müßt ihr mein Dharma empfangen, von Meister zu Schüler. Auf diese Weise ist es nicht Euer Schlauch, da ich es ja bin, der Euch sein wahres Wesen weitergeben wird. Ab dem Moment, wo dieser Schlauch weder Euer noch meiner ist, existiert er nicht mehr. Das Ergebnis war, dass er verschwand. »In Wirklichkeit«, sagt Keizan, »wird diese Geschichte keinen einzigen Sinn für die Menschen von heute haben. Aber denkt nach, meditiert, vertieft eure Praxis, macht weiter Zazen; dadurch könnt ihr selbst die Stelle erreichen, die selbst die Patriarchen und Buddha nicht erreicht haben und diese Stelle muss als ein unreiner Schlauch angesehen werden, der die Reinheit stört, der die ideale Welt stört. Jemand, der wirklich rein wäre, kann diese Reinheit weder aufzeigen noch beweisen und aus demselben Grund kann er die Realität weder aufzeigen noch beweisen, die traurige Realität des Schlauches.«

 Keizan fährt fort: »Die Wege des Meisters und des Schülers werden zusammengefügt, auf dem Weg gibt es keine Hindernisse.«
Der ehrwürdige Mishika hat gesagt: »Ihr sollt mein Dharma empfangen, meine Weitergabe, weil diese Weitergabe Euer tiefes, intimes Wesen ist. Nichts wird von irgendjemand empfangen und niemand glaubt, dass er dem anderen gibt.« Die Europäer und insbesondere die Franzosen verstehen überhaupt nichts von der Weitergabe. Dennoch sprach Sensei jeden Tag davon, Dogen spricht während all

seiner Kusen davon, Keizan und alle Meister sprechen davon. Hier drückt Meister Keizan auf wirklich schöne Weise aus, was die Weitergabe ist: »Nichts wird durch irgendjemand empfangen und niemand glaubt, dass er dem anderen gibt.« Wenn ihr sie auf diese tiefe Weise erhaltet, könnt ihr von Meister und Schüler reden. Der Schüler taucht über dem Kopf des Meisters auf, der Meister taucht unter den Füßen des Schülers auf. In dem Moment gibt es nicht zwei Dinge, es gibt keine Trennung, es ist daher schwierig, vom Schlauch zu reden, er ist verschwunden. Wenn ihr heute in dieses Königreich vordringen könnt, gibt es auch keinen ehemaligen Körper und Geist mehr. Man kann daher nur schwer davon reden, in der Vergangenheit existiert zu haben oder in der Gegenwart zu existieren, es ist schwierig, von Geburt und Tod oder von Kommen und Gehen zu sprechen. Wie könnten wir uns der Haut, des Fleisches, der Knochen, des Rückenmarks bewusst sein? Oft benutzen die Meister diese Ausdrücke: Haut, Fleisch, Knochen, Rückenmark. Man spricht vom Geist in materiellen Begriffen, in Begriffen des Körpers. Unser Geist ist tatsächlich unsere Haut, unser Fleisch, unsere Knochen, unser Rückenmark, und je mehr man seinen Körper durchdringt, desto mehr verlässt man ihn. Zazen heißt, seinen Körper durchdringen, überhaupt nicht, ihm zu entfliehen, ihn zu durchdringen bis auf das Mark, und gerade diese Materialität wird absolut. Keizan schreibt: »Es ist ein Königreich, in dem der Himmel zu einem Block gefriert, in dem es weder etwas davor noch dahinter gibt, weder Anfang noch Ende, weder drinnen noch draußen.« Der Himmel gefriert, das heißt, er materialisiert sich völlig, eine Materialisierung ohne Anfang und Ende. »Heute«, sagt er, »möchte ich euch bescheidene Verse über diese Geschichte rezitieren. Wollt ihr sie hören?«

»Wenn das Echo nach dem Schlag des Holzes gegen die große Glocke weiterhallt, braucht man keine leere Schale, um es zu empfangen.«

67

9

Ein lebendiger Buddha

»Wenn die Buddhas genau der wahre Buddha sind, brauchen sie es nicht bewusst zu verstehen, aber sie sind es. Sie sind der wahre, objektiv bestätigte Buddha, und sie bestätigen sich selbst weiterhin durch ihre tägliche Praxis.«

Eigentlich ist die ganze Welt der wahre Buddha, weil der wahre Buddha die ganze Welt ist, die gesamte Welt, alle Phänomene. Der wahre Buddha ist nicht nur leuchtend und schön, er kann alles Mögliche sein, er kann auch dunkel, traurig, wütend, leidenschaftlich sein. Buddha ist alles und alles ist der wahre Buddha. Dogen sagt: *»Wenn die Buddhas der wahre Buddha sind ...«* Gibt es einen Unterschied zwischen Buddhas und dem wahren Buddha? Zazen praktizieren ist die Schulung, um ein Buddha zu werden. Das Dojo ist der Raum, wo man Buddhas herstellt. Was ist das, ein Buddha? Es hat keinen Sinn zu glauben, dass man bewusst wissen muss, dass man ein Buddha ist oder dass man es bewusst wissen kann. Ein Buddha ist nicht etwas Bestimmtes, es ist nichts, gar nichts, weil es alles ist, alles. Aber dennoch gibt es einen Unterschied zwischen einem Wesen, das ein Buddha ist und einem Wesen, das keiner ist. Vor allem glaubt ein Buddha nicht an ein Numen. Es gibt keine feste Form mehr, es ist eine lebendige und eine sich ständig verändernde Energie. Mit anderen Worten, er folgt der kosmischen Ordnung, ohne Numen. Der zweite grundlegende Unterschied: Was auch die

Zustände sein mögen, die er durchmacht, er lebt sie nicht halb, sondern doppelt. Er ist ohne Zweifel. Er kann trinken, meditieren, predigen, weinen, lachen, lieben, fluchen, ein Idiot sein, überaus begabt sein, aber er trägt keine Dualität in sich. Er gleicht einem Spiegel, der ohne Täuschung widerspiegelt. Er urteilt weder für noch gegen das, was er durchmachen muss. Buddha existiert nur noch durch gegenseitige Abhängigkeit und er filtert dieses Karma durch Zazen, das ihn durchdringt, er reinigt es, er heiligt es. Ein gewöhnliches Wesen glaubt an sein Ego, es identifiziert sich mit einer Menge Dinge. Der Unterschied zwischen den beiden ist sehr subtil. Aus diesem Grund kann man nicht bewusst erfassen, dass man ein Buddha ist, weil es keine Grenze gibt zwischen dem Moment, in dem man lediglich ein gewöhnliches Wesen gewesen ist und dem Moment, in dem man ein Buddha wird. Deshalb gibt es die Weitergabe. Nur ein anderer bestätigter Buddha kann euch bestätigen, da er selbst nur noch als Buddha existiert. Wenn ein Buddha euch als Buddha bestätigt, braucht es eine bestimmte Zeitspanne, die unendlich ist, um grundlegend zu erfassen, was man erhalten hat, was passiert ist. Man kann den Moment, in dem man diese Weitergabe erfasst, nicht abgrenzen, daher ist er unendlich.

Vorhin sprachen wir von den Japanern. Ein Japaner, der das *Shobogenzo* übersetzt hat, sagte, dass er erst nach 40 Jahren anfing, es ein bisschen zu verstehen. Es ist ein Bild. In Wirklichkeit kann man den Moment nicht bestimmen, in dem man erfasst, was man bekommen hat. Ein  Buddha werden ist die Totalität der Welt vollenden, aber da die Welt im Werden begriffen ist, ist das wie den Anfang des Urknalls ermessen zu wollen. Ein Buddha zu werden bedeutet, nicht länger innerhalb der Grenzen des Karmas zu leben. Es bedeutet, die Grenzen und Möglichkeiten seines eigenen Lebens überstiegen zu haben. Es gibt Buddhas, deren eigenes

Leben großartige Möglichkeiten enthält, wie zum Beispiel Buddha Shakyamuni, der ein König hätte sein können, und andere, deren eigenes Leben, deren eigenes Karma, weniger Möglichkeiten enthält: Sie können Bettler sein, Bauern, wenig intelligente Leute, oder äußerst intelligent. Aber wir wurden mit einem Karma geboren, wir wurden in diese Welt hineingeboren durch unser Karma. Den Weg zu betreten heißt, die Grenzen seines Karmas überschreiten zu wollen. Wenn man sie hinter sich lässt, erhält man das Karma der gesamten Welt, ein universelles Karma. Dadurch wird man sich bewusst, dass unser ehemaliges Karma nichts anderes als das Karma der Welt war. Wenn ihr als Buddha bestätigt worden seid, werdet ihr nach und nach begreifen, dass ihr durch alle Karmas hindurchgehen könnt, in welchem Zustand ihr euch auch immer befinden mögt – selbst wenn ihr durch Verzweiflung hindurchgeht oder andere Gemütsstimmungen, die man als schlecht beurteilen könnte – denn ihr werdet euch bewusst, dass dieser Zustand euch nicht gehört, dass das Ego nicht existiert, sondern dass es etwas ist, das durch euch hindurchgeht. Dieses »ihr« existiert eigentlich nicht mehr. Nie zuvor habt ihr so intensiv gelebt; ihr habt keine Angst mehr vor dem, was ihr seid, hier und jetzt, ihr versucht nicht mehr, irgendetwas anderes zu werden als ihr seid, noch euch zu rechtfertigen, noch euch zu bestätigen. Wenn ihr euch bestätigt, dann ist das nicht euer Ego, dass ihr bestätigen wollt, sondern die lebendige und wirkliche Existenz des wahren Dharma, denn diese Existenz, die ihr seid, diese Manifestation, ist ein wesentlicher und grundlegender Schatz für den Planeten. Leider hat der überzivilisierte, zu materialistische, zu technische Mensch zur Zeit nicht im Geringsten eine Vorstellung oder Ahnung davon, welchen Wert ein Buddha hat, geschweige denn von seiner Existenz. Aus diesem Grund wird die gegenwärtige Welt so, wie sie ist.

Wie ist der Buddha der heutigen Welt? Stellt euch den

Buddha Indiens vor 2500 Jahren vor. Stellt euch vor, wie Indien damals war: Ein tief religiöses Land, im Schoße einer wunderbaren Natur. Shakyamuni war dieser Buddha Indiens vor 2500 Jahren. Welches sind die Buddhas der heutigen Welt? So bedauernswert sie auch sein mögen, ihr Wert besteht darin, dass sie das schlechte Karma der Menschheit durch ihr Zazen filtern. Sie filtern und reinigen es ohne Unterlass, sie sind wahre Retter. Sie sind hier nicht für sich selbst, denn sie wissen sehr gut, dass sie durch ihre Verdienste nach ihrem Tod in einer besseren Welt leben werden. Sie haben ihr persönliches, individuelles Karma bereits abgeschlossen. Sie wären bereit und fähig, in Harmonie in einer idealen Welt zu leben, selbst auf diesem Planeten. Wenn der heutige Mensch den Wert der lebendigen Buddhas entdecken würde, könnte er, indem er ihnen folgte, indem er sie respektierte, eine wahrhaft bessere Welt aufbauen. Aber er weiß es nicht, er erkennt ihren Wert nicht und er behandelt sie wie Hunde: Das ist das Schicksal der Buddhas von heute. »*Wenn die Buddhas wahre Buddhas sind* ...«, das bedeutet, dass die heutigen Buddhas, die eben so bedauernswert sind, dennoch wahre Buddhas sind: Sie sind Buddha Shakyamuni, *Buddha Kashyapa*, Buddha Amida, sie sind *Kannon*.

Sensei sagt: »Das Satori bedeutet, zum Normalzustand zurückkehren.« Aber was ist die Situation eines normalen Menschen in der heutigen Welt? Diese Situation ist ein absolut phänomenales Leiden als Reaktion auf die Welt so wie sie heute ist. Wenn dieser Mensch sich wohl in seiner Haut fühlen würde mitten in der Welt so wie sie ist, würde er sich nicht im Normalzustand befinden, er wäre von der Realität abgeschnitten. Glücklicherweise empfindet er ein Leiden, das nicht ihm zugehörig ist, ein Leiden, mit dem er sich nicht identifiziert, das er vielmehr in spirituelle Energie verwandeln kann, in Kreativität, in Liebe, durch sein Zazen. Um das Genjo Koan zu vertiefen, werde ich fortfahren und mich anderen Kapiteln des Shobogenzo zuwenden. Shobogenzo bedeutet »Auge des Schatzes«, das Auge, das den Schatz des Wahren Gesetzes sieht. In einem Dojo wird die Unterweisung durch einen Meister gegeben, durch den Meister; deshalb können wir alle hier dieser Unterweisung folgen, verstehen, uns öffnen, versuchen zu praktizieren, den Schatz des Wahren Gesetzes zu vertiefen. Wenn ich unterweise, ersetze ich meinen Meister, Taisen Deshimaru. Er ist es, der spricht, der durch mich unterweist, aber außerdem übernehme ich die Verantwortung. Diese Unterweisung, die aus meinem Mund kommt, beeindruckt mich sehr. Ich habe es gesagt, aber für mich ist es genau so bedeutend wie damals, als Meister Deshimaru unterwies. Das bin nicht ich, der für die anderen spricht. Alle folgen und sind beeindruckt von dieser Unterweisung, einschließlich mir selbst als Schüler. Meister Deshimaru selbst drückte den Weg seines Meisters Kodo Sawaki durch sich selbst aus; sein Name war auch »Ewiger Schüler«. Die Praxis des Zazen besteht darin, die Quelle der Dinge sowohl innerhalb als auch außerhalb seiner selbst wiederzufinden, das heißt in der Praxis, im wirklichen Leben. Wir, die alten Schüler Meister Deshimarus, werden gemeinsam versuchen, dies zu leben, zu enthüllen, mit den anderen zu teilen. Das Auge öffnen, das den Schatz des Wahren Gesetzes sehen kann, in der Praxis, nicht im Kopf, nicht in der Vorstellung – man würde Praxis und Verständnis einander entgegensetzen. Viele Leute möchten einen Gegensatz zwischen der Praxis und dem Verständnis sehen, sie glauben, dass praktizieren sehr materiell ist.

Das ist sehr schwer. Aber die wahre Praxis ist das Verständnis der Dinge, das Verständnis für den Wert der Dinge. Hier beginnt die Praxis, sogar durch eine ganz kleine Handlung von großem Wert. So wie die alte Frau, die *Buddha Shakyamuni* eine

Schale schmutzigen Wassers gab, da es alles war, was sie besaß, aber Shakyamuni nahm es an als etwas, das großen Wert besaß. Es gibt also die zwei Aspekte. Wir müssen den großen Wert der Berge, der Bäume, des Wassers, den Wert von allem, was uns umgibt, entdecken und klarstellen, diesen großen, großen Wert verstehen und ihn nicht zu Dreck machen, ihn nicht besudeln. In diesem Moment also wird jeder seinen Platz finden, auf seinem Platz, in seiner eigenen Haltung, und der Diener werden ... Diener, das ist alles. Das nennt man die Praxis. Es ist nicht nur Steine schleppen, Kräuter schneiden, abwaschen, auch nicht nur Zazen machen. Die Praxis beginnt, sobald man die Dimension, die Bedeutung, die eine winzige Handlung für die gesamte Welt haben kann, versteht, dann wird Zazen wirklich sehr kräftig, sehr effizient, unbegrenzt, d.h. den Anfang nicht finden und nicht ans Ende gelangen können. Der gegenwärtige Moment ändert, beeinflusst auf eine unbegrenzte Weise. Wir sollten die Unterweisung Dogens bezüglich der Art und Weise, sich zu reinigen, sich zu waschen, studieren. Dogen hat ein sehr praktisches, sehr einfaches Beispiel genommen: Wie man sich den Arsch, die Sexualorgane wäscht, wie man sich die Zähne putzt. All das sind wir. Wir fangen beim ABC an. Das Problem der Umweltverschmutzung zum Beispiel – ein Problem, dessen Lösungen in dieser Unterweisung enthalten sind: Wie man sich zu waschen hat, wie man sich zu reinigen hat, was man mit seinen Exkrementen zu tun hat, das heißt, mit dem, was man abstößt, wie man aufs Klo gehen soll – dieses Problem existiert in unserem eigenen menschlichen Körper. Ich frage mich, ob die Latrine hier für 100 oder 150 Leute ausreicht, aber gut, wenn ich aufs Klo gehen will, gehe ich aufs Klo. Ich frage mich nicht, ob ich reine oder unreine Nahrung gegessen habe, oder ob ich Alkohol getrunken habe, ich öffne die Fenster ein bisschen, damit es nicht zu sehr stinkt, ich wische mich mit Papier ab. Man muss den Wert der Dinge grundlegend verstehen.

10
Freiheit ist kein Begriff

Anfängern lehrt man immer die Haltung. Von denen, die schon seit längerer Zeit praktizieren, glauben einige, sie seien daran gewöhnt, die Haltung einzunehmen und sie strengen sich nicht mehr besonders an, sich gerade zu halten. Wenn der Meister euch unterweist, erklärt er euch nichts. Er lehrt euch einfach die Technik, um die wahre Haltung Buddhas einzunehmen: Das Kinn einziehen, den Kopf schön gerade halten, den Nacken strecken, mit dem Kopf gegen den Himmel drücken, die Schultern entspannen, die Wirbelsäule entspannen und gut strecken, die gesamte Becken und Bauchpartie richtig platzieren, so dass man die Kraft und Entspannung in dieser gesamten Bauchpartie empfindet. Fühlen, dass man gut mit den Knien gegen den Boden drückt; Kopf und Oberkörper auf gleicher Ebene, Ohren und Schultern auf gleicher Ebene, Nase und Bauchnabel auf einer Linie, den Blick nach innen gerichtet, vor einem ruhend im 45 Grad Winkel. Es ist wirklich das, was man euch sagt, wenn ihr Anfänger seid. Aber ihr müßt verstehen, warum diese Haltung wichtig ist. Es ist die einzige Haltung, in der man völlig aufgeben kann, Körper und Geist loslassen, Körper und Geist aufgeben kann. Das ist nichts Abstraktes. An abstrakte Dinge sollten wir niemals glauben. Man kann euch viel erzählen. Es ist viel effizienter, selbst nachzudenken. Im Zen zählt die Erfahrung, die Realität. Es herrscht immer ein Gleichgewicht zwischen der materiellen und der spirituellen Realität. Um diesen Körper und diesen Geist wirklich aufzugeben und die Erfahrung des wahren Zazen zu machen, muss man seine exakte, ausgewogene Körperhaltung finden. In diesem Gleichgewicht könnte man den Körper neben sich lassen, ohne dass er umfallen würde. Dasselbe gilt für den Geist: Es ist möglich, euer persönliches Bewusstsein völlig loszulassen. Das ist Zazen. Manche winden sich in alle Richtungen – es ist keine Gymnastik – andere sitzen verstört da und fragen sich:»Aber was mache ich hier?« Oder:»Huah! Ich werde ein bisschen Ferien vom Zen nehmen, ich habe zu viel Zazen gemacht. Also heute werde ich mich nicht zu sehr konzentrieren.« Diese rechte Haltung Buddhas ist ebenso physisch wie spirituell. Sie ist auch eine Harmonisierung zwischen Körper, Skelett, Muskeln und Atmung.

In unserem Leben, in unserem Körper befinden sich Spuren unseres persönlichen Karmas in Form von Verspannungen, Verkrampfungen und Disfunktionen bestimmter Organe, dahingegen zirkuliert im befreiten Körper alles frei. Ein großer Teil des Zazen besteht aus dieser Konfrontation zwischen dem Buddha, der in uns ist und dem Karma, das in uns ist. Es ist uns geläufig, dass unser Körper nicht nur physisch, sichtbar und greifbar ist. Er ist auch energetisch, Energie und spirituell, das heißt, leer. Das nennt man die drei Körper. Wenn ihr eine einigermaßen gute, ausgeglichene Haltung findet, könnt ihr aufhören, mit eurem Körper zu agieren, völlig aufhören, euch zu bewegen, weil ihr im Gleichgewicht seid. In diesem Moment, wenn ihr völlig unbeweglich seid, keine Wimper sich bewegt, die Atmung harmonisch ist ohne diese Unbeweglichkeit zu stören, wenn der Bauch frei ist, dann könnt ihr anfangen, den spirituellen Körper zu leben. Solange ihr euch materiell bewegt, solange ihr anekdotisches Zazen macht, manifestiert sich der spirituelle Körper nicht, enthüllt er sich nicht. Freiheit ist kein Begriff, sondern ein Gefühl: Man fühlt sich frei. Dieses Gefühl hängt nicht nur von uns selbst ab, sondern auch von der Umgebung. Wenn die Umwelt frei ist, befreien sich unbewusst sogar unsere Zellen, unser Blutkreislauf, die Herzfunktion, die Atmung. Bestimmte Ethnologen haben erfahren, was es heißt, in Gemeinschaften oder primitiven Stämmen zu leben, die der Tradition ihrer Ahnen folgen, und plötzlich haben sie ein tiefes Gefühl von Freiheit und Gemeinschaft entdeckt. Dann kommen sie zurück und sagen, dass sie diese Erfahrung nie vergessen werden und dass diese Leute keine Wilden, sondern absolut zivilisiert sind. In einem Zen-Tempel versucht man, die Bedingungen für tiefe innere Freiheit zu schaffen, und dennoch gibt es Regeln. Genauso haben diese primitiven Gemeinschaften Traditionen und Regeln, die die Struktur des Ganzen aufrechterhalten. Wenn man wirklich frei ist, kann man ihnen folgen. Die Leute, die überhaupt keine innere Freiheit haben, sind unfähig, diesen Regeln zu folgen, unfähig, den Geist zu ändern, unfähig, sich der Wirklichkeit, die sie umgibt, bewusst zu sein, unfähig, die Verantwortung für sich selbst zu übernehmen. Im Schoß, im Inneren dieser Regeln, muss sich die Freiheit ausdrücken. Genauso ist es beim großen Preis der Formel 1: die Autos können 340 km/h fahren, aber es gibt Regeln, Schikanen, Bereiche, wo man bremsen muss, Bahnen; man kann nicht immer mit dieser Geschwindigkeit fahren. Wenn die Fahrer eine halbe Sekunde lang den Regeln nicht folgen, bringen sie sich um oder sie riskieren, sich umzubringen. Während eines Sesshins ist es dasselbe, im Leben müsste es genauso sein.

 Hier im Tempel gibt es abends die Klanghölzer, um elf oder halb zwölf. Wenn man den Klang der Klanghölzer hört, hat das eine Bedeutung, eine Existenz, die jeder akzeptiert hat, wenn er hierher kommt, wenn er in dieses Gemeinschaftsleben eintritt. Was bedeuten die Klanghölzer? Das heißt, dass man das

Licht löscht und Stille herrscht. Stille und Dunkelheit oder gedämpftes Licht für diejenigen, die müde sind, die viel gearbeitet haben und sich in Ruhe erholen wollen oder sogar um sich zu konzentrieren, zu lesen, für die Kinder, die schlafen wollen. Wenn jemand nicht müde ist, kann er natürlich wach bleiben, er kann sogar in die Berge gehen, kann machen, was er will, er ist frei. Aber eine Stunde nach den Klanghölzern kommen da Leute an, gackernd wie Truthähne, sie betreten das Haus, in dem alle anderen sich ausruhen, sie sprechen, lachen und zeigen damit, dass ihnen überhaupt nicht bewusst ist, dass andere Leute existieren. Dann gehen sie sich die Zähne putzen, machen das Licht an und gehen weg – natürlich ohne es auszuschalten, denn sie fühlen sich überhaupt nicht für den Energieverbrauch verantwortlich, verantwortlich für gar nichts, völlig neben der Spur. Also wirklich, Idioten sehe ich das ganze Jahr über, aber wenn hier nichts anders läuft, lohnt es sich nicht, hierher zu kommen. Und das ist absolut nicht Freiheit. Freiheit heißt, in die Natur zu gehen, wenn man nicht müde ist, draußen zu schlafen, eine Flasche mitzunehmen und sich in den Bergen voll laufen zu lassen, ohne irgendjemanden zu stören. Freiheit heißt, verantwortlich zu sein, seine Verantwortung völlig auf sich zu nehmen. Aber in Europa spürt man sehr gut, dass die Leute sich nicht verantwortlich fühlen. Verantwortlich sein heißt nicht nur, 4.000 oder 5.000 DM im Monat zu verdienen. Wie ich bereits sagte: wenn man den Regeln folgt, wenn man der allgemeinen Realität mit Respekt folgt, das alles mit einem Formel-Eins-Motor, 10 Zylinder, dann kann man viel entdecken, viele Dinge, man kann sehr interessante Begegnungen haben. Ausgehend von diesem Respekt vor den Kurven, den richtigen Bahnen, kann man Menschen begegnen, können wir wirklich miteinander kommunizieren. Es ist also nicht nötig, blöd herumzuschreien, Alkohol zu trinken, sich zu besaufen oder Gras zu rauchen, um zu kommunizieren.

11

Wenn man mit der Gesamtheit seines Wesens wahrnimmt

Man kann zu seinen Eltern zurückkehren, zu seiner Frau, zu seinem Mann oder zu seinen Kindern, aber die wahre Intimität, die wahre Sicherheit, das wahre, tiefe, ewige Gleichgewicht befindet sich in unserer inneren, tiefen Haltung.

Legt euer gesamtes Körpergewicht während Kin Hin auf das vordere Bein. Die Kin Hin-Haltung ist in Wirklichkeit sehr einfach: Es handelt sich darum, sich aufrecht zu halten, gerade und zu gehen. Man umschließt den linken Daumen im Inneren der linken Faust, und die Wurzel des linken Daumens platziert man auf dem Solarplexus. Der Solarplexus ist eine energetische Zone des Körpers, die emotional gesehen sehr wichtig ist. Es ist schwierig, diesen Punkt auf den Millimeter genau zu lokalisieren, da jeder eine andere Morphologie hat. Somit muss man den Punkt mit der Wurzel des linken Daumens selbst erspühren. Man muss den genauen Punkt dieser Energie fühlen, sie stimmt überein mit dem Zentrum des Körpers, der Mitte des Rumpfes. Man nennt es das Zentrum, weil es die Zone ist, die mit dem Austausch zwischen Erde und Sonne übereinstimmt. Es ist daher eine Körperzone, in der viel Arbeit verrichtet wird, wo Energie umgewandelt wird, wie eine Fabrik, nicht nur die Verdauung und die

Umwandlung der Nahrung, sondern auch die Verdauung und die Umwandlung unserer Gefühle, unserer Gedanken. Wenn sie schlecht verdaut werden, schlecht wieder verwertet, schlecht aufgenommen, entsteht ein Konflikt, eine Verschmutzung an dieser Stelle. Ohne darüber zu reden und ohne sie zu beschreiben, kann man selbst diese Stelle durch seinen Körper fühlen und in diese Zone atmen. Deshalb platziert man die Wurzel des Daumens immer an dieser Stelle. Die Hände müssen genau parallel zum Boden sein, die Unterarme auch, genau horizontal, die Schultern entspannt. Wenn man seine Aufmerksamkeit an irgendeine Stelle seines Körpers lenkt, sammelt sich dort die Energie an. Der Geist, die Aufmerksamkeit sind Leiter der Energie. Das Problem ist, dass die Leute nicht wissen, wie sie ihre Aufmerksamkeit konzentrieren können; sie gehen davon aus, dass man dazu das Gehirn braucht. Sie versuchen, sich mit Hilfe des Gehirns auf die Region unter dem Bauchnabel zu konzentrieren, sie runzeln die Stirn, aber man kann unmittelbar mit jeder erdenklichen Stelle des Körpers denken. Wenn man seine Aufmerksamkeit unter dem Bauchnabel konzentriert, hört das gehirnmäßige Denken auf zu funktionieren. Viele Leute glauben, dass Zen eine Angelegenheit des Denkens, des Verständnisses ist. Es geht sehr viel weiter als das. Das nennt man das Hishiryo-Bewusstsein, das absolute Denken.

Das absolute Denken, *Hishiryo*, ist nicht ein spezielles Denken des Gehirns. Die Intellektuellen suchen Hishiryo im Gehirn, im Denken oder in der Abwesenheit des Denkens.

Ich werde euch den siebten Satz des Genjo Koan vorlesen:

»Wenn er sich konzentriert, indem er die Farbe durch seinen Körper und seinen Geist schaut, wenn er sich konzentriert, indem er den Ton durch seinen Körper und seinen Geist hört, selbst wenn er völlig, intim,

versteht, ist es nicht wie die Spiegelung eines Bildes in einem Spiegel,
oder wie die Spiegelung des Mondes im Wasser. Wenn man nur eine
Seite sieht, bleibt die andere dunkel.«

Diese Übersetzung sagt genau genommen nichts. Zum Glück
kenne ich Meister Deshimarus Art zu arbeiten: Er versuchte,
ins Englische zu übersetzen und seine Schüler – zu der Zeit
ziemlich unerfahren – die Bedeutung der Sätze Dogens verstehen zu lassen. Die Schreibweise des alten Chinesisch oder
des Kanbun-Japanischen unterscheidet sich grundlegend
von der französischen Ausdrucksweise. Es gibt viele Zwi-
schenräume und die Sprache appelliert sehr an die Intuition.
Es sind vielmehr Bilder, die entstehen, sehr wenig Adverbien,
Interpunktion, steife Konstruktionen. Das Englisch Meister
Deshimarus war kein Oxford-Englisch; man nannte es
»Zenglisch«. Da die Schüler die Tiefe Meister Dogens meistens nicht richtig verstanden, traten manchmal Übersetzungsfehler auf. Wenn man genau übersetzt, scheint es sofort viel
einfacher.

Ich werde euch die Übersetzung vorlesen, die ich davon
gemacht habe:

»Wenn man die Gesamtheit seines Wesens benutzt, um die Dinge
wahrzunehmen, sei es mit den Augen, sei es mit den Ohren, sei es, um
Formen oder Objekte wahrzunehmen oder um zu hören, wenn man
wirklich intim wahrnimmt, ist es eine andere Wahrnehmung, als die
Spiegelung eines Bildes im Spiegel oder die Spiegelung des Mondes im
Wasser. Denn wenn man nur eine Seite wahrnimmt, bleibt die andere
dunkel.«

Es ist ein sehr schwieriger Satz, einer der schwierigsten Sätze
des Genjo Koan. Er kann sich unserem Verständnis nur durch
die ruhige Praxis offenbaren. Daher liest man ihn, ohne ihn zu
viel zu kommentieren, dann lässt man ihn sein und wartet, bis

dieser Satz durch das Leben zu uns spricht und man erhält das Verständnis in aller Ruhe. Natürlich muss man dafür ruhig, aufmerksam und offen sein.

Es ist ein äußerst wichtiger Satz in der heutigen Zeit. Die Frage stellte sich schon vor 700 Jahren in Japan, zweifelsohne auch vor 1200 Jahren in China und sogar vor 2000 Jahren in Indien. Heutzutage ist es wirklich das Problem unserer modernen Gesellschaft.

In Japan gibt es einen großen Meister, der Meister Kodo Sawaki und auch *Meister Niwa Zenji* lange gefolgt ist. Er heißt Nishijima Kudo. Er sagt: »Der wahre Buddhismus ist weder idealistisch noch materialistisch. Der wahre Buddhismus heißt, seinen Glauben in die Realität legen – und die Realität hat zwei Gesichter: ein spirituelles und ein materielles.«

Dogen sagt in seiner Unterweisung, dass man, indem man seinen Körper wäscht, seine Hände wäscht, sich die Zähne putzt, die Fingernägel reinigt, sich die Haare rasiert, man seinen Geist reinigt. Für ihn ist das nicht nur eine Sauberkeitshandlung, sondern wirklich eine religiöse Praxis.

Alles was wir machen können, vor allem während eines Sesshin, kann zu einer religiösen Handlung werden. Kochen, nicht nur um zu essen. In der zubereiteten Nahrung gibt es einen spirituellen Aspekt, eine spirituelle Weitergabe, man gibt auch seine eigene Energie, seine eigene Liebe weiter.

Das Problem der modernen Gesellschaft ist, dass man lediglich die Spiegelung der Dinge sieht – den Look – wie ein Spiegelbild. Das ist nicht das Reelle, das Lebendige, man sieht das Lebendige immer weniger. Natürlich ist das ein Teil der Realität, aber die andere Seite bleibt dunkel, verhüllt. Wir bewegen uns immer mehr auf eine virtuelle Welt zu, eine Welt von Bildern, Spiegelbildern. Die Menschheit, das Leben, die wahre Verständigung, die wahre Liebe werden immer weniger als interessant befunden. Man schaut, ob eine Frau einen schönen Arsch hat, ob ein Typ einen großen Schwanz hat oder was den Kriterien der Mode entspricht und das reicht aus. Es gibt einen ganz lebenswichtigen Teil, der verhüllt bleibt. Die Seele des Menschen verkümmert jeden Tag mehr, indem sie sich mehr und mehr an Spiegelbildern festhält und immer weniger die lebendige Realität wahrnimmt.

Wir sind nicht fähig, sagen zu können, ausdrücken zu können, was für uns das wahre Glück auf Erden ist, ohne uns auf Fertigbilder zu berufen »im Fernsehen gesehen«, gesehen in Zeitschriften, in Zeitungen oder in Filmen; unfähig, wirklich selbst zu empfinden, tief, was für uns selbst, im Inneren, Glück und Frieden sein kann.

Ein Kusen kann man nur verstehen, wenn man es schon verstanden hat. Man kann nur verstehen, was man bereits versteht. Aber diese Worte bleiben in eurem Unterbewusstsein und in fünf, zehn, 20 Jahren werden sie euer Verständnis bestätigen können. Das nennt man predigen in der Wüste.

Es lohnt sich nicht, seine Kinder anzuschreien. Wenn Kinder sich irren, ist es im Allgemeinen immer der Fehler der Eltern. Mit Kindern ist Gewalt nicht sehr effizient; man ist gezwungen, intelligentere Mittel anzuwenden. Zunächst einmal soll man keine Dualität in seinem Geist haben: Wenn man halb entschlossen Zazen machen will, spüren die Kinder eine Öffnung und verlangen, dass man dableibt: »Mama, bleib' bei mir!« Also sagt man seinem Kind: »Lass mich Zazen machen! Ich muss da jetzt hingehen!«, aber eigentlich, von innen ... sollte man lieber zu sich selbst sprechen. Wenn man glaubt, dass Zazen von grundlegender Wichtigkeit ist, wenn man nicht im Geringsten daran zweifelt, dass man zum Zazen geht, zweifelt das Kind auch nicht im Geringsten daran, es stellt sich noch nicht einmal die Frage, warum seine Eltern zum Zazen gehen. Es denkt, dass es vollkommen normal ist. Es denkt, dass alle Eltern zum Zazen gehen.

Von Kindern zu verlangen, dass sie während Zazen keinen Lärm machen, ist lächerlich. Ihr seid nicht konzentriert, aber sie sind es in ihrem Spiel. Sie vergessen völlig, dass es hier ein Dojo gibt. Für sie ist ihr Spiel wichtig und Zazen nicht. Es genügt einfach, ihnen ein Gebiet abzugrenzen: Wenn sie oberhalb des Dojo spielen, stört das nicht. Wenn man sie unter den Fenstern spielen lässt, stört das natürlich alle. Es ist wie auf der Erde: In Wirklichkeit gibt es genug Platz für alle, es gibt immer Mittel und Wege, sich zu arrangieren, einen Ort, um das zu tun, was man zu tun hat, egal, ob dieser Ort sich in Spanien, in der Schweiz, in Italien befindet – nicht in Frankreich und auch nicht in Deutschland!

Sollte es der Fall sein, dass eure Kinder nicht so sind, wie ihr sie haben wollt, bedauert zuerst eure Inkompetenz, euer schlechtes Karma. Dann könnt ihr ihnen sagen:»Mach keinen Scheiß.«»Mein Gott, es ist meine Tochter, die weint … nee, nee, sie ist's nicht … ach, dann geht's ja …«

Ich werde euch ein Gedicht vorlesen, das ein Druide geschrieben hat über den heiligen Brunnen, denn hier gibt es einen Brunnen und ich will von den Unterweisungen Dogens bezüglich des Waschens sprechen.

Wo befindet sich der heilige Brunnen deines Wesens?
Wo liegt die Quelle, die ihn nährt?
Wo ist der Ursprung dieser Quelle?
An diesem heiligen Brunnen der Volksstämme unseres Territoriums, stellt sich nun derjenige, der weiter vorzudringen sucht als der Schein der Dinge, die Frage.
Auf diese Art dringt er schon zur heiligen Quelle vor, zu der kraftvollen Stelle, an der Menhir und heiliger Baum Kraft und Freude in ihm wiedererwecken.
Die Kraft und die Freude in seinem Körper, zu wagen, sich so über das Alltägliche, die Gewohnheiten und die Erscheinungen hinauszuheben.

Die Kraft und die Freude, diesen magischen Ort, der zu ihm spricht und der ihn erweckt, schließlich wirklich vor sich zu sehen.

Die Furcht, zu wagen, die Angst vor dem, was man darüber sagen wird, lässt sie der Herde und ihren Regeln folgen: Das ist die Schwere der Materie.

Dankt der Herde, die euch dies zeigt, damit ihr, wenn ihr sie traurig und krank seht, nicht das Verlangen habt, dem Weg zur Schwere in euch zu folgen.

Überprüft dies und ohne Scham, ohne beschränktes Herdendenken, ohne Sorge um das was man darüber sagt, geht dahin, wohin das Beste von euch durch die Sehnsucht eurer Seele euch zu drängen scheint.

Dafür sind die heiligen Orte da.

Dass sich in jedem von euch diese eingeborene Kraft entfaltet, die in der Form des Wassers erscheint, die, ganz wie der Mond, das Licht der Sonne ohne Unterlaß empfängt und reflektiert.

Die Frage also, die sich auf dem Weg zur Quelle stellt, hört auf, eine Frage zu sein, und die Antwort braucht sich nicht mehr zu formulieren.

Der Zustand, den man fühlt, den man immer wieder von neuem fühlt, setzt der Sehnsucht ein Ende, die nichts anderes war als der Wunsch, das bekannte Gefühl im Tiefsten unseres Selbst wiederzufinden.

Schwebezustand ... der Satz kann nicht vollendet werden, er bleibt in der Luft, er wird zum stummen Satz, den ihr in eurem Körper kennt.

Es ist ein Gedicht. Ein Gedicht, das muss gesagt sein, ein Rhythmus, es ist schwierig, es wortwörtlich zu übersetzen. Zusammenfassend sagt dieses Gedicht, dass die Menschen, die zum heiligen Brunnen gelangen können, reine Menschen sind, die die Sehnsucht dazu gedrängt hat, die Erscheinungen loszulassen und die Wurzel des menschlichen Lebens zu suchen.

12
Das wahre Bewusstsein

Noch immer zum selben Satz des Genjo Koan.

Sensei sagt, dass er über diesen Satz acht Jahre lang nachgedacht hat. Er sagt: »Man muss die Dinge unbewusst lösen, ohne zu denken, ohne zu versuchen, gegen sie zu kämpfen.« An den Universitäten oder den Gymnasien benutzt man die Yang-Methode. Man überhitzt, man benutzt all seine Kapazitäten, um schnell so viele Informationen wie möglich zu behalten, um die Durchschnittspunktzahl in der Prüfung zu erreichen, aber man kümmert sich überhaupt nicht darum, zu wissen, wie tief uns dieses Wissen eingeprägt ist. Ein Jahr, zwei Jahre später wird höchstens 15 oder 20 % von dem, was wir auswendig gelernt haben, uns noch in Erinnerung bleiben.

Aber es gibt eine Art zu lernen, die man das tief verwurzelte Gedächtnis oder die Yin-Methode nennt.

Es gibt Dinge, die man definitiv weiß und die man niemals vergessen wird: das ist das tief verwurzelte Gedächtnis. Das ist nicht nur das äußere Gehirn, die Hirnrinde, sondern es dringt bis ins primitive Gehirn, das heißt, in den ganzen Körper. Es ist nicht nur ein Wissen, sondern ein Verständnis. Außerdem muss man, um zu lernen, um zu behalten auch verstehen, man muss lieben, interessiert sein an dem, was man verstehen will. Um zu lernen ist es ratsam, in Ruhe zu lesen. Man sitzt bequem, ohne zu versuchen, zu behalten, sondern konzentriert sich gut auf das, was man liest und wiederholt einfach die Lektüre.

Nehmen wir z. B. das *Hannya Shingyo*. Manche lernen es auswendig. Meistens lernt man es jedoch nicht so, sondern einfach indem man es rezitiert, liest, mit den anderen singt, kann man es schließlich auswendig, tief verwurzelt. Die Erinnerung ist sehr mysteriös. Wie ist es möglich, dass mein Körper das Hannya Shingyo kennt, während ich es nicht kenne? Wenn ich anfange, zu singen, kennt mein Körper die Worte:»Kan ji sai bo satsu hannya haramita...« Ich bin es nicht, der da singt, es ist mein Körper, der die Worte kennt: Es ist die tief verwurzelte Einprägung, es ist das wahre Koan, die wahre Erfahrung des Zen.

Sensei sagt:»Es ist das wahre Bewusstsein, das für uns löst.«

Das gleiche gilt für die Weisheit oder das Satori, man kann nicht wirklich sagen, dass es darin einen linearen Fortschritt gibt:»Heute bin ich weiser als gestern, intelligenter als gestern. Morgen werde ich noch weiser sein, intelligenter, ich werde mehr Erfahrung haben als heute.« So ist das nicht.

Es ist sicher, dass das Zazen uns in zehn, 20 Jahren tiefer werden lässt. Aber nochmals: diese Weisheit, die Sensei das wahre Bewusstsein nennt, ist nicht etwas, das »man hat«, wie ein Tonband, das man laufen lassen kann, wann man will. Es genügt, Batterien rein zu tun oder auf einen Knopf zu drücken und unsere Kassette spielt Musik. »Ich habe das Zen verstanden, seit heute habe ich es verstanden!« Dieses wahre Bewusstsein ist kein Objekt, es ist nicht begrenzt, man kann es nicht einfangen, man kann nicht sagen:»Ich habe es, ich habe das wahre Bewusstsein!«

Es ist schon mal nicht schlecht, wenn man wissen kann, wann man seinen Mund aufmachen und wann man ihn halten soll. Manchmal kann man sagen:»Gut, heute verstehe ich überhaupt nichts, ich bin müde.«

Dieses wahre Bewusstsein gehört nicht uns. Wenn man normal ist, drückt das wahre Bewusstsein sich aus. Das ist fundamental.

Das Wichtigste ist also, den natürlichen Zustand zu erreichen. Deshalb ist das Thema, dem ich mich vorsichtig annähern wollte, das der Lebenshygiene. Vorsichtig, weil ich außer Zazen keine einzige Lebenshygiene habe. Als ich Meister Deshimaru traf, war ich halb verrückt, sehr kompliziert, schlecht erzogen. Die Unterweisung Senseis war sehr einfach. Er hat mir gesagt:»Machen Sie Zazen, machen Sie weiter mit Zazen. Einfach nur das. Zazen wird das Stärkste sein, es wird allem anderen überlegen sein. Sie werden tief verwurzelt verstehen können, was der ursprüngliche Zustand ist.« Er hat nicht gesagt:»Stéphane, hören Sie auf zu trinken, hören Sie auf, den Narren zu spielen, hören Sie hiermit auf, hören Sie damit auf.« Er hat mir gesagt:»Sie können machen, was Sie wollen, ich will es nicht wissen, aber ich will, dass Sie morgens im Dojo sind. Selbst wenn Sie nicht geschlafen haben, kommen Sie ins Dojo. Wenn Sie nicht kommen, dann...« und er erhob seine Faust. Ich hatte überhaupt keine Angst, ich war sehr glücklich, dass er mich als seinen Sohn annahm.

Ich lese den Satz noch einmal:
»Wenn man die Gesamtheit seines Körpers und seines Geistes benutzt, um die Formen zu sehen, um die Töne wahrzunehmen, ist es anders als die Spiegelung eines Bildes in einem Spiegel, oder die des Mondes im Wasser. Wenn man nur eine Seite wahrnimmt, bleibt die andere dunkel.«

Diese Sätze beziehen sich auf die Gesamtheit von Körper und Geist. Sie beziehen sich auf zwei sehr berühmte Zen-Geschichten, die von den beiden Mönchen Kyogen und Reiun, Schüler von Meister Issan. Einer, der erwachte, als er die

Blüten eines Pflaumenbaums sah – mit seinem ganzen Körper natürlich – der andere, als er den Klang eines Kieselsteines, der auf Bambus fiel, hörte. Dogen mag diese zwei Geschichten sehr gerne, weil darin vom Satori gesprochen wird. In diesen Fällen ist es wirklich das Satori in seiner reinsten Form. Meister Issan war ein sehr fesselnder Zen-Meister. Er lebte in den Bergen, umgeben von Kühen und Pferden. Eines Tages hatte er sogar ein Pferd mit ins Dojo genommen. Er sagte: »Das ist mein neuer *Shusso*.« In diesem Tempel mitten in den Bergen machten die Mönche viel *Samu*, sie arbeiteten auf den Feldern und führten ein sehr lebendiges Leben, sehr tatkräftig. Der Austausch zwischen Mönchen war hauptsächlich praktischer Art. Issan hatte die Weitergabe von seinem Meister erhalten, um Vorsteher des Tempels zu werden, der sich auf dem Berg Issan befand. So bekam er seinen Namen, den Namen dieses Berges. Der Meister hatte gesagt: »Dieser Tempel braucht einen Meister, also werde ich den besten meiner Schüler hinschicken. Ich werde ihm das Shiho geben, er wird mein Nachfolger werden und er wird fortgehen, um Vorsteher dieses Tempels zu werden.« Um diesen Schüler auszuwählen, sagte er: »Ihr, die langjährigen Schüler, geht vor mir in Kin Hin. Wenn ihr an mir vorbeikommt, hustet ihr, ihr räuspert euch. Der, der mich am meisten durch sein Räuspern beeindruckt, wird mein Nachfolger.« Als Issan an der Reihe war, hustete er so kräftig, dass der ganze Kosmos erbebte; er wurde der *Vorsteher* des Tempels des Berges Issan.

Unter den Schülern Meister Issans befanden sich Reiun und Kyogen. Reiun erwachte, als er einen blühenden Pflaumenbaum sah und Kyogen, als er einen Kieselstein hörte. Meister Issan machte sich immer lustig über seinen Schüler Kyogen, weil er intellektuell war, denn in diesem

Tempel waren die meisten Mönche einfacher Natur, gewöhnt an das Zusammenleben, zu arbeiten, zusammen zu essen. Von Zeit zu Zeit hatten sie viel Spaß zusammen. Sie sangen die Sutren, sie hörten den heiligen Texten zu, sie hörten den Kusen zu, aber ansonsten diskutierten sie niemals. Nur Kyogen nervte seinen Meister, indem er ihm den ganzen Tag lang Fragen stellte. Kyogen war sehr gebildet. Er hatte alle Sutren gelesen, alle Texte, er war in der Lage, das Zen von A bis Z zu erklären. Aber gut... Eines Tages sagte Issan zu ihm:»Wisst Ihr, Ihr versteht das Zen viel besser als ich...« Der Schüler spielt den Bescheidenen:»Aber nein, nicht doch...« Während er sich weiter über ihn lustig macht, sagt Issan zu ihm:»Ich möchte, dass Ihr mir eine Frage beantwortet, die ich Euch stellen werde. Als Ihr ganz klein wart, konntet Ihr kaum laufen, Ihr hattet noch nicht einmal eine Ahnung davon, was Ost und West bedeuteten. Könnt Ihr zu der Zeit zurückkehren, könnt Ihr zum Bewusstsein von damals zurückkehren?« Kyogen verstand nicht, worauf der Meister hinaus wollte, aber er verstand dennoch, dass er sich über ihn lustig machte. In dem Moment selbst reagierte er kaum, aber abends zog er sich in sein Zimmer zurück und es plagte ihn.»Ich bin ein Dummkopf!« Nachts konnte er nicht schlafen. Am nächsten Morgen verbrannte er alle Bücher, die er hatte, alle Sutren. Die anderen Mönche sahen zu, wie er die Sutren verbrannte und anstatt ihn zu bestärken, fingen sie an, ihn auszulachen:»Hey! Es ist Sommer, jetzt macht man doch kein Feuer! Du bist zu intellektuell, im Winter muss man Feuer machen...!« Kyogen flippte aus und ging. Er ging in eine kleine Einsiedelei, allein. Er machte nur Zazen und da er nichts konnte, um Samu zu machen, fegte er draußen mit dem Besen. Ich weiß nicht, wieviele Quadratmeter er gefegt hat. Seither fegen alle in den Zen-Tempeln in Japan. Sie sagen sich:»Vielleicht werden wir so das Satori bekommen?...« Jeden Tag fegte er draußen um zu vermeiden, intellektuell zu sein. Und eines schönen Tages, als er so am Fegen war, schleuderte er einen Kieselstein gegen einen Bambus. Er hörte ihn und er empfand den Klang des Aufpralles mit der Gesamtheit seines Körpers und seines Geistes: »Satori! Ich habe die Unterweisungen meines Meisters Issan verstanden!« Dann ging er in sein Zimmer zurück, verbrannte Weihrauch, verneigte sich und machte Sampai in Richtung seines Meisters.

Sensei sagte oft: »Wenn ihr keine Illusionen habt, braucht ihr kein Satori.« Dieses Satori von Reiun und Kyogen ist einfach der Grundzustand, den jeder haben sollte. Man braucht nicht 40 Jahre lang Zen zu machen, um normal zu sein. In der heutigen Zeit ist es sehr schwierig, normal zu sein. Warum? Weil man daran überhaupt nicht gewöhnt ist, es ist eine Frage der Erziehung, der Familie, der Gesellschaft. Es gibt Leute, die Pflaumenbäume in ihrem Garten haben: Es sind entweder Züchter, die Geld damit verdienen wollen, oder Leute, die stolz auf ihren Garten sind oder die Dinge von einem künstlerischen Standpunkt aus betrachten. Es ist nicht selbstverständlich, das Leben der Dinge, die uns umgeben, zu sehen, wirklich mit seinem gesamten Körper und Geist zu sehen. Wie oft haben wir uns unter den großen Baum gesetzt, die Eiche am Brunnen? Klar, es war kühl, das ist praktisch. Man kann auch intellektuell denken: Dieser Baum ist 500, 800 Jahre alt. Aber das Bewusstsein haben, wirklich den Körper und Geist dieses Baumes und all der anderen zu sehen... Jemand, der glaubt, dass dieser Baum lebt, der es wirklich glaubt und entsprechend diesem Leben gegenüber handelt, würde als Verrückter gelten. Er würde mit den Bäumen sprechen, sie umarmen, wer weiß! »Oh je, der da drüben ist verrückt!« Ihr seht also, dass der primitive Zustand völlig blöd aber selten ist, und plötzlich passiert euch das. Manchmal ist er plötzlich da, wenn ihr Zazen macht. Wenn ihr weiterhin Zazen macht, passiert euch das plötzlich. Als ob es schon immer so gewesen wäre, fangt ihr plötzlich an, mit einem Baum zu sprechen, ihr seht ihn sich bewegen und fangt an, mit ihm zu sprechen.

Andere Zen-Koans sagen: »Bewegt sich der Baum oder der Wind?« Es gibt Leute, die uns von A bis Z erklären könnten, ob es der Baum ist oder der Wind, der sich bewegt, aber dies sind Koans, die das Leben hervorbringt. Wenn ihr tatsächlich mit eurem ganzen Körper und ganzen Geist seht, dann versteht ihr, dass die Beziehung zwischen Baum und Wind Einheit ist, dann versteht ihr also, dass der Baum lebendig ist. Ein Baum ist lebendig und er bewegt sich, er bewegt sich, weil er lebendig ist. Wenn er sich bewegt, bewegt der Wind sich ebenfalls. Wenn man nur eine Seite wahrnimmt, ist man einäugig und dumm zugleich die andere Seite wird dunkel. Ausgehend von diesem Begreifen der Dinge, diesem Begreifen, das kein Begreifen ist – es ist nicht etwas Mathematisches, es ist kein Verständnis, das man in eine Kiste packen kann –, davon ausgehend kann man sich Dinge vorstellen, man kann nicht nur anders sehen, sondern auch seine Welt anders gestalten. Geld zum Beispiel spiegelt Reichtum wider, es ist nicht der wahre Reichtum. Mitunter befindet man sich in sehr reichen Ländern – in Lateinamerika, in Afrika – wo die Menschen vor Hunger sterben, denn es ist diese Widerspiegelung, die die Welt regiert, die Widerspiegelung der Dinge, leider.

13
Wo man lernt,
ohne Landkarte zu reisen

Verlagert das Körpergewicht auf die Knie, streckt die Hüfte und die Nierengegend, lasst die Spannung in den Muskeln los und lasst eure Wirbelsäule sich strecken, besonders auf der Höhe des dritten und fünften Lendenwirbels – das nennt man: die Taille strecken. Jeder ist anders gebaut und jeder hat andere Probleme, andere Verspannungen. Man muss also die eigene Ursache seiner Haltungsschwierigkeiten verstehen. Selbst wenn es vererbte oder sehr weit zurückliegende Ursachen sind, ist es möglich, sie zu korrigieren. Der fünfte Lendenwirbel ist der erste Wirbel über dem Steißbein, der erste bewegliche Wirbel, auf dem die Wirbelsäule im Gleichgewicht ruhen muss. Man darf ihn vor allem nicht blockieren. An dieser Stelle hat die Wirbelsäule eine natürliche Krümmung, die man nicht übertreiben darf, das Becken muss sich leicht nach vorn neigen. Der dritte Lendenwirbel befindet sich auf der Höhe des Nabels, im Rücken natürlich, aber auf der Höhe des Bauchnabels. Das ist ein sehr wichtiger Punkt. Besonders auf dieser Höhe muss es einem gelingen, sich zu strecken, die Wirbelsäule zu strecken. Man könnte sagen, dass zwischen dem dritten und dem fünften ein Yin- und Yang Verhältnis besteht: Der fünfte Wirbel neigt sich mehr nach vorn, der dritte eher nach hinten. Man muss den einen in Bezug auf den anderen platzieren. Wenn man diese richtige

Haltung findet, wird der Rücken gerade und der Nacken exakt positioniert. Man fühlt, wie sich der Bauch und der Solarplexus entspannen, wie die Kraft unter den Nabel sinkt. Das ist fundamental beim Zazen. Wenn man müde ist oder man sein Gleichgewicht verloren hat – im Allgemeinen durch sein Leben – wenn man in dieser Region keine Energie mehr hat, fühlt man sie nicht mehr. Wenn man das durchmacht, wird das Zazen schwierig, die Haltung ist nicht gut. Man kann auch Schwierigkeiten auf einer Körperhälfte haben (Skoliose), sie sind oft vererbt, aber es ist möglich, sie zu korrigieren. Man kann seinen Rücken sehr spät im Leben, bis 60, 70 Jahre, korrigieren, jedoch ist es einfacher, wenn man jung ist. Die einseitigen Probleme werden auch durch die schlechte Hygiene bestimmter Organe erzeugt, vor allem der Leber. Die Leber kann Blockaden in allen Körperteilen erzeugen; ihre Funktion ist eine gute Zirkulation der allgemeinen Energie. Man kann sehr wohl Schmerzen im Herzen oder der linken Schulter haben, die durch eine Blockade der Energie der Leber verursacht werden, und es entstehen einseitige Spannungen: Man ist schief, man hat oft das Gefühl, dass eine Schulter höher ist als die andere. Diese schlechte Leberfunktion kann Wirbelblockaden mit sich bringen, die Spannungen können Wirbelverschiebungen hervorrufen. Durch gute Ernährung und ein ausgeglichenes Leben lässt sich das leicht heilen. Man kann dennoch den Dingen sehr helfen, indem man das Bein wechselt, das oben liegt, wenn man die Beine im Zazen kreuzt. Es ist dieses Bein, das die Energie in die rechte oder die linke Körperhälfte lenkt. Ihr müßt fühlen, dass man manchmal den Nachdruck auf die rechte oder die linke Seite legen muss. Es ist sehr interessant, seine rechte und seine linke Seite zu untersuchen. Wenn man mit dem rechten Bein oben Zazen macht, senkt sich die rechte Schulter, die gesamte rechte Seite senkt sich, entspannt sich und drückt stärker gegen den Boden, wird aktiver. Währenddessen öffnet sich die linke Seite langsam, und die linke Schulter hebt sich. Natürlich passiert das Gegenteil, wenn man die Beine andersherum kreuzt.

Im Fukanzazengi lehrt Dogen die Haltung, indem er rät, das linke Bein nach oben zu legen. Für die Leute, die nicht viel Zazen machen und Rechtshänder sind, bringt die Tatsache, dass sie Zazen mit dem linken Bein oben machen, ihr tägliches Leben wieder ins Gleichgewicht. Da sie viel leichter die rechte Hand benutzen, den rechten Arm, das rechte Bein, hat die Energie die Tendenz, leichter nach rechts zu fließen. Die Augen werden ebenfalls von der Seite des Lotus beeinflusst. Man muss versuchen, ein Gleichgewicht zwischen den beiden zu wahren: Es wäre schlecht, Zazen nur mit einer Seite zu machen. Wenn es euch nicht gelingt, zwischen der linken und der rechten Seite zu wählen, setzt ihr euch als Kugel hin mit dem Kopf in den Händen... Es stimmt, dass man sich während Zazen sehr unangenehmen Momenten aussetzt, aber das gehört auch zum Satori und zum Zazen. Es sind diese unangenehmen Momente, die uns treiben, etwas in unserem Leben zu ändern. Dieses etwas können wir sofort ändern, aber auch nach und nach. Natürlich ist es eine Praxis, bei der man selbst Verantwortung übernimmt, bei der man sich selbst in die Hand nimmt. Es gibt kein Buch, das euch sagt: »Tu dies nicht, tu jenes nicht!« Das Buch ist Zazen.

Drückt den Boden fest mit den Knien und den Himmel mit dem Kopf. Sogar während Zazen ist man manchmal sehr unruhig. Man muss sagen, dass sich in der Haltung etwas tief bewegt – unser ganzes Karma, unser ganzer Körper, unser ganzes Bewusstsein – all das bewegt sich wie im Inneren eines Vulkans. Alle Widersprüche unseres Lebens sind darin eingemeißelt. Aber im Prinzip ist die Zweckbestimmtheit des Zazen, sich ruhig zu halten. Manchmal fühlt man diese sehr, sehr tiefe Ruhe – man kann sie immer mehr vervollkommnen – immer größere, immer stärkere Ruhe.

In dieser *Sangha* habe ich nicht den Eindruck, Anfänger zu unterrichten, die nichts wissen, sondern ich empfinde uns eher als eine Gruppe von Menschen, die instinktiv in  die gleiche Richtung geht: Wölfe folgen Wölfen, Elefanten folgen Elefanten, Ameisen folgen Ameisen, Buddhas folgen Buddhas.

Ich komme zum Genjo Koan zurück. Koan ist eine Abkürzung für Kofunoantoku, das Gesetz. Genjo Koan bedeutet das Universum als solches zu entdecken und daran zu glauben. In Japan und China plakatierte man früher Programme an die Mauern, um eine Neuigkeit anzukündigen, eine Bekanntmachung für die Bevölkerung, um dem Volk neue Gesetze bekannt zu geben. Es stimmt, dass man das Gesetz des Universums, die Verwirklichung des Weges des Universums nicht lernen kann. Mehrere heilige Schriften – die Bibel, der Koran – sind wie Rezeptbücher, von denen man annimmt, dass sie die Wahrheit sagen. Wenn ihr diese Bücher lest, könnt ihr auf den Stand der Wahrheit gebracht werden, so wie sie unterrichtet wird, aber es ist unmöglich, die Wahrheit in ein Buch zu bannen. Auch müssen wir die lebendige Wahrheit verstehen mit der Tatsache als einzigem Anhaltspunkt, dass wir ein Teil davon sind. Im Zen lernt man, ohne Landkarte zu reisen. Wenn man schließlich das Verhältnis zwischen sich selbst und dem Universum wahrnimmt, ersetzt das sehr wohl Bücher, man kann das Universum verstehen, wie es ist. Das ist das Genjo Koan: Das ist nicht, zu versuchen, das Universum außerhalb seiner selbst zu erklären, sondern vielmehr das Verhältnis zwischen sich selbst und dem Universum. Deshalb möchte ich einen kleinen Abstecher zu einem Kapitel machen, das Senjo heißt, was bedeutet, sich waschen, sich reinigen.

14
Nicht-Verschmutzung

Eines Tages fragte der sechste Patriarch seinen Schüler Nangaku: »Glaubt Ihr, dass Ihr, indem Ihr Zazen macht, mit Zazen fortfahrt, das Erwachen erreichen könnt oder nicht?« Nangaku antwortete ihm: »Es ist nicht so, dass ich nicht an die Praxis und an das Erwachen glaube, aber für mich bedeutet das wahre Erwachen, niemals davon verschmutzt zu sein, zu glauben oder nicht zu glauben, dass man es erreichen kann. Erwachen, verstehen, verwirklichen, das interessiert mich nicht. Das Essentielle ist für mich, von jeglicher Verschmutzung in meinem Leben und meiner Praxis frei zu bleiben.« Der sechste Patriarch sagt daraufhin zu ihm: »Ich bin so, Ihr seid so, alle Buddhas und Patriarchen haben so gedacht.«

Was ist diese Verschmutzung, von der Nangaku spricht? Es gibt Leute, die seit ihrer Geburt verschmutzt sind und es noch nicht einmal wissen. Um diese Verschmutzung richtig verstehen zu können, muss man sie loslassen, sie in seinem Leben bereits gereinigt haben. Wenn sie dann von neuem auftaucht und das Licht verschleiert, versteht man ganz klar, was Nangaku sagen will. Deshalb ist Zen eine Erfahrung, es ist kein Moralismus. Wenn wir verstanden haben, was uns leiden lässt, was die anderen leiden lässt, was verschmutzt, kann man den Normalzustand verstehen, ohne Verschmutzung, gegenstandslos, ohne Ziel. Man kann loslassen, aufhören, sich zu verkrampfen, zu versuchen, etwas einzufangen, etwas zu verteidigen, um sich sehen zu lassen, um zu gewinnen. Wenn man die Verschmutzung loslässt, wenn man jedes Ziel, jeden Zweck loslässt, wenn man sich einfach öffnet und liebt, wenn man der kosmischen Ordnung folgen will, Buddha, Gott, Allah, seinem Vater, seiner Frau, seinen Kindern, seiner Arbeit – folgen –, dann verschwindet die Verschmutzung. Man wird sich bewusst, dass man sich gut fühlt in seinem Körper, man hat absolut keine andere Ambition als die, an seinem Platz zu sein, ruhig. Zu jener Zeit, bereits vor 1200 Jahren in China, gab es das Problem der Verschmutzung. In dieser Diskussion zwischen dem sechsten Patriarchen und seinem Schüler unterscheidet sich die Wurzel nicht von dem Problem, das die Welt heute mit der Verschmutzung hat. Was verschmutzt die Welt, wenn nicht die menschliche Dummheit, der Egoismus, die Eifersucht, die kleinen Machos, die sich bestätigen wollen wie Hähne, mit dem Risiko, den gesamten Planeten zu kontaminieren, nicht nur durch die atomare Verschmutzung, sondern, schlimmer noch, durch die Verschmutzung einer falschen Ausrichtung der Intention? Zeigen wollen, dass man versteht; der Stärkste sein wollen; verwirklichen, seine eigene Persönlichkeit im Vergleich zu anderen verwirklichen wollen ist menschlich. Aber Nangaku sagt: »Was interessiert mich das Satori!« Ich werde versuchen, euch zu erklären, was Meister Nangaku meint, wenn er von Verschmutzung spricht. Buddha Shakyamuni hatte gesagt: »Alle Theorien sind widerlegbar, allen Wahrheiten kann widersprochen werden. Meine Lehre versucht nicht, eine Wahrheit zu verteidigen, meine wahre Lehre ist der Weg der Mitte.«

Sobald man sich an was auch immer festklammert – natürlich nicht nur innerhalb des Zen, Zen bedeutet nichts, wenn man es aus dem Kontext des Lebens loslöst – sobald man sich intensiv mit etwas beschäftigt, wenn man sich Sorgen macht, denkt man, man versucht es im Kopf zu lösen, oder man ist verschmutzt durch einen Fehler, den man begangen hat, das nennt man Verschmutzung. An diesem Punkt treten der

Buddhismus und die Gebote miteinander in Beziehung – nicht nur die Gebote um der Gebote willen. Ganz einfach, wenn ihr aus Versehen jemanden tötet, wenn ihr jemanden, oder auch nur euch selbst oder euer Ideal, völlig verratet, wird alles Glück, alles Licht eures Lebens sich ab dem Moment verschleiern. Für Nangaku und für alle Meister, alle Buddhas, ist das Ideal, unverschmutzt zu bleiben, offen. Nicht aus Moralismus heraus geben die Mönche ihre Begierden, ihre mentalen Komplikationen, das Festhalten auf, sondern ganz einfach deshalb, weil es sie verschmutzt. Sie haben verstanden, dass es genau das ist, was sie unglücklich macht. Diese Verschmutzung könnte man auch – für diejenigen, die das Hannya Shingyo kennen – das Festhalten an Shiki, an der Materie, an dem, was existiert, am Greifbaren, Erfassbaren, nennen. Die Materie ist wichtig. Hier beginnt ein äußerst interessanter Punkt: Wir sind selbst Materie, weil wir einen Körper haben, weil wir geboren wurden. Materie bedeutet erhalten. Man muss essen, man muss auch bestimmte Dinge konkretisieren, materialisieren. Eines Tages habe ich zu meinem Neffen gesagt:»Siehst du, Hunde sind wie Menschen. Bestimmte Hunde sind sehr, sehr intelligent, sie haben Gefühle, die denen der Menschen ähneln. Vielleicht ist leben mit einem Hund letztes Endes genauso gut wie heiraten.« Er erwiderte:»Ja, ja, aber um miteinander zu schlafen ist das nicht so das Wahre!« Wir haben das Bedürfnis, unsere Gefühle zu materialisieren, sie zu verwirklichen. Wenn man sagt:»Ich möchte mich verwirklichen«, wenn man große, abstrakte Ansprüche hat, die man konkretisieren muss, da erscheint die Verschmutzung.

Woher kommt die Verschmutzung der Erde? Sie rührt von der Tatsache her, dass wir produzieren. Das ist ein sehr heikles Problem, ein inneres Problem, äußerst menschlich, spirituell. Man ist gezwungen, weiterzugehen, zu praktizieren zwischen der absoluten und reinen Welt und der wirklichen und verschmutzten Welt. Auf einer der am Eingang des Dojo aufgehängten *Kalligraphien* steht: »Je heller und klarer der Mond scheint, desto dunkler ist sein Schatten.« Religion, das religiöse Leben, ist herausfinden, wie man die Reinheit, das Absolute und die Materie verbinden kann. Aus diesem Grund denkt man, wenn man von Arbeit spricht, ebenfalls an Einkommen und Ferien, um zu versuchen, die Verbindung zwischen diesen beiden Polen herzustellen. Jeder sucht Arbeit, aber es ist nicht nur aus Freude am Arbeiten. Wenn es darum ginge, umsonst zu arbeiten, zum Spaß, gäbe es keine Arbeitslosigkeit mehr. Wenn ihr wirklich Geld braucht, wird jede Arbeit zur Freude. Aber da man nun einmal Religion nicht für Geld tut, muss man das finden, was uns motivieren kann zu praktizieren, Zazen und Samu, »die unbezahlte Arbeit« zu praktizieren.

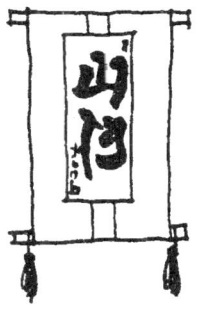

Nehmen wir zum Beispiel das Fest: Das ist das gleiche, das könnte unangenehm werden, es ist laut, voll, überall stinkendes Bier. Wenn es da nicht etwas gäbe, das uns stimulieren würde, wie zum Beispiel die Hoffnung, jemanden aufzureißen, hätte man überhaupt keinen Spaß daran. Zazen ist dasselbe: Sich mit gekreuzten Beinen hinsetzen, um Knieschmerzen zu bekommen, und so sitzen bleiben, ohne sich zu bewegen, kann völlig uninteressant erscheinen. Buddha hat gesagt: »Ich habe gelehrt, dass die Welt Leiden ist.« Das ist die erste der vier Wahrheiten. Alles in dieser Welt ist Leiden: Die Geburt, aus dem Bauch herauskommen, die Luft zum ersten Mal in die Lungen eindringen lassen, sich die Nabelschnur durchschneiden lassen, wachsen – das tut sehr weh, wachsen – die Zähne, die durchkommen, dann die Pubertät, Akne und Zweifel, dann älter werden, die verlieren, die man liebt, dann muss man selbst sterben... Er hat gesagt: »Ich hätte als erste Wahrheit genauso gut lehren können: Das Leben ist Glück.

Alle Wahrheiten, alles was man behauptet, kann widerlegt werden. Ich habe mich dafür entschieden zu sagen, dass das Leben Leiden ist, um zu helfen, die Leute zum Praktizieren zu drängen. Es ist ein Mittel, aber ich weiß, dass alles leeres Gerede ist.« Das ist die wahre Nicht-Verschmutzung: jenseits von allem. Man kann alle Mittel anwenden, um zu helfen, die Wesen zu retten. Man muss sich vor allem darauf konzentrieren, keine schlimmen Fehler zu machen. Das Leben ist etwas Gefährliches, etwas Ernsthaftes; wenn man sich täuscht, kann das sehr, sehr schlimm sein für die Ewigkeit. Wie auch immer, wir sind verschmutzt, unsere Welt ist verschmutzt. Wie können wir dieses Problem in Angriff nehmen?

15
Den Körper-Geist reinigen

Im Tai Bi Ku San Zen Yo Gi Kyo, dem *Sutra* der 3000 edlen Formen für den Mönch, der die Ordination erhalten hat, heißt es:»Den Körper reinigen heißt, sich den After und das Geschlecht zu waschen sowie sich Finger- und Zehennägel zu schneiden.« Dogen zitiert dieses Sutra.  Also selbst wenn unser Körper-Geist durch seine Praxis von der Verschmutzung verschont bleibt, das heißt, selbst wenn man den freien Geist hat, selbst wenn man sich nicht anhaftet, wenn man in der Lage ist, seine Leidenschaften, seine Begierden zu überwinden, gibt es eine praktische Lehre, um den Körper zu reinigen, und eine praktische Lehre, um den Geist zu reinigen. Für einen Mönch ist die eigene Reinigung nicht eine egoistische Wahl, nicht:»Ich will rein sein.« Wenn der wahre Mönch sich wäscht, wäscht er seinen Körper und befreit seinen Geist. Er wäscht nicht nur seinen Körper und seinen Geist, sondern auch sein Land, seine Erde. Er wäscht, er reinigt den großen Baum des Erwachens. Seine Erde waschen und dabei wissen, dass sie niemals verschmutzt gewesen ist, das haben alle Buddhas beschützt, behütet und bewahrt. Und sogar wenn sie das Erwachen des Buddhismus durch ihre Praxis erreicht hatten, haben sie nie aufgehört, auf diese Art zu praktizieren. Auch wenn wir uns der Verschmutzung der Erde bewusst werden, auch wenn wir objektiv gesehen etwas unternehmen können – zum Beispiel auf politischer Ebene, auf äußerer Ebene – beginnen wir, die Verschmutzung mit unserem Körper und unserem Geist zu untersuchen, mit der Geisteshaltung eines Zenmönches. Die Zenmönche geraten nicht in die Hölle, sondern sie springen freiwillig hinein, um die Wesen vor der Hölle zu retten. Der Zenmönch ist nicht auf der Suche nach seiner persönlichen Reinigung, sondern er reinigt seinen Körper, seinen Geist und sein Karma gründlich. Zumindest strebt er danach, er versucht es, er geht in diese Richtung um die Existenzen zu reinigen, während er weiß, dass es nichts zu reinigen gibt, da er weiß, dass es außen wie innen ist, dass sein Körper nicht nur außen, sondern auch innen ist – man beginnt trotzdem innen, sonst wäre es die totale Schizophrenie...

Was meint Dogen, wenn er sagt, dass es nichts zu reinigen gibt? Wenn er spricht, ist das nicht im Abstrakten, sondern wirklich in der Realität. Im Zen ist immer das Realistische wichtig. Aber was ist real? Deshalb gibt es im Genjo Koan eine große Unterweisung, welches die Beziehung zwischen der inneren und der äußeren Welt ist, zwischen einem selbst und dem Kosmos, das Verhältnis der gegenseitigen Abhängigkeit. Real ist, was man für real hält. Einstmals glaubten die Menschen, dass die Erde flach sei. Für sie war das die Realität. In dieser Zeit basierten alle Berechnungen auf diesem Prinzip und innerhalb dieser Logik stimmten die Berechnungen. Von allen Gesichtspunkten aus war es real, dass die Erde flach war. Wenn man versteht, dass real ist, was man für real hält, gibt es in diesem Verständnis und an dieser Stelle nichts zu reinigen. Wenn man in der Lage ist, an die Wirklichkeit in ihrer ganzen Reinheit zu glauben, an diese ständige Umwandlung, kann man dieses Kapitel Meister Dogens verstehen, wissen, wie man sein Wesen reinigen kann. In der Wirklichkeit des Hier und Jetzt, in unserer Wirklichkeit, muss alles gereinigt werden, es gibt wirklich viel zu tun. Das ist für mich die Bedeutung der Praxis: das gesamte Universum reinigen. Aber selbst, allein kann man gar nichts ausrichten. Wer behaupten würde, er sei rein in einer unreinen Welt, ist ein Lügner.

Wie kann man das gesamte Universum einschließlich sich selbst reinigen? Das ist das Genjo Koan, das Koan des täglichen Lebens, die Lehre des Shobogenzo, das Auge, das den Schatz des Wahren Gesetzes sehen kann. Was Dogen lehrt ist sehr genau, sehr deutlich. Er lehrt, wie man zur Toilette gehen soll und wie die Toiletten innerhalb des Tempels gebaut werden sollen. In zahlreichen Tempeln jener Zeit gab es keine Toiletten; die Leute hatten eine sehr schlechte Lebenshygiene, man befand sich noch im Mittelalter. Er erklärt, wie man sich abwischen soll, wenn man zur Toilette gegangen ist, mit einem Erdklumpen oder einem Holzspatel, wie man sich den Hintern waschen soll. Damals wischten sie sich mit ihren Kimonos ab, Dogen sagte ihnen auch:»Es könnte nicht schaden, wenn ihr von Zeit zu Zeit mal duschen würdet...« Er erklärte ihnen, dass sauber sein auch einen großen Einfluss auf den Geist hat. Er sagt zum Beispiel, dass man sich nicht völlig dem Sampai hingeben kann, wenn man einen schmutzigen After und schmutzige Sexualorgane hat. Das sind praktische Ratschläge. Es gibt ein sehr berühmtes Koan, in dem der Schüler fragt:»Was ist der Buddhismus? Was ist Buddha?« Der Meister antwortet:»Der Scheißstock«, so heißt das Gerät, das sie benutzten, um sich die Ärsche zu putzen wenn sie zur Toilette gegangen waren. Er hätte einfach sagen können:»Sich den Arsch zu putzen.« Im Islam wäscht man sich immer mit Wasser, mit der linken Hand, das ist gleichzeitig sehr angenehm. Hygiene ist wichtig, für die Gesundheit ist es wichtig, dass der Analbereich massiert wird – das soll man aber trotzdem nicht missbrauchen...

Das Sommerlager – Ango auf Japanisch – gab es bereits vor 2500 Jahren. Die ersten hat Buddha Shakyamuni ins Leben gerufen. Um ihn herum gab es das, was man eine Sangha nennt. Die Sangha ist eine der drei Schätze des Buddhismus und bedeutet: Gemeinschaft von Menschen, von Personen, die zusammenkommen mit einem Ziel, das über ihren persönlichen Vorteil hinausgeht, und die vor allem gemeinsam Zazen praktizieren. Damals waren die Leute, die Buddha Shakyamuni folgten, sehr, sehr, sehr unterschiedlich, wie heute.

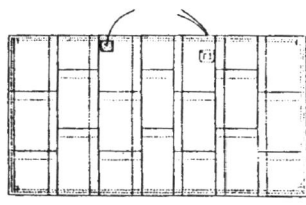

Natürlich waren da die Mönche, die nächsten Schüler Shakyamunis – rasierter Schädel, *Kesa* –, die ausschließlich von der Bettelei lebten. Ausgestattet mit großen Schalen gingen sie in die Dörfer hinunter, sie klopften an die Türen und baten um einen Beitrag an Nahrungsmitteln – im Allgemeinen Reis – für die Gemeinschaft. Während sie um Nahrung baten, halfen sie den Leuten spirituell gesehen, es war ein Austausch. In allen Städten, in allen Teilen der Welt gibt es viele Bettler – in Paris, Buenos Aires, Barcelona, Montréal, Rennes oder La Paz. Was mich in Bolivien an der Geisteshaltung der Indianer, die um Geld baten, beeindruckt hat, war, dass wenn man ihnen welches gab, ein spiritueller Austausch stattfand. Aus dem tiefsten Grund ihres Herzens segneten sie uns: »Buena suerte!« In dieser Gemeinschaft von Mönchen und während der Reisen Buddhas gab es auch Laien, Kinder, Alte, Bodhisattvas. Es heißt sogar, es habe Götter gegeben, also übermenschliche Existenzen. Manchmal hielt Buddha Vorträge vor 1000, 2000 Leuten. Im Sommer kam der Monsun, die Regenzeit, in der es nicht möglich ist, zu reisen. Viele Wege und Flüsse sind überschwemmt, man erwischt schnell mal eine Krankheit, der Körper ist sehr anfällig – eine kleine Schnittwunde, ein kleiner Bienenstich können dann ausarten.

Buddha hielt es für besser, während dieser Zeit an einem Ort zu bleiben, also organisierte er eine dreimonatige Ruhepause. Natürlich waren da viel mehr Leute als hier: 500 bis 1000 Menschen, und nicht nur Mönche. Sie wurden aufgenommen in dem Haus eines sehr reichen Mannes, ein sehr schönes Haus mit einem riesigen Garten, einem Park. Während drei Monaten machten sie es wie wir, sie machten Zazen und lebten in Gemeinschaft. Hier, heute, ist keine Regenzeit, sondern Touristensaison. Die Welt der Städte, der Geschäfte macht Urlaub. Die Straßen sind überfüllt, die Leute sind sehr aufgeregt, es ist besser, sich während dieser Zeit zurückzuziehen, um in aller Ruhe Zazen zu machen. Wir treffen uns hier, wir leben zusammen, wir bilden eine Sangha in einer Geisteshaltung, die völlig anders ist als die, an die wir gewöhnt sind.

Viele Menschen glauben, dass sich über uns der Präsident der Republik, die Minister, die Polizei, der Verwaltungsapparat befinden. In dieser Gesellschaft sind wir alle wie Kinder: wir quengeln, wir gehorchen nicht und wir gehen immer davon aus, dass jemand anders für das Land verantwortlich ist. Diese Mentalität ist sehr, sehr tief verwurzelt bei den Menschen. Sie sind daran gewöhnt, sich gleichzeitig bestehlen und beschützen zu lassen. Sie glauben, dass die Straßenlaternen nicht ihnen gehören. Es ist sehr schwer, diese Mentalität zu ändern, aber wirklich dadurch wird man die Gesellschaft ändern: indem man sich als Teilnehmer empfindet, als Schöpfer und verantwortlich für die ganze Welt. Die Parasiten, die Diebe, die, die nicht wissen wohin mit sich, die in Wirklichkeit nur aus Schwäche da sind, sind niemals zufrieden. Sie kritisieren, sind völlig egoistisch, so wie Kinder, die die ganze Zeit heulen, die ständig etwas von den Eltern wollen und alles von ihnen erwarten. Die Eltern geben ihnen und geben ihnen, aber sie kritisieren, weinen und machen Kapriolen. Dennoch können auch Kinder sich entwickeln. Wenn man ihnen zum Beispiel eine kleine Aufgabe innerhalb der Gemeinschaft gibt, verändert sich ihre Geisteshaltung ab dem Moment völlig, da sie sich verantwortlich fühlen, sie fühlen, dass sie teilnehmen.

Ich fahre fort mit der Lehre bezüglich der Lebenshygiene. Zusammengefasst ist das Wichtigste für Meister Dogen, dass wir uns bei jeder Handlung in unserem Leben in keiner Weise von der Ganzheit, der Wirklichkeit, dem Leben der Dinge trennen. Was zum Beispiel bedeutet das Sutra, das wir singen, um uns der Bedeutung des Essens in all seinen Aspekten bewusst zu werden? Wie ist diese Nahrung bis auf unseren Teller gelangt? Warum, aus welchem Grund müssen wir essen? Um was zu tun? Um was zu leben? Und am Ende Gedanken der Hoffnung und Gebete für die anderen, für die ganze Welt. Das unterscheidet in einer einfachen Praxis wie der des Essens, eine religiöse Praxis von einer tierischen. Natürlich gibt es verschiedene Stadien zwischen dem Hund, der Müllsäcke aufreißt, um Abfälle zu fressen, und dem taoistischen Heiligen, der sich ausschließlich von kosmischer Energie ernährt, aber so ist es in allen Handlungen des Lebens. Zazen befindet sich im Zentrum, da es als die völlige Vereinigung unseres Wesens mit dem Universum gesehen wird. Das ist nicht etwas Bewusstes, aber in allen Handlungen des täglichen Lebens ist es wichtig nachzudenken und seinen Überlegungen durch Wünsche Ausdruck zu verleihen. In dem Kegon-Sutra heißt es, dass es erleichtert, wenn man zur Toilette geht, wenn man das Bedürfnis hat zu pinkeln oder zu kacken, vor allem wenn das Bedürfnis sehr groß ist. Es erlöst uns von Dingen, die wir loswerden müssen, weil der Körper sie nicht behalten kann, sie haben keinen einzigen Zweck für ihn, im Gegenteil, wenn man sie nicht ausscheiden würde, würden sie uns vergiften. Der Organismus entscheidet, was er vom Guten behalten und vom Schlechten wegwerfen will. Wenn man sich dann erleichert hat, muss man beten, damit die lebenden Wesen nicht von ihren eigenen Unreinheiten überschwemmt, vergiftet werden, und dass sie so befreit werden vom Unglück, der Wut und der Illusion. Daran denkt man nicht häufig, wenn man zur Toilette geht. Manchmal spiele ich Gitarre. Anstelle von Sutren singe ich Blues. Ohne gleich zu beten, ein Sutra zu singen und zu sagen: »Ich wünsche, während ich mich von diesen Exkrementen befreie, dass die lebenden Wesen, genau wie ich, nicht von ihren Unreinheiten überschwemmt werden«, kann man zumindest darauf achten, dass man nicht daneben pisst, an denjenigen oder diejenige denken, der oder die durch unsere eigenen Exkremente beschmutzt werden könnte, indem er oder sie sich auf die Klobrille setzt. Für die Männer ist das schwieriger... Ein Sprichwort sagt: »Pisse Zen, pisse gerade.« Dann, wenn man die Toilette gut saubergemacht hat, wenn man an der Kette zieht, sollte man beten, damit die Menschen fortschreiten zum höchsten Stadium der Wahrheit, dass sie sich über das, was uns an diese gewöhnliche Welt festkettet, erheben können. Dann geht man sich die Hände waschen: »In diesem Moment – heißt es in dem Kegon-Sutra – muss man beten, damit die lebenden Wesen die reine Ausdauer erlangen und sich völlig von ihrem Karma befreien können. So praktiziert ein Mönch, wenn er zur Toilette geht.« Dann gibt es noch den technischen Teil: Man zieht sich den *Kolomo* vor der Toilette aus, faltet ihn auf eine bestimmte Weise zusammen, legt ihn auf ein Regal, macht *Gassho*, dann geht man zur Toilette, zieht seinen Gürtel aus, faltet ihn zusammen, macht Gassho... ein Ritual wie während der Zeremonien. Eigentlich ist es eine Zeremonie, aber anstatt Weihrauch zu verbrennen, erleichtert man sich, das ist dasselbe, jedoch nicht derselbe Geruch.

Meister Dogen sagt: »Seit jeher ist Wasser niemals völlig rein noch völlig unrein gewesen, es ist Wasser, das ist alles. Unser eigener Körper ist ursprünglich weder völlig rein noch völlig unrein, im Übrigen sind alle Phänomene so beschaffen. Man kann auch nicht sagen, dass

Wasser völlig lebendig sei oder dass es nicht lebendig sei. Für unseren Körper gilt das gleiche, er ist nicht ausschließlich Leben, aber man kann nicht sagen, dass er nicht lebendig sei. Und alles was existiert ist so, selbst die Lehre Buddhas.« Das bedeutet, dass Wasser allein nicht ausreicht, um den Körper zu waschen. Wenn man sich auf die wahre Lehre Buddhas verlässt, wenn man sie beschützt, wenn man mit ihr übereinstimmt, wenn man sich verhält, wie es in dem Kegon-Sutra beschrieben wird, wenn man Wasser auf diese Weise benützt, kann man sich wirklich waschen. Natürlich ist das Beispiel der Toiletten extrem, aber vor allem in den Extremen kann die Praxis sich vertiefen. Kein Mensch denkt daran zu beten, wenn er scheißen geht, dieser Handlung eine kosmische, magische Dimension beizumessen. Aber mit dieser inneren Haltung – selbst wenn man nicht laut singt, selbst wenn man es nicht formuliert, weil es auf den ersten Blick lächerlich scheinen könnte –, mit diesem Glauben, dieser Offenheit, wird die authentische Weitergabe der Körper- und Geisteshaltung der buddhistischen Meister verwirklicht, und sie verwirklicht sich sofort. Sie praktizierten alles in ihrem Leben in diesem Geist. Man soll natürlich weder dogmatisch noch systematisch sein, aber es ist trotzdem gut, wenn diese Wahrheit, dieses Bewusstsein, sich in unseren Geist eingraviert. Versetzt euch in eure eigene Lage und denkt über die tiefe und körperliche Bedeutung des Toilettenganges nach. Was passiert eigentlich in unserem Körper und unserem Geist in diesem Moment? Das ist sehr wichtig, weil wir es wirklich mit unserem Körper leben. Es ist genauso lebensnotwendig wie essen. Und das Lebensnotwendige ist wunderbar! Sonst wird es zur vulgären Welt, in der essen, trinken, lieben, nichts mehr wunderbar ist. Dort gibt es für nichts mehr Anerkennung, nur Konsumieren.

In jedem Moment das Glück und die Bedeutung jeden Momentes zu verwirklichen, das ist, was Dogen ausdrücken möchte. Er möchte die Leute nicht in Pfarrer verwandeln, aber er würde die Wesen gern erwecken zu der wunderbaren Dimension des Lebens, und dieses Wasser, das ursprünglich weder rein noch unrein ist, zu etwas Kostbarem machen, das das Vermögen hat, unseren Körper und unseren Geist zu waschen. Diesen Körper-Geist, der in seiner ursprünglichen Form weder rein noch unrein ist, zu einem respektablen und leuchtenden Körper machen, der das Leben völlig klar verwirklichen und empfinden kann, durch sich selbst in seinem ursprünglichen Zustand Ausdruck zu verleihen.

Mondo: Fragen an den Meister

Was bedeutet das absolute Leben?

Ich kann es euch unaufhörlich intellektuell erklären. Der Zeitbegriff mit einer Vergangenheit und einer Zukunft ist völlig gewagt, da kein einziger Wissenschaftler Anfang noch Ende der Zeit gefunden hat. Wenn man also sagt »100 Jahre«, dann ist das ein Begriff, der in Bezug auf uns existiert, aber in Bezug auf die Zeit existiert er nicht. »Das Leben ist absolut« bedeutet, dass es weder Vergangenheit, Gegenwart noch Zukunft hat, das heißt, dass es ewig ist. Wer hat euch gesagt, dass die Zeit in eine Richtung geht, von hier nach da? Nein! Das ist lächerlich! Das ist ein Eindruck. Auf diese Weise will ich euch empfinden lassen, dass das Leben absolut ist...

»Das absolute Leben« hat viele Bedeutungen... Auf jeden Fall werde ich weiter über diesen Satz nachdenken, denn man kann diesbezüglich noch sehr viele Überlegungen anstellen. Normalerweise redet man im Zen nicht von der Metaphysik, aber wenn ihr indessen darüber reden wollt, muss man es mit Unerbittlichkeit tun, mit der Unerbittlichkeit der objektiven

Betrachtung, denn es gibt keinen Unterschied zwischen dem, was unerbittlich und objektiv ist und dem, was abstrakt und subjektiv ist – es kann da keinen Unterschied geben. Wenn ihr einen Berg betrachtet, ist es genauso, vom Fuße des Berges oder von einem Hubschrauber aus werdet ihr ihn unterschiedlich wahrnehmen, der Berg jedoch ist derselbe, also gibt es keinen Unterschied. Wenn ihr am Fuße des Berges einen blauen Stein entdeckt und sagt:»Hier liegt ein blauer Stein!« Auch wenn ihr ihn vom Hubschrauber aus nicht seht, liegt da ein blauer Stein, und so muss man denken. Davon ausgehend seid ihr dazu berechtigt, auf intelligente Weise über die Dinge nachzudenken und könnt durch euch selbst die Weisheit, die Kraft des Zazen ein bisschen verstehen. Ihr könnt es tiefgehend. Was man versteht, weiß man bereits. Science-Fiction-Schriftsteller Jules Vernes hat sich die Metro ausgedacht, er hat sich die Städte des 20. Jahrhunderts so vorgestellt, wie sie jetzt sind. Man braucht dafür kein Zen-Meister, Dalai Lama oder was auch immer zu sein, denn der Mensch hat diese Wahrheit in seinen Zellen, in seinem Wesen. Manchmal ist er zu beschäftigt oder auf anderes konzentriert: er denkt nur daran, eine Frau zu finden, um die Liebe zu betreiben, oder er denkt an seine Geldprobleme, er hat keine Zeit, um dafür sensibel zu sein. Aber wenn er sich Zeit nähme...

Jeder Einzelne hat diese Wahrheit in sich; es ist sehr schwer, sie zu glauben, auszudrücken, zu erfassen. Aber wenn ihr wüsstet, wie wunderbar die Welt, die Existenz ist! Ich persönlich kann es nicht glauben. Ihr versteht alle eure Kindheitsträume, alle eure Träume, die ihr als Mensch habt. Warum glaubt ihr, dass es eure Träume sind? Es sind eure Träume, weil es Träume gibt. Und dann kommt der Tag – das kann in 2000 oder 200 Jahren sein, Zeit ist sowieso völlig relativ –, der Tag, an dem ihr euch der Tatsache bewusst werdet, dass Träume existieren, es also möglich ist, dass das wahre

Glück existiert, dass alles möglich ist. Dieser Tag, ihr glaubt nicht daran, dass euch das zustoßen wird, aber wenn er einmal gekommen ist, überrascht es euch gar nicht so. »Absolutes Leben«, das heißt auch, dass man den Tod nicht vom Leben trennen kann. Sensei sagte: »Es ist wie ein Blatt Papier: ihr könnt nicht sagen, dass dieses Blatt diese eine Seite ist und nicht die andere. Ohne die eine Seite kann die andere auch nicht existieren.« Dogen benutzt diese Metapher, um uns einen gewaltigen Aspekt diesbezüglich verständlich zu machen: Die Toten existieren für die Lebenden und der Tod nährt das Leben. Versucht, darüber nachzudenken, was Bewusstsein ist, was euer Bewusstsein ist, die Tatsache, dass ihr existiert und versucht, darüber nachzudenken, was das Nichts sein könnte, das heißt die Nicht-Existenz, das Nicht-Bewusstsein dessen, was jetzt existiert. Und ihr werdet verstehen, dass das Nichts nicht existiert, denn es ist nichts. Dogen sagt Folgendes: Das Aufhören der Existenz ist nicht Ursache, nicht Wirkung, denn es ist nichts. Das ist nicht Teil der Existenz, es existiert nicht, es ist nichts und nichts ist nicht etwas, es ist nicht die Folge von etwas. Nichts ist absolut nichts, es ist absolut. Es existiert also noch nicht einmal eine Sekunde lang, noch nicht einmal eine Tausendstelsekunde, das Nichts existiert absolut nicht. Es lohnt sich also nicht, darüber zu reden, aber es ist wie die andere Seite eines Blattes. Warum leben wir, warum bewegen wir uns, warum atmen wir? Weil es das Nichts gibt. Wenn es das Nichts nicht gäbe, wären wir folglich unendlich.

Aber wir sind Lehrlinge. In der Prajna Paramita wird der Weg des Bodhisattva, die Laufbahn des Bodhisattva erklärt. Man beginnt als völlig verirrte Existenz, in einem schrecklichen Leiden, weil ein unermessliches Chaos darin herrscht... Wir werden hin- und hergerissen und wir erleiden ein Leiden, das uns völlig über den Kopf wächst, denn alles wächst uns über den Kopf. Wir werden tausendmal abgemurkst, zerrissen, verbrannt, eingefroren ... und das auf ewig, denn, wie gesagt, Zeit gibt es nicht. Gut. Bis zu dem Moment, in dem man auf Buddha trifft und die Ordination erhält. In dem Moment beginnt man die Laufbahn des Bodhisattva, aber das ist eine lange Laufbahn im Verhältnis zu unserer Zeit. Wir hier, wir sind wirklich völlige Anfänger. Als Anfänger leben wir noch in einer Welt mit einfachen Konzepten, mit lebenden Menschen, Menschen, die sterben, mit dem Mysterium des Todes, dem Karma und so weiter. Und wir werden wirklich das gesamte Universum verbessern müssen, uns Schritt für Schritt weiterentwickeln, aber langsam, denn man kann nicht alles in fünf Minuten verstehen, verwirklichen. Und man darf vor allem nicht egoistisch sein.

Dogen gibt den folgenden Rat: »Nachdem ihr die Ordination erhalten habt, ist die größte Gefahr, in die Falle des *Shravaka* und des *Pratiekabuddha* zu geraten«, das heißt, euch mit einem mehr oder weniger intellektuellen oder pfarrerhaften Verständnis zufrieden zu geben – »Ich gehöre zu einer Kirche, ich habe alles verstanden!« – oder nur für euch selbst zu praktizieren, um eure Probleme zu lösen oder für eure persönliche Entwicklung. Geratet vor allem nicht in diese Fallen, denn ihr riskiert, eure Chancen zu zerstören. In der Prajna Paramita heißt es, dass es noch schlimmer ist, in diese zwei Fallen zu geraten, als überhaupt nicht zu praktizieren. Diese zwei Fallen können euch für sehr, sehr, sehr lange Zeit festklemmen und sogar dazu führen, dass ihr den Weg des Bodhisattva verpfuscht. In Wirklichkeit gibt es nicht sehr viele wahre Bodhisattvas, denn das ist bereits ein sehr großes Erwachen des Geistes. Ihr könnt sogar 40 Jahre Zazen machen, wenn ihr ein schwerfälliger Geist seid, werdet ihr immer ein Idiot sein, so ihr nicht über die Berufung, die große religiöse Berufung verfügt. Wenn man die Geschichte des Buddhismus, die Geschichte des Zen, liest, stellt man fest, dass von 200 Schülern eines großen Meisters 199 große Deppen waren, die obendrein dem Schüler, der eine große Vision der Dinge hatte, Übles wollten. Was ich jetzt sage, mag übertrieben scheinen, dennoch hat die Wirklichkeit immer so ähnlich ausgesehen, und die wahre Berufung des Erwachens ist selten.

16
Virtuell

Um zum Schluss zu kommen mit diesem Satz des Genjo Koan:

» Wenn man mit der Gesamtheit seines Körpers und seines Geistes wahrnimmt, wenn man hört, wenn man fühlt mit der Gesamtheit seines Körpers und seines Geistes, dann ist das nicht wie das Bild im Spiegel oder wie die Spiegelung des Mondes im Wasser.«

Wir haben von der virtuellen Welt und der wahren Realität gesprochen. In unserer Welt sind immer mehr Dinge virtuell. Neulich sprachen wir zum Beispiel davon, ein Schaf zu essen. Manche sagten: »Wir sollen kein Schaf für uns schlachten, wir sollen es nicht essen.« Manchmal erscheinen Diskussionen blödsinnig, aber so dumm sind sie auch wieder nicht. Ethik und Moral sind wichtig. Wenn man im Supermarkt ein in Plastik eingeschweißtes Kotelett kauft, ist es ein virtuelles Schaf. Es ist immer noch dasselbe Koan, dasselbe Genjo Koan. Es ist normal, dass man sich Sorgen um sein eigenes Kind macht, aber die Kinder der anderen dürfen deswegen nicht zu virtuellen Kindern für uns werden. Ich erinnere mich, dass Sensei einmal sagte: »Die Geräusche der Natur, der Bäume, der Vögel, sind genau unser eigener Geist.« Ich hatte zu ihm gesagt: »Nicht nur die Geräusche der Natur, Sensei, sogar das Geräusch eines Rohres, die Rohre eines Heizkörpers sind ebenfalls völlig das Geräusch unseres Geistes.« Er hatte mir geantwortet:»Ach ja, ja, sehr gut, Stéphane, Sie verstehen.«

Unsere innere Welt ist nur ein Element der alleinigen Welt und ist bereits seit Urzeiten in ihr enthalten. Das ist Sehen mit der Gesamtheit seines Körpers und seines Geistes – ich rede nicht von dem persönlichen Körper und dem persönlichen Geist. (»Ich bin weise. Ich weiß. Ich bin ein Meister. Ich mache viel Zazen. Ich habe das Shiho...«). Im *Hokyo Zanmai* heißt es:»Das Spiegelbild bin ich, aber ich bin nicht das Spiegelbild.« So ist das Bewusstsein des wahren Körper-Geistes, der nichts anderes ist als der Körper-Geist Buddhas. Das ist das Bewusstsein, das Sensei Hishiryo nannte. Das Geräusch des Heizkörpers ist nichts anderes als unser wahrer Körper-Geist und nicht nur die kleinen Vögel und die schönen Dinge. Letzten Endes ist das Spiegelbild selbst Wirklichkeit, es ist ein Haar im Nasenloch der Wirklichkeit.

Das ist wie die Geschichte, in der Buddha den Affen Anuman trifft, einen Affen, der über sehr große magische Kräfte verfügt. Er kann fliegen, er kann mit 10.000 Keulen oder 10.000 Lanzen jonglieren, er kann sich selbst millionenfach in Millionen Spiegelbilder vervielfältigen – Spiegelungen des Spiegels, die sich in Spiegeln spiegeln, die sich in Spiegeln spiegeln... Sehr symbolisch, diese Geschichte... Er hat sogar den Pfirsich der Unsterblichkeit aus dem Paradies der Unsterblichen gestohlen, hat ihn gegessen und ist aus dem Paradies entkommen, indem er allen Stockschläge verpasste. Er ist unerträglich, egoistisch, aber niemand kann ihn besiegen. Er ist stark und deshalb ist er der König der Affen. Er ist dermaßen eingebildet, dass er eines Tages Buddha herausfordert. Buddha möchte nicht mit ihm in Wettkampf treten, aber der Affe besteht darauf:»Wir machen ein Wettrennen. Der, der zuerst auf der anderen Seite dieses Berges ist, ist der Stärkste.« Buddha sitzt in aller Ruhe im Lotus. Der Affe, tückisch wie er ist, sagt sich: »Ich werde ihn überrumpeln, bevor er geantwortet hat!« Genau wie Maradona, wenn er einen Freistoß hat: Er tut als ob er diskutiert und schießt. Also sagt er: »Achtung, fertig, los!« und fliegt davon, er überquert den Berg in Blitzesschnelle. Er landet und sagt: »Ich habe gewonnen!« Er schaut um sich und sieht Buddha nicht, also langweilt er sich ein bisschen, geht auf und ab, schaut sich die Landschaft an. Die Sonne hat eine komische Konsistenz, sie ist ganz heiß... Er schaut nach oben und was sieht er? Einen immensen Buddha. Tatsächlich befand er sich in der Hand Buddhas. Buddha sitzend in der Lotushaltung und der Affe winzig klein in seiner Hand. Buddha hatte sich noch nicht einmal bewegt.

Selbst wenn man das Spiegelbild ins Unendliche spiegelte, das Bild des Bildes des Bildes, wäre das noch immer Teil der Realität, das heißt Teil des einzigen grenzenlosen Ichs, unteilbar, das unser wahrer Körper-Geist ist. Das ist die Schlussfolgerung dieses Satzes des Hokyo Zanmai.

17

Sich selbst erforschen heißt, sich selbst vergessen

Sensei wollte, dass wir den folgenden Satz des Genjo Koan auswendig lernten. Er sagte, dass es ein Mantra sei.

»Den Buddhismus erforschen, das Zen, heißt, sich selbst zu erforschen (das heißt, sein Ego zu erforschen). Sich selbst zu erforschen heißt, sich selbst vergessen. Sich selbst vergessen heißt, von allen Existenzen des Kosmos bestätigt zu werden, bewohnt zu werden, gelebt zu werden.«

Es ist wirklich ein Mantra, der Ausdruck der Gesamtheit in manchen Sätzen. Manchmal fragt man sich, was Zazen in uns bewirkt. Manchmal träumt man während Zazen, man hat den Eindruck, zu vergessen, der Kopf fällt nach vorn, das ist jedoch nicht das Vergessen, von dem Meister Dogen spricht. Wenn ihr euch wirklich, und sei es nur für ein paar Sekunden, im Gleichgewicht halten könnt, ein Gleichgewicht, das keine einzige Bewegung braucht, wenn ihr alles entspannen könnt, indem ihr in dieser perfekten Haltung bleibt, wird dieser Moment eure gesamte Existenz bestimmen, euer ganzes Leben ändern, wie in dem Moment, in dem man das Siegel unter einer Kalligraphie anbringt. Ohne diesen Stempel ist die Kalligraphie nicht unterschrieben. Wenn eure Zellen, euer Körper, euer Geist während einiger Sekunden das Gleichgewicht in Zazen halten, besiegelt ihr euer ganzes Leben mit dem Stempel Buddhas.

»Den Weg Buddhas zu erforschen heißt, sich selbst zu erforschen. Sich selbst erforschen heißt, sich selbst vergessen. Sich selbst vergessen heißt, von allen Existenzen des Kosmos bestätigt zu werden.«

Als ich diesen Satz las, dachte ich, dass er keinen Kommentar brauche, dann jedoch habe ich gedacht, dass er eine doppelte Lehre enthalten könnte: die Lehre während Zazen – Zazen selbst – und die Lehre im täglichen Leben. Die Lehre während des täglichen Lebens wird viel analytischer sein, viel mehr eine Arbeit der Beobachtung, wohingegen sie während des Zazen physischer sein wird, konzentrierter auf die Erforschung seiner selbst, die Erforschung des Weges Buddhas.

Man könnte diesen achten Satz in wenigen Worten zusammenfassen: Man kann ihn weder erfassen noch ihm entkommen. Das »Ich«, das Ego, kann man weder erfassen noch ihm entkommen.

»Den Weg Buddhas erforschen heißt, sich selbst erforschen.«

Sich selbst heißt auf Latein »Ego«. Den Weg Buddhas zu erforschen heißt also, das Ego zu erforschen. Das erscheint widersprüchlich. Die Leute kommen, um Zazen zu machen: »Was ist das Zen?«»Das Ego erforschen!«»Das interessiert mich nicht! Ich möchte mein Ego gern befriedigen, es jedoch nicht erforschen. Ich würde mein Ego gern befriedigen, indem ich mich für den Buddhismus, ismus, ismus interessiere...«»Aber das ist es doch, Alter, den Buddhismus erforschen, heißt, sein Ego zu erforschen!« Und da stellt sich die große Frage: »Was ist mein Ego, was ist das »Ich?« Das »Ich« ist nichts anderes seit unserer Geburt – es ist nicht abwertend.

Dieses »Ich« existiert seit unserer Geburt, dieses »Ich« ist unsere Existenz. Sokrates sagte bereits: »Erkenne dich selbst«, aber er lehrte keine Methode. Sein Ego erforschen und egoistisch sein ist nicht dasselbe. Dieses »Ich«, das die Gesamtheit dessen, was wir sind, bildet, steht in Beziehung zu dem, was man Wirklichkeit nennen kann, die Existenzen des Kosmos. Innerhalb dieser Überlegung, dieser Erforschung des »Ich«, seiner Beziehung zu den Existenzen des Kosmos, befindet sich die wahre Erforschung des Buddhismus.

Die moderne, europäische, amerikanische Gesellschaft – und dazu gehören wir auch, selbst wenn wir Zazen machen – ist dabei, an die Schwelle ihrer Unfähigkeit zu gelangen. Alle Versuche, glücklich und in Harmonie zu leben, scheitern. Also muss eine neue Verhaltensweise geschaffen werden, eine neue Form, eine neue Art zu denken, ein neues Bewusstsein – nicht inhaltlich neu, sondern im Funktionieren –, neue Überlegungen in Anbetracht der Ereignisse. Es handelt sich nicht darum, an neue Götter zu glauben, obwohl die spirituelle Dimension, die fehlt, gut ist. Dogen sagt: »Wenn ihr die spirituelle Dimension finden wollt, erforscht das Ego.« Während Kin Hin repräsentiert der Daumen unser Ego und man schließt ihn fest in die linke Hand ein. Im täglichen Leben ist das natürlich schwieriger als im Dojo.

Wie das *Experiment der Pawlowschen Hunde*: durch den Körper und durch das Verhalten im Dojo versuchen wir, verschiedene Reflexe in unser Bewusstsein festzusetzen, aber hinterher muss man sie in die Praxis umsetzen. Wenn ihr die *Katas* im Karate trainiert, könnt ihr das fünf oder zehn Jahre lang machen, im Moment des Kampfes wird sich erweisen, ob es tatsächlich funktioniert.

Auf den ersten Blick scheint das Zen in Europa nicht besonders gut zu funktionieren: beim kleinsten Phänomen werden die Mönche und Nonnen zu wilden Tieren, als ob alles von außen kommen muss, sie benehmen sich, als ob die Leute, die im Service oder der Küche arbeiten, Angestellte eines Unternehmens wären und sie selbst Hotelgäste. Sie verstehen nicht, dass sie, dass alle die Küche sind; der Service, das sind alle, und vom Daumen in der linken Hand ist nicht mehr die Rede. In solchen Momenten kann man sehen, ob das Zen funktioniert, auf die Gefahr hin, ein bisschen auszuatmen; auf die Gefahr hin, ein bisschen loszulassen. Wenn man das macht, wird man sehen, dass alles seinen Platz finden wird. Regt euch nicht auf, ihr werdet zu Essen bekommen! In Europa fehlt es nicht an Leuten, aber die Leute haben Angst, es könne ihnen an etwas fehlen. Bei der geringsten Wirtschaftskrise werden sie sich ganz bestimmt gegenseitig in den Supermärkten umbringen und es wird nicht einen Einzigen geben, der die Möglichkeit, die Fähigkeit haben wird, zu helfen, zu erschaffen, zu organisieren, etwas zu geben. Das ist wirklich ein Problem, das mir am Herzen liegt, viel mehr, als eine Sangha zu gründen (das ist dasselbe). Man wird Leute brauchen, die mit dem umgehen können, was da sein wird, nicht nur, dass sie die Verantwortung für sich selbst übernehmen, sondern auch, dass sie verantwortungsvolle Aufgaben auf sich nehmen. Ich glaube wirklich, dass unsere Praxis dazu beitragen kann, aber täuscht euch nicht. Vielleicht ist das Zen gar nicht das, was ihr denkt. Dass man das Leben genießt, entspannt und glücklich ist, will nicht heißen, dass die Praxis nicht äußerst unerbittlich und ernsthaft ist. Hier wird jeder akzeptiert: Frauen, Männer, Kinder, Familien, Alleinstehende, Reiche, weniger Reiche, aber um aus dem Zusammentreffen dieser Leute etwas Nützliches und Positives zu machen, muss man eine kleine Hürde überwinden. In den unangenehmen Momenten können wir sie überwinden, nicht in den angenehmen Momenten. Profitiert also von den unangenehmen Momenten und findet dasjenige, was ihr in dem Moment tun müsst, um zu praktizieren, um zu helfen.

Wie ich bereits sagte, geht im Zazen das Satori der Praxis voraus. Im Allgemeinen machen Leute Zazen, um etwas zu suchen, zu versuchen, sich zu verbessern, ihr Leben zu verbessern etc.  Ich glaube jedoch, dass man, um Zazen zu machen, bereits erwacht sein muss. Man redet viel von Begriffen wie Hishiryo, das absolute Bewusstsein, *Mushotoku*, ohne Absicht, ohne Ziel oder Shin Jin Datsu Raku, sich des Körpers und des Geistes entledigen. Viele glauben, dies verwirklichen zu können, indem sie sich in Zazen setzen. Aber es gibt da noch etwas. Selbst wenn man die richtige Haltung einnimmt, wenn man sehr gut atmet, eine gute Lebenshygiene hat, in guter körperlicher Verfassung ist und alles macht, so wie es unterwiesen wurde, selbst wenn man seinen Gedanken weder folgt noch sie unterdrückt, wenn man das Zen verstanden hat, wird etwas fehlen, etwas winzig Kleines wird fehlen. Dennoch gibt es welche, die glauben, dass es ihnen an nichts fehlt, dass Zazen sehr bequem ist und dass sie super-Hishiryo sind.

Der Geisteszustand, der aus unserem Zazen das vollkommene Zazen machen kann, kommt zum Vorschein in den Entscheidungen, den Richtungen, die wir im täglichen Leben nehmen. Es ist mir passiert, dass ich eine zeitlang Zazen gemacht habe, ohne mich im Geringsten weiter zu entwickeln. Trotzdem habe ich immer Zazen gemacht, jeden Morgen und auch abends. Aber aus meinem Leben ging nicht dieser Geisteszustand hervor, der dafür sorgt, dass es, einmal in Zazen, dieses etwas mehr gibt (oder etwas weniger). Deshalb glaube ich, dass das Satori der Praxis vorausgeht. Dogen sagt es: »Wir müssen ausgehend vom Satori praktizieren und nicht von der Praxis eine Illusion machen.« Deshalb sind die Entscheidungen, die vollbrachten Handlungen in unserem Leben äußerst wichtig. Eine schlechte Entscheidung kann euer Leben und eure Praxis komplett verpfuschen. Meister Deshima-

ru – sowie auch *Étienne Zeisler* – wiederholten immer wieder: »Wir müssen von der Praxis gezogen werden, wie eine Kuh an einem Nasenring gezogen wird.« Man macht ihr einen Ring durch die Nase, man zieht, sie folgt. Und dieser Art folgend, gezogen durch Zazen, kann man die richtigen Entscheidungen treffen, sich im Leben richtig orientieren. Wenn wir Schulden machen, uns in der Richtung irren, mit Frauen, die wir nicht lieben, mit Kindern, die wir nicht annehmen, wenn wir im Gefängnis, in der Psychiatrie leben, wird das Leben kompliziert und ohne Satori. Um gute Entscheidungen fällen zu können, ist es wichtig, gründlich nachzudenken. Wenn man sich keine Fragen stellt, kann man auch keine Klärungen finden: man bleibt vage und schwammig in dem, was man machen will.

»Was will ich? Was zählt für mich? Was sind meine wichtigsten Verantwortlichkeiten? Welche Vorstellung von Glück habe ich? Was möchte ich verwirklichen? Ist mein persönlicher Erfolg so wichtig? Bin ich jederzeit bereit, zu sterben? Was interessiert mich in dieser Gesellschaft? Kann ich mir eine Gesellschaft vorstellen, in der das Glück regiert?« Wenn man sich diese Fragen nicht stellt, bleibt man völlig schwammig, es ist wie ein Chaos in unserem Bewusstsein. Ihre Klärung kann unsere Art zu praktizieren, radikal verändern. Wenn wir die Straße kennen, die einzuschlagende Richtung, können wir schnell und ohne zu zögern fahren.

»Den Weg Buddhas erforschen heißt, sich selbst erforschen. Sich selbst erforschen heißt, sich selbst vergessen.«

Ich habe »sich selbst« übersetzt mit »Ego« und auch mit »Ich«. Das Ego ist ein bisschen abstrakt. Ich glaube, sein Ego zu erforschen beginnt damit, sich seines Bewusstseins bewusst zu werden. Es gibt nichts anderes als dieses Bewusstsein vom »Ich«, das uns gehört, das wir selbst sind. Obwohl man sagt: »Das Ego existiert nicht, es gibt kein Ego, keine Substanz, wir sind wir. Selbst wenn wir nicht denken, selbst wenn wir nicht reden, sind wir dieses Bewusstsein. Wir sind es, die leben, fühlen, empfinden«. Und wir sagen uns: »Das Bewusstsein ist etwas Außergewöhnliches, es ist klasse!« Wenn man sich vorstellt, wie perfekt das menschliche Bewusstsein ist, das Bewusstsein des Existierens... Die Tiere sind sich nicht bewusst, dass sie existieren, sie existieren, aber sie wissen es nicht. Der Mensch weiß es – nicht alle Menschen, viele wissen es nicht, sie denken wenig nach, sie sind wie Tiere, ihr Bewusstsein befindet sich auf der ersten Stufe. Wie dem auch sei, der Mensch hat die Fähigkeit, sich seines Bewusstseins bewusst zu werden. Für Dogen ist das der Anfang, der erste Schritt der Erforschung des Weges Buddhas. Mit diesem Bewusstsein, von dem wir weder Anfang noch Ende wirklich kennen, leben wir vom ersten bis zum letzten Tag unseres Lebens. Man kann zwar sagen: »Man muss das Ego vergessen«, dieses Bewusstsein gehört nicht jemand anderem, es ist unseres. Den Weg Buddhas erforschen heißt, dieses »Ich« erforschen. Man kann nichts Besseres machen als Zazen. Während Zazen ist man mittendrin.

Ich werde euch etwas erzählen: Am Anfang gleicht der Mensch einem Tier. Um ihn zu erwecken, ihn aus diesem animalischen Zustand zu holen, herauszureißen, hat Gott ihn mit dem Leiden bekannt gemacht, das Leiden hat ihn mit dem Bewusstsein des Wesens bekannt gemacht. Wenn dieses Bewusstsein des Wesens wirklich erweckt ist, sich öffnet wie eine Blume, dann sind wir reif, um das Glück zu empfangen, das Glück, zu leben. Man kann die Entwicklung in der Zeit, im Raum, in der Geschichte beobachten, seit dem Mineral, dem Pflanzlichen, dem Tier, bis zum Menschen, danach Gott, Buddha. Man kann sagen, dass ein Hund lebendig ist: es ist dieselbe Lebenssubstanz wie die des Menschen, nur ist sein Bewusstsein weniger entwickelt. Das gleiche gilt für einen Baum: er hat dieselbe Lebenssubstanz wie ein Hund, wie ein Mensch, aber die Entwicklung seines Bewusstseins ist anders. Steine, Berge und Felsen sind ebenfalls lebendig, ihr Bewusstsein ist anders. Diese Entwicklung des Geistes entspringt der Materie. Die Materie selbst entsteht, ist eine Umwandlung von Energie. Selbst wenn es Milliarden Jahre zurückliegt, wenn wir Zazen machen, scheinen diese Milliarden Jahre in uns weder fremd noch lange her.

Im Kin Hin gibt es einen wichtigen, sehr empfindlichen Punkt auf der Höhe des Beckens, es ist schwer zu erklären. Man muss das Becken gut verriegeln, um zu vermeiden, dass Energie entweicht. Ein *Kendo-Meister*, ein Freund Senseis, ein großer Meister, hat es uns erklärt. Die Kin Hin-Haltung ist der des Kendo sehr ähnlich. Die Basis des Körpers darf während Kin Hin nicht schlaff sein. Wenn die Haltung stabil ist, muss man das Gesäß zusammenpressen oder es zumindest anspannen.

Was heißt das also, das Ego erforschen, sich selbst erforschen? Es gibt eine Entwicklung: Energie, Materie, Vegetation, Tier, Mensch und Gott. Was den Menschen vom Tier unterscheidet, ist die Erforschung des Ego, das heißt die religiöse Dimension. Es stimmt, dass in allen Religionen gesagt wird, dass man an den einigen Gott glauben soll, man soll an Jehovah, an Allah glauben: »Unser Gott ist der stärkste.« Wenn man sagt: »Ich bin Buddhist«, antwortet man euch: »Also glauben Sie an Buddha!« Wenn die Religionen sich einander annähern wollen, sagen sie: »Ach wissen Sie, Allah und Gott ist letzten Endes doch dasselbe!« Aber niemand ist klar und intelligent genug um zu verstehen, dass jenseits all dieser verschiedenen Namen Gottes, der wirkliche gemeinsame Punkt aller Weltreligionen nicht die führenden Götter sind, sondern die Erforschung des Ego, des eigenen Ego, die Erforschung seiner selbst: sich selbst beobachten. Das hält Dogen uns unvermittelt klar vor Augen. Und dennoch ist er Buddhist.

Eines Tages wurde Sariputra, einer der engsten Schüler Buddhas, die Nummer eins, zu dem Bodhisattva *Vimalakirti* eingeladen, der zu ihm sagte:»Ich werde dich einer Göttin vorstellen. Sie lebt seit ungefähr zehn Jahren in meinem Haus. Sie hat vielen Buddhas gedient, jetzt dient sie mir. Doch ich brauche nicht viel. Sie ist eine Freundin und exzellente Gefährtin von einer Dimension, die für einen Menschen unvorstellbar ist. Wenn du willst, stelle ich sie dir vor, du könntest dich mit ihr unterhalten, ihr Fragen stellen, ein Mondo, wenn du willst. Du wirst sehen, dass sie sich sehr gut verteidigt. Außerdem ist sie super-sexy!« Sariputra antwortet:»Also, mal sehen, ich bin ein Mönch! Normalerweise darf ich Frauen nicht als Lustobjekte sehen. Du bist nicht gerade sehr ernsthaft, mein lieber Bodhisattva... Also gut! Wo ist sie, die Göttin?« Er ruft die Göttin. Sariputra sieht sie und begrüßt sie. Sie begrüßt Sariputra, welcher zu ihr sagt:»Da du eine Göttin bist, besitzt du alle Kräfte, jenseits des materiellen Körpers, also frage ich mich, warum du dich in eine Frau inkarnierst. Warum hast du dich nicht für einen Mann entschieden? Warum änderst du deine weibliche Natur nicht in eine männliche?« (Zu jener Zeit wurden die Frauen in Indien, im Vergleich zu Männern, wirklich als minderwertig betrachtet). Die Göttin macht sich ein wenig über ihn lustig und antwortet ihm scherzend:»Seit zehn Jahren bewohne ich dieses Haus. Auch ich erforsche mein Ego, auch ich erforsche meine Natur. Ich habe meine weibliche Natur gesucht, ohne sie jemals zu finden, ohne sie jemals zu erreichen, wie könnte ich sie also ändern? Lieber Mönch«, sagt sie,»in Indien gibt es viele Magier. Stelle dir einen Magier vor, der eine magische Frau erschafft: Könntest du ihn mit aller Vernunft fragen, warum diese magische Frau ihre weibliche Natur nicht ändert?« Sariputra antwortet: »Nein, denn eigentlich ist sie, wenn sie magisch ist, nicht wirklich real. Und wenn sie nicht real ist, sehe ich nicht, was es da zu ändern gibt.« Die Göttin antwortet daraufhin: »Eh gut, mein großer Mönch, Nummer eins der Schüler Buddhas, alle Phänomene der Welt sind unreal. Sie gleichen den durch Magie geschaffenen Phänomenen haargenau. Wie kannst du von ihnen verlangen, etwas anderes zu sein als sie sind, wenn sie unreal sind?« In dem Moment entfaltet die Göttin eine solche magische, übernatürliche Energie, dass Sariputra, der alte

 Mönch, plötzlich mit dem Körper der Göttin erscheint und die Göttin als Sariputra. Sariputra schreit: »Was geht hier vor sich? Aber ich habe ja Brüste!« Er berührt sich zwischen den Beinen: »Was hast du mit mir gemacht?«

Die zu Sariputra gewordene Göttin sagt daraufhin: »Großer Mönch, du bist wirklich süß! Warum änderst du deine weibliche Natur jetzt nicht?« »Aber ich weiß wirklich nicht, wie mir geschieht! Ich weiß nicht, wie ich meine männliche Form verloren habe und auch nicht, wie ich eine Frau geworden bin...«

»Weißt du, schöne Göttin, wenn du imstande wärst, deine weibliche Natur zu ändern, könnten alle Frauen ihre weibliche Natur verändern. Ebenso, hübsche Göttin, erscheinst du hier und jetzt als Frau – übrigens erscheinen alle Frauen hier und jetzt als Frau, wie du. Jedoch ohne Frau zu sein erscheinen sie in Form der Frau. Mit dieser versteckten Absicht hat der selige Buddha Shakyamuni gesagt: Die Phänomene sind weder männlich noch weiblich.« Dann beendete die Göttin ihr wunderliches Unternehmen und der ehrwürdige Sariputra erhielt seine frühere Form zurück. Die Göttin spricht zu ihm: »He! Großer Mönch, wo ist deine weibliche Form hin?«

»Meine weibliche Form ist weder gemacht noch verändert.«

»Gut, gut, du beginnst zu verstehen!« sagt die Göttin. »Dasselbe gilt für alle Phänomene: alle wie sie sind, sind weder gemacht noch verändert. Dass sie weder gemacht noch verändert sind, sind die Worte Buddhas.«

Deshalb sagt Meister Dogen, dass das Ego erforschen heißt, sich selbst zu erforschen und sich selbst zu erforschen heißt, sich selbst vergessen. Wenn man sein Ego sucht, kann man es nicht finden, aber man kann es auch nicht verlieren.

»Den Weg Buddhas erforschen heißt, sich selbst erforschen. Sich selbst erforschen heißt, sich selbst vergessen. Sich selbst vergessen heißt, von allen Existenzen des Kosmos bestätigt zu werden.«

Für die, die Zazen praktizieren, scheint dieser Satz einfach und offensichtlich, wenn ihr jedoch zu jemandem sagt:»Sich selbst erforschen heißt, sich selbst vergessen«, wird er antworten:»Das ist unmöglich! Das macht keinen Sinn: wenn man sich vergisst, kann man sich nicht erforschen.« Sich selbst erforschen ist Zazen praktizieren und Zazen ist letzten Endes sich selbst vergessen.

Das ist nicht immer eindeutig. Manchmal behindern uns der Körper, das Karma. Wie dem auch sei, Zazen machen bedeutet, den Tod erfahren. Es ist dumm, wenn man vom Blickpunkt des Ego aus an Tod und Reinkarnation denkt. Sich selbst vergessen, sterben, heißt, sich selbst erforschen, das heißt ein Ego entdecken, das die Grenzen unseres Ego überschreitet. Da beginnt die religiöse Dimension. Was offensichtlich ist für die, die Zazen machen, ist für die gewöhnlichen Leute Unsinn. Trotzdem ist dieser Satz zweideutig, er ist universal. Man darf nicht innehalten vor der Gewißheit derjenigen, die Zazen praktizieren. Dieser Satz Dogens ist auch eine Feststellung. Er gilt genauso für den Moment des Zazen wie für das tägliche Leben, in der Welt der Leere und in der Welt der Phänomene. Die Phänomene werden leer, die absolute Welt wird zu Phänomenen. Dogen stellt ebenfalls fest, dass das Ego sich in dem Moment, in dem man es erforschen will, wenn man es durchdringen, es wirklich erfassen will, auflöst. Wie wenn man mit der Hand ins Wasser langt, um zu versuchen, den sich widerspiegelnden Mond zu greifen, dann verschwindet er, er vergeht. Auch das bedeutet, dass sich selbst zu erforschen heißt, sich selbst zu vergessen. Ab dem Moment, in dem man die Substanz dessen, was man ist, beobachtet, in dem Augenblick vergeht sie und man verliert seinen Egoismus, man vergisst sich selbst. Das bedeutet: sich auf jede bewusste Handlung des täglichen Lebens zu konzentrieren. Das bedeutet nicht, starr werden, es handelt sich nicht um eine völlig bewusste und unnachgiebige Konzentration.

Sich konzentrieren bedeutet, in jedem Moment des täglichen Lebens genau zu beobachten, wie das eigene Ego, das eigene Wesen funktioniert. Das Funktionieren dieses Ego in jedem Augenblick – das ist die Meditation während des täglichen Lebens. Sensei sagte: »Es gibt Konzentration und Beobachtung.« Zwei chinesische Begriffe lauten: Konzentration der Mauer, Beobachtung der Mauer. Am Ende wird die Konzentration zur Beobachtung und die Beobachtung zur Konzentration. Die Substanz seines Ego erforschen hat sofortige Auflösung zur Folge. Wenn jemand egoistisch ist, denkt er absolut nicht an die Erforschung seines Ego. Er denkt noch nicht einmal daran, dass er ein Ego hat, er wird dermaßen von seiner Leidenschaft, von seinem Egoismus mitgerissen, dass von Beobachtung nicht im Geringsten die Rede ist. Das scheint widersprüchlich. Man stellt auch fest, dass Egoisten immer nach außen schauen, abverlangen, nach außen hin handeln, wohingegen Altruisten, die, die an andere denken, bleiben, wo sie sind und im Allgemeinen im Inneren zentriert sind. Wenn ihr euch selbst beobachtet, wenn ihr euch selbst erforscht, bemerkt ihr, dass ihr nicht die Kontrolle über euer Ego habt, die ihr glaubtet zu haben. Diese Feststellung allein lässt euch bereits loslassen. Die beste Art loszulassen ist Zazen. Deshalb sagte ich: »Man muss Zazen auf der Grundlage des Satori praktizieren.« Zazen ist der Zufluchtsort des »Ich«, des Ego, das feststellt, dass es keinen Ast gibt, an den es sich klammern kann. Wenn man nichts anderes macht, als die Nicht-Substanz unseres Ego zu beobachten, führt das lediglich zum Wahnsinn. Dann muss man über die Methode für das Loslassen verfügen. Das hat nichts zu tun mit »Zazen mit seinem Ego machen«. Deshalb sind beide wichtig: Konzentration und Beobachtung, Ruhe und Betrachtung. Vollkornreis und Kartoffeln.

Wenn man den Weg Buddhas erforschen will, so ist es, um Buddha zu entdecken; wenn man Christ ist, möchte man Gott entdecken, Jesus begegnen. Dogen erklärt uns, wie man Buddha begegnen kann: »In meiner Schule bedeutet Buddha begegnen zu wollen, sich selbst zu erforschen.« Ein großer Meister des *Nembutsu*, der Shinran hieß, sagte zu seinen Schülern: »Ich habe mich seit langem beobachtet. Ich bin zu dem Schluss gekommen, dass ich lediglich ein armer Kerl bin, der dem Karma unterliegt, dass ich niemals aus mir selbst heraus auf die Idee hätte kommen oder den Willen hätte haben können zu praktizieren. Wenn wir durch glücklichen Zufall gelegentlich diesen Willen zu praktizieren haben, wenn wir zufälligerweise diesen guten Gedanken haben − auch nur für eine Sekunde − dann ist das nicht durch unser Zutun, es ist nicht unser Verdienst, sondern eine wertvolle Gabe, die Buddha uns zukommen lässt. Auch wenn die Trottel glauben, alle Kontrolle über ihr Ego zu haben, ist dem nicht so. Um Buddha zu entdecken, braucht man nur sein Ego zu beobachten.« Im Zen bedankt der Meister sich nie bei seinen Schülern für deren Verdienste. Das ist absolut nicht so, weil er undankbar ist, auch bewundert sich der Meister nicht selbst, er hält sich nicht für genial. So schreibt Dogen im *San Sho Do Ei*: »Ich bin ein Trottel, ich brauche absolut nicht

Buddha zu werden. Ich möchte nur das Glück haben, ein Mönch zu sein, mich nützlich zu machen, zu helfen, die gesamte Welt vor mir ans andere Ufer zu bringen.« Ein japanisches Sprichwort besagt: Wenn der Reis sehr dicht wächst, krümmt sich die Pflanze; wenn deren nur wenige sind, richtet sie sich stolz auf.

Ich erinnere mich an eine Geschichte, die mich verblüfft hat: Sensei hatte mich zusammen mit *Anne-Marie* zu seinem Sekretär gemacht. Er war froh, zwei junge Sekretäre zu haben, die ihn nicht verrückt machten und ich wollte mich nützlich machen; ich dachte, ich müsse Handlungen eines Sekretärs verrichten. Also wollte ich morgens bei ihm staubsaugen. Sofort stürzten sich zwei oder drei hysterische Mädchen auf mich, um mir den Staubsauger aus der Hand zu reißen: »Lass mich! Ich mache das schon, lass! Ich möchte es machen.« Ich bin nicht von dem Schlag, der sich um Arbeit reißt, also letzten Endes war ich Sekretär und tat nichts. Alle waren daran gewöhnt, meine Siesta im Dojo zu respektieren: »Wo ist Stéphane? – Er hält seine Siesta.« Eines Tages bereitete Sensei einen großen Vortrag in Paris, im Hotel Niko, vor. Die Schüler arbeiteten und schufteten an einem Plakat, sie diskutierten und trafen sich regelmäßig. Sehr viel Arbeit. Eines Abends kam *Michel* mit einem Stapel von tausend Plakaten: »Bitte sehr, Sensei, der Auftrag ist ausgeführt!« Sensei rief die anwesenden Schüler zusammen, damit sie sich das Plakat anschauten. »Was haltet ihr davon?« Ich war in der Küche. »Stéphane, was hältst du davon?« Ich schaue es mir an und sage zu ihm: »Sensei, das Photo ist seitenverkehrt! Schauen Sie, die rechte Hand ist in der linken und das Kesa ist seitenverkehrt, sie haben sich geirrt.« Sensei sagt: »Bravo Stéphane! Um mich bei Ihnen zu bedanken, werden Sie ein schönes *Rakusu* bekommen.« Alle, die stundenlang gearbeitet hatten, bekamen nichts; ich hatte alles an mir vorbeiziehen lassen, die Hände in den Hosentaschen. Sensei wollte weder Stéphane noch die Bemühungen derer, die gearbeitet hatten, belohnen, sondern nur Buddha. Am nächsten Morgen im Dojo sagte er: »Heute werde ich Stéphane danken, indem ich ihm ein *Rakusu* übergebe. Stéphane?« ... Keine Antwort. – »Wo ist Stéphane?« Seit sechs Jahren war dies der einzige Morgen, an dem ich nicht da war. Ich war ausgegangen, war völlig betrunken in einem Auto eingeschlafen und hatte das Zazen verpasst. Stéphane verdiente dieses Rakusu noch nicht!

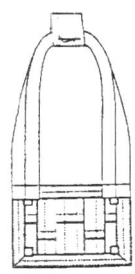

Man glaubt, Herr seines Herzens, seines Willens zu sein, und dass niemand sie beeinflussen könne, aber in Wirklichkeit ist unser Wesen, unser »Ich« sehr biegsam. Wie kann man erreichen, dass es stabil bleibt? Es ist wie eine junge Pflanze, die sich mit dem Wind biegt, wenn sie nicht gestützt wird. Die Stütze dieses schwachen Herzens ist Zazen, das erlaubt, das Ego loszulassen, das heißt frei sein zu lassen. Man kann es sein lassen, denn es wird von Buddha gestützt, dem in uns durch Zazen befreiten Buddha.

Eines Tages sagte Dogen zu seinen Schülern: »Wenn man Zazen praktiziert, manifestiert sich die Buddhanatur, sie befreit sich unbewusst von sich selbst, was auch unsere Vergangenheit, unsere Zukunft, unser Karma und unsere Charaktereigenschaften sein mögen. Die Buddhanatur manifestiert sich in unserem gewöhnlichen Körper.« Es ist nicht erstaunlicher, als die Sahne an der Oberfläche der Milch erscheinen zu sehen, es ist normal. Also, das Ego aufgeben, man meint immer, dass das bedeute, gegen sein Ego zu kämpfen. »Jetzt gib doch dein Ego auf!« In Wirklichkeit bedeutet das, es loszulassen, es zu befreien. Könnt ihr euch vorstellen, was das heißt, das Ego aufzugeben? »Schatz, ich bin gefeuert worden!« »Kein Problem!« Nicht nur das bewusste Ego, sondern auch das unbewusste Ego, das sich verbotener Dinge bewusst werden könnte. Wenn man sein Ego befreit, was wird man dann tun? All seinen Trieben, all seinen Phantasien freien Lauf lassen? Man sagt, dass das Herz biegsam ist, undressierbar wie ein Pferd, das man nicht zureiten kann. Deshalb geht das eine nicht ohne das andere. Man kann sein Ego nicht loslassen ohne eine starke Praxis, ohne eine starke Inkarnation des Buddha in uns, ohne das ist es Wahnsinn. Buddha kann diese Freiheit unseres Ego, unserer Seele reinigen, beschützen und dafür sorgen, dass unsere unbewussten Handlungen zu Handlungen Buddhas werden. Das bedeutet, durch den gesamten Kosmos bestätigt zu werden.

»Sich selbst vergessen heißt, von allen Existenzen des Kosmos bestätigt zu werden.«

Unser ganzes Leben steht im Verhältnis zu allen Existenzen des Kosmos – ob man sie ablehnt oder begehrt. Wenn wir uns vergessen, bestätigen alle Existenzen des Kosmos uns. Das bedeutet, dass sie sich durch uns ausdrücken. Wenn ihr das Ego aufgebt, braucht ihr euch nicht mehr zu trennen von dem, was ihr empfindet, von dem, was ihr lebt, auch nicht von anderen. Alles wird möglich für euch. Das ist Shin Jin Datsu Raku. Dogen sagte:»Das Wichtigste im Zen ist, sich des Körpers und des Geistes zu entledigen.« Jahrelang sagte ich mir während Zazen:»Ich muss Shin Jin Datsu Raku erfahren!« Ich drückte auf den Boden, ich machte aus Leibeskräften Zazen, aber keine Entledigung. Ich verstand nicht, was das war, Shin Jin Datsu Raku. Sensei sagte:»Zazen selbst ist Shin Jin Datsu Raku.« Ich dachte:»Gut, manche glauben, dass es ihre Schläfrigkeit oder ihre Selbstgefälligkeit ist.« Jetzt beginne ich, dieses Shin Jin Datsu Raku auf eine andere Art zu sehen. Es gibt dieses berühmte Mondo zwischen Meister Dogen und seinem *Meister Nyojo*. Meister Nyojo war im Dojo sehr wütend

geworden und hatte einen Schüler mit Schu-
hen verprügelt. Dogen, der neben diesem
Mönch saß, fühlte in diesem Moment einen
Schauer, eine Hitze in sich, der Schweiß
brach ihm aus und plötzlich fühlte er, wie
er verschwand. Er konnte sich kein bisschen mehr rühren. Er sagte sich:»Das ist
Shin Jin Datsu Raku.« Nach dem Zazen ging er zu seinem
Meister und sagte ihm:»Ich habe Shin Jin Datsu Raku erfahren.« Nyojo antwortete:»Datsu Raku Shin Jin.« Dieses Mondo ist nicht sehr verständlich, es ist das genaue Gegenteil von
dem, was ich empfinde. Die einen verstehen es in diesem Sinne, die anderen in jenem. Dieses Mondo hat Sensei mir in das
berühmte Rakusu geschrieben, von dem ich sprach und das er
mir schließlich gegeben hat. Dogen sagte zu Nyojo:»Shin Jin
Datsu Raku.« Nyojo antwortete:»Datsu Raku Shin Jin.«
Das bedeutet, dass man Zazen nicht von seinem Wesen, seiner Erfahrung trennen kann. Die Antwort Nyojos bedeutete:
Nicht nur eure kleine Erfahrung jetzt im Zazen ist wichtig,
sondern eine andauernde, tiefe Haltung in jedem Moment eures Lebens. Datsu Raku Shin Jin: Ohne Unterlass fortfahren
mit Shin Jin Datsu Raku, ohne Unterlass, in jedem Moment,
in jedem Bewusstseinszustand fühlen, dass es für das Ego keinen Ausweg mehr gibt, dass es für das Ego nichts mehr zu holen gibt. Kodo Sawaki sagt:»Es ist wie ein leeres Haus betreten. Ein Dieb, der ein leeres Haus betritt, das ist Satori. Es
gibt hier nichts Interessantes mehr für das Ego, das ist Datsu
Raku Shin Jin.«

Vor langer Zeit habe ich einen Film von *Arnaud*
Desjardins gesehen. In den sechziger Jahren inter-
viewte er alte Zenmeister, die Rangältesten der japanischen Zenmeister. Es gab einen alten, alten, alten,
sehr, sehr sympathischen unter ihnen, der sagte:
»Das Zen könnte letztlich gewisse Ähnlichkeiten mit

Selbstmord haben.« Jesus sagte: »Der, der sein Leben bewahren will, wird es verlieren, der, der es aufgibt, wird das ewige Leben finden.« Manche bringen sich um, weil sie ein Ziel vor Augen haben, das sie für unerreichbar halten, andere, weil sie ihre Frau verloren haben – außerhalb dieser Beziehung mit ihrer Frau sind sie nicht imstande, zu leben. Solche Ereignisse können auch eine Gelegenheit sein, das ewige Leben durch Zazen zu durchdringen. Im Moment des tiefen Shin Jin Datsu Raku spührt man wirklich, dass es hier für einen selbst nichts Nützliches mehr gibt, für sein Leben, sein Ego, man erwartet nichts mehr von diesem Leben. Also lässt man spontan, natürlich, automatisch los, man lässt wirklich los, physisch, sein eigenes Leben. Das ist der Tod. In diesem Moment entdecken wir die wahre Substanz unseres ewigen Wesens, wir verlieren das »Ich« und finden das Wesen. Seit 25 Jahren versuche ich, das zu verstehen... Der Ausgangspunkt, die wahre Richtung, um die es beim Weg geht, ist die Haltung. Die Haltung ist auch eine Einstellung, eine Einstellung, die die absolute Wahrheit des Wesens, die absolute Freiheit des Wesens, die absolute Befriedigung des Wesens, die absolute Verwirklichung des Wesens enthält. Man sagt: »Der einzige Ort, an den man entkommen kann, ist diese Haltung.« Wenn ihr es versteht, ist es ganz einfach, klar und offensichtlich. Wenn ihr es nicht versteht, irrt ihr herum auf vielen kleinen Wegen, kleinen Verästelungen. Natürlich machen dieser absolute Weg, diese absolute Einstellung uns Angst. Aber haltet euch vor Augen, dass der König, wenn er Lust dazu hat, sich genauso gut als Diener amüsieren kann, selbst wenn die Diener tief in ihrem Inneren wissen, dass er dabei König bleibt. Der Diener kann dahingegen nicht König sein. Das bedeutet, dass Zazen der König des Samadhi ist. Aus diesem Grund sagt Dogen: »Theoretisch ist die Praxis, unsere Praxis, ganz einfach: Zazen die Priorität geben, ihm dienen, es beschützen. Dann macht Zazen den Rest.« Wenn ihr erfolgreich seid im Leben, dann ist es, um Zazen zu dienen. Wenn ihr Sport macht, dann ist es, um Zazen zu dienen. Wenn ihr die Sutren studiert, dann ist es, um Zazen zu dienen. Wenn ihr Wein trinkt, dann ist es, um Zazen zu dienen. Wenn ihr versucht gesund zu sein, dann ist es, um Zazen zu dienen. Wenn ihr Liebe macht, dann ist es, um Zazen zu dienen. Erfolg, Sport, Sutren, Wein, Gesundheit und Liebe sind Diener, Diener des Königs. Aber die Leute konzentrieren sich nur auf die Diener und erreichen nie den Thron. Wenn ihr den Königsthron erreicht, zählt nichts anderes mehr. Selbst euer eigener Körper, euer eigener Geist, euer eigenes Leben, die größten Vergnügen dieser Erde werden völlig zweitrangig.

... Ich dachte, dass ich die Kusen fertig hatte, aber die Diener haben mich am Ärmelchen gezupft und ich dachte gleichzeitig: »Ein König ohne Diener ist kein König.« Legt den Blick einen Meter vor euch auf den Boden, die Nase und den Bauchnabel auf einer Linie und die Daumen gleichfalls verbunden auf dieser Linie.

18
Ein nicht sonderlich interessanter Satz

Der neunte Satz des Genjo Koan lautet:

»Wenn ihr den Weg zu suchen beginnt, scheint er unzugänglich. Wenn ihr fortfahrt, erhaltet ihr die authentische Weitergabe, die authentische Lehre, dann könnt ihr auf der Stelle ein wahrer Mönch werden.«

Mehr als 100 Leute sind hierher nach Mas Gircos in Spanien gekommen, um ein Sesshin zu praktizieren. Jeder ist willkommen. Die Türen sind absolut nicht geschlossen, nur darf man nicht stören. Man kommt hierher, um Zazen zu machen, deshalb darf man keinen Lärm machen. Die Leute, die von außen kommen oder sogar die Kinder dürfen nicht stören. Während wir all unsere Energie darauf verwenden, Zazen zu machen und uns zu konzentrieren, gibt es Leute, die überhaupt nicht aufmerksam sind, sie machen etwas völlig anderes. Selbst wenn man kein Zazen macht, kann man im Bewusstsein haben, dass man nicht stören soll, dass etwas vor sich geht.

Jedes Mal, wenn ich einen Satz des Genjo Koan lese, denke ich, dass er nicht sehr interessant ist, dass es nicht viel zu kommentieren gibt, dass der Satz sich selbst genügt. Wenn man ihn versteht, genügt er sich selbst natürlich. Ich persönlich finde diesen Satz äußerst interessant.

Wenn man beginnt, den Weg zu praktizieren, bleibt er unzugänglich, aber nachdem ihr die authentische Weitergabe erhalten oder verstanden habt, könnt ihr auf der Stelle ein wahrer Mönch werden.

Wenn man anfängt, weiß man nichts vom Zen.

Eine Freundin hatte zu mir gesagt:»Ich kenne einen japanischen Mönch, der in seiner Wohnung Zen-Meditation macht. Er hat viel Energie und ist sehr witzig. Das ist was für dich, Stéphane!«

Ich hatte dieses Mädchen nachmittags getroffen. Ich lief auf der Straße und sah sie in einem Taxi vorbeifahren, sie rief mich und ich stieg sofort zu ihr ins Taxi. Wir verbrachten den Nachmittag zusammen und abends saß ich in Zazen.

Als wir im Dojo ankamen, traf ich eine weitere Freundin. Sie sagte mir, ich solle mir ein Zafu nehmen:»Was ist das?« Da ich zum ersten Mal da war, wusste ich nichts. Ein Freund dieser Freundin zeigte mir Gassho – man macht einmal Gassho vor dem Zafu und einmal mit dem Rücken zum Zafu. Er hat mir gezeigt, wie ich mich hinsetzen sollte, die Lotushaltung. Ich war daran gewöhnt, auf dem Boden zu sitzen und stellte fest, dass der halbe Lotussitz kein Problem für mich war. Er zeigte mir, wie man die Hände hält.

Als ich das erste Mal Kin Hin machte, hörte ich den Erklärungen im Dojo zu. Ich lief auf Zehenspitzen, wie eine Tänzerin: wenn ich auf die Wurzel des großen Zehs drückte, hob sich die Fusssohle – da ich völlig konzentriert war, schaute ich nicht zu, wie die anderen es machten.

Ich bin wie ihr, ich wusste nichts, nichts, nichts. Ich hatte keine Ahnung vom Buddhismus, noch von den Traditionen, noch von den Mönchen. In meinem eigenen Körper, in meiner eigenen Haltung habe ich die Gewissheit des Zazen seit diesem ersten Mal entdeckt. Ich machte aus Leibeskräften Zazen, ich war schweißgebadet und dann, während zwei Tagen, hatte ich überall Schmerzen. Ich hatte meine Energie zu 100 Prozent für Zazen eingesetzt und ich hatte nur einen Gedanken: wieder und wieder und wieder damit anfangen.

Ich hatte zu viel Schmerzen, um gleich wieder zu kommen, aber dann... Es ist wie wenn man ins Wasser springt, ins Meer, der Körper akklimatisiert sich. Dann erfährt man die Stille unter Wasser, man öffnet die Augen, man kann den Boden sehen und man kann eine neue und warme Welt entdecken, man fängt an, Details zu unterscheiden. Es gibt Schüler, die älter sind als andere, man fühlt sich zu ihnen hingezogen und hat das Bedürfnis, mit ihnen zu sprechen, sich ihnen zu nähern. Man stellt fest, dass man noch weit davon entfernt ist, die Haltung zu verstehen, also geht man zu den Einführungen, um sicher zu gehen, dass man alles verstanden hat.

Während der Augenblicke, die ich mit Sensei zusammen im Dojo verbrachte, war mir bewusst, dass ich das wahre und tiefe Glück meines Lebens lebte.

Nach und nach verstreichen die Tage und man erkennt die gewaltige Dimension des Weges. Man erlebt Momente völliger Entmutigung, in denen man glaubt, dass man es nie erreichen kann, dass man zu schlecht ist, zu schwach, man möchte sterben.

Zu allen Schwierigkeiten, die ihr in Bezug auf Zazen haben könnt, zur Haltung, zur Atmung, wird es eine Einführung im Dojo geben, um schnell zu lernen, um den größtmöglichen Nutzen aus dem Zazen zu ziehen und zu realisieren, was der Weg ist.

Zu Anfang scheint der Weg sehr, sehr weit enfernt, aber wenn man die wahre Lehre, die wahre Weitergabe erhält, kann man ein wahrer Mönch werden.

Wir sprachen vom Weg: Es stimmt, dass es einen heiligen Weg gibt. Wenn man jemandem zum Beispiel seit seiner Geburt falsche Informationen gegeben hat, muss er sich durch sich selbst der Realität bewusst werden. Man hat ihm gesagt: »Du bist verrückt, du bist dumm.« Nach und nach wird ihm klar, dass er weder verrückt noch dumm ist und dass diese Welt – die normal, gesund sein soll – ohne Unterlaß die Gebote verletzt und völliger Unsinn ist. In der Bibel gibt es die zehn Gebote, im Koran auch. In allen Religionen, einschließlich des Buddhismus, gibt es Gebote. Wenn ihr die Ordination erhaltet, erhaltet ihr *die zehn Gebote*.  Natürlich fasst man sie in Worte. Für die schwerfälligen Leute ist diese Formulierung notwendig. Aber sie unterscheiden sich nicht. Es gibt nicht mehrere Religionen, mehrere Gebote, denn die Gebote selbst sind das Erwachen, der Normalzustand, Buddha.

Um Revolution zu machen, kann man nur mit der Transformation seiner selbst beginnen. Wenn wir uns selbst transformieren, geraten wir in einem bestimmten Moment automatisch in Konflikt mit dieser Welt, die uns seit unserer Geburt angelogen hat. Man kann das unter zwei Aspekten betrachten: entweder hat sie uns angelogen, oder wir sind in dieser Welt geboren worden aufgrund unseres Verdienstes, aufgrund unseres Karma.

Ich habe eine interessante Erfahrung gemacht mit giftigen Erzeugnissen und Allergien.

Als ich 15 Jahre alt war, kam ich um vier Uhr morgens nach Hause, nachdem ich ausgegangen war. Ich ging durch den Garten meines Großvaters und stahl die schönste Melone. Als ich bei mir zu Hause ankam, sah ich einen Skorpion und ich tötete ihn langsam mit einem Insektenvertilgungsmittel. Er wurde verrückt, stieß gegen die Tischbeine, er stach die Metallbeine mit seinem Stachel und ich sprühte erneut eine kleine Dosis auf ihn, pscht, pscht... Ich sah, wie er sich quälte, dann ist er gestorben. Der Geruch des Vertilgungsmittels störte mich überhaupt nicht, genauso wenig wie die Tatsache, dass ich eine Melone gestohlen hatte. Mein Großvater suchte jeden Tag die Melone, die bald reif sein würde, auf: »Die hier, die werde ich morgen pflücken,« sagte er sich. Aber ich war nachts hingegangen, vor ihm, und hatte sie bereits gegessen.

Seitdem bin ich ein anderer Mensch geworden: Wenn ich einen Skorpion mit Insektenvertilgungsmittel töten will, würde ich selbst sehr krank werden. Wenn man die anderen umbringt, bringt man sich selbst um, vor allem, wenn man Erzeugnisse verwendet, deren Gefährlichkeit, deren Vergiftungsgrad man nicht unter Kontrolle hat – wie Erzeugnisse, die zum Beispiel Dioxin enthalten wie die modernen Farben. Selbst wenn man den Geruch erträgt, wenn man die Behälter abwäscht und in die Toiletten entleert, dann erzeugt das eine nicht wieder gutzumachende, äußerst schwerwiegende Verschmutzung.

Das Körperbewusstsein der Wesen, die mit dieser Welt der Lügner zusammenarbeiten, ist schwerfällig, äußerst schwerfällig.

Heute Morgen hat man beim Saubermachen des Dojo einen Skorpion unter dem Altar gefunden. Wir haben ihn nicht getötet. Ein Skorpion ist ungefährlicher als Insektenvertilgungsmittel.

Zur Zeit Buddhas war dessen großer Schüler Mahakashyapa Bauer und verheiratet mit einer sehr heiligen Frau. Eines Tages beratschlagten sie sich: »Wir können unmöglich diese Arbeit weiter machen. Wir sind ungewollt zum kosmischen Gesetz erwacht. Wir können es nicht mehr ertragen, Tiere wie Regenwürmer sinnlos mit unserem Pflug zu töten.« Sie beschlossen, ihre Felder zu verlassen, jeder für sich ein Leben der Meditation zu führen und verabschiedeten sich von einander. Danach traf *Mahakashyapa* auf Buddha.

Sensei sagte: »Die wichtigste Fragestellung für einen Mönch ist die des Lebens und des Todes.«

Meister Keisan sagt zu dem Gebot »du sollst nicht töten«: »Es geht hier nicht um das Töten von Tieren, sogar nicht einmal um Menschen, sondern vielmehr darum, den Buddha

nicht zu töten, den Geist des Erwachens Buddhas nicht zu töten.« Was ist der Geist des Erwachens Buddhas? Wie kann
man ihn beschützen? Inwiefern töten wir ihn? Was von diesem Geist wird nach unserem Tod noch in uns sein?

Mondo: Fragen an den Meister

Welchen Wert hat das intellektuelle Leben?
Lohnt es sich oder ist es nur dazu da, die Dinge komplizierter zu machen?

Der Mensch, das menschliche Bewusstsein, ist ein Ganzes. Es
gibt einen konkreten und einen abstrakten Teil. Das Abstrakte kann man nicht mittels des Konkreten erklären, das Konkrete kann man jedoch auch nicht davon trennen. Sie sind
voneinander abhängig, das eine existiert nicht ohne das andere, sie sind wie die beiden Seiten ein und desselben Blattes Papier. Man muss sich als Mensch innerhalb des Abstrakten und
des Konkreten bewegen, man muss sich ausdrücken, leben,
überleben.

Bestimmte Leute wissen nichts von der abstrakten Welt,
der religiösen Welt, der spirituellen Welt und befinden sich
ausschließlich im Konkreten, Konkreten, Konkreten. Andere
möchten der konkreten, intellektuellen Welt entkommen und
wollen sich ausschließlich auf die spirituelle Welt richten. Die
Menschen, die der konkreten Welt entfliehen wollen, werden
letzten Endes verrückt, diejenigen, die ausschließlich intellektuell sind, die anderen, die ausschließlich der konkreten Welt
angehören, sind letztlich auch nicht genau, sie irren sich sogar
im Konkreten.

Deshalb erkläre ich, dass die Praxis des Zazen eine unzer-
störbare Basis schafft, die weder von der konkreten noch von
der abstrakten Welt abhängig ist.

Diese Basis des Zazen ist immer dieselbe, egal, in welcher Welt wir uns befinden. Wenn man in der spirituellen Welt exakt ist, ist man auch in der konkreten Welt exakt und man steht wieder mit beiden Beinen auf dem Boden. Deshalb kritisiere ich häufig die Leute, die sich spirituell gesehen täuschen, denn anschließend täuschen sie sich genauso auf materieller Ebene. Man muss in der Lage sein, die Wahrheit auf konkrete und sogar intellektuelle Weise auszudrücken, klare Ideen haben, aber es handelt sich dabei nicht um ein intellektuelles Verständnis. Die Wahrheit kommt nicht daher, sie kommt von etwas Tieferem, Absolutem, einem absoluten Verständnis. Wenn das absolute Verständnis richtig ist, kann es sich auf alle erdenklichen Arten ausdrücken, sei es redend, singend oder tanzend.

Es gibt Leute, die glauben, alles vom Zen verstanden zu haben. Sie reden, sie wiederholen die Worte anderer, aber sie haben nichts verstanden, noch nicht einmal von sich selbst.

Sensei sagte, dass man ausgehend von der Leere, von *Ku* erschaffen müsse. Die wahre Unterweisung kommt ausgehend von der Leere, dem tiefen Bewusstsein, zum Vorschein. Im Zen gibt es einen Satz, welcher lautet: »Benutzt nicht die Sachen der Ältesten.« Wenn man die Weitergabe der Ältesten wirklich erhalten hat, kann man selbst ausgehend vom Nichts erschaffen. Man braucht nichts, man hat es nicht nötig, zu wiederholen, man braucht ihre Bücher, ihre Kesa, ihre Schlösser nicht, man braucht absolut nichts von ihnen, weder ihr Geld, noch das Erbe ihrer verstockten Zen Assoziation, angeblich international.

Es geht nicht darum, die intellektuelle Welt abzulehnen. Man muss denken können, sich so konkret wie möglich ausdrücken und analysieren, nachdenken. Um zu analysieren, um intellektuell zu sein, muss man Mut haben, denn das bedeutet auch, der Realität ins Gesicht zu sehen. Man muss mutig sein, um zu sagen: »Ist das da die Realität? Und nun, was mache ich? Wie muss ich handeln?«

Das ist sehr wichtig, denn wenn man es nicht tut, lässt man sich völlig gehen, in der konkreten Welt wie in der abstrakten. Manche sagen sich: »Wir folgen dem Weg, wir folgen dem Zen, wir haben den Glauben« und sie legen los: »Wir werden dies tun, wir werden jenes tun.« Aber vorher muss man nachdenken: »Gut, was passiert, wenn ich dies oder jenes tue? Was sind die Vorteile davon? Was die Unannehmlichkeiten?« Man muss realistisch sein. Der Meister versteht sofort, ob eine Sache sich lohnt oder nicht.

Denken und sich selbst verstehen können ist sehr wichtig. Nur wenn wir krank sind, denkt jemand anders für uns. Es ist schwierig, sich selbst zu heilen, also braucht man einen guten Arzt, der sich unseren Fall mit Abstand betrachtet und uns sagt: »Bleib ruhig, du hast das und das, ich werde dich heilen.« Dann kann man sich aufgeben. Wenn man jedoch nicht krank ist, muss man selbst denken, ohne sich durch die anderen beeinflussen zu lassen. Das ist sehr wichtig.

19

Das Kesa entdecken heißt, das Festhalten an den Erscheinungen aufgeben

Der Shusso hat mich gebeten, einen Vortrag über das Kesa zu halten. Da es eine Frau ist, konnte ich es ihr nicht abschlagen, aber mir wird bewusst, dass ich all meine Kenntnisse über das Kesa vergessen habe.

Wie in der Schule habe ich fünf Minuten bevor ich kam das »Livre du Kesa« (Buch des Kesa) fieberhaft durchgeblättert, dabei fühlte ich mich wie ein Schüler, der unvermeidlich zum Scheitern verurteilt ist, weil er seine Hausaufgaben nicht gemacht hat. Einmal in Zazen sitzend, sage ich mir, dass ich das Essentielle des Kesa ja wohl kennen müsse...

Wie oft, wieviel tausend Mal habe ich mir das Kesa auf den Kopf gelegt? Wie oft habe ich meinen Körper in das Kesa gehüllt? Ich bin zum Dojo gegangen, habe mich in Zazen gesetzt, ich habe das Kesa nach den Anweisungen meines Meisters zurechtgelegt und konnte in aller Freiheit Zazen machen.

Ich bekam zum ersten Mal ein Kesa im Tempel Seiki-Ji in Japan, ein Kesa, das Meister Deshimaru mir geschenkt hatte. Es war das einfachste Kesa von allen, aus schwarzem Stoff, genäht mit schwarzem Garn, gemacht von Mönchen des Eihei-Ji Tempels, mit großen Punkten, ein Anfänger-Kesa, ein Kesa eines jungen Mönches.

Am selben Abend, im Dojo des kleinen Tempels von Sensei in Japan, wollte ich mit diesem Kesa Zazen machen. Es war Nacht, es war dunkel, ich setzte mich ganz allein hin und machte zum ersten Mal Zazen mit dem großen Kesa. Ich fühlte: »Jetzt kann ich furchtlos Körper und Geist aufgeben.« Ich empfand eine neue Freiheit, eine Nicht-Angst im Zazen. Es war nicht mehr das Zazen meiner Bemühungen und meiner persönlichen Grenzen, auch wenn dieses Kesa nicht perfekt war. Danach diente es allen von Senseis *petites clochettes*, die noch kein Kesa hatten und es trugen.

Meister Dogen sagt: »Das Kesa ist der wahre Körper Buddhas. Wo sind eure Beine, wenn ihr euch in Zazen setzt? Sie sind zum Lotus mit tausend Blüten geworden. Wo sind eure Hände? Sie sind zum *O Kai Jo In*, dem universellen Mudra, geworden. Es ist ganz und gar nicht mehr derselbe Körper wie im täglichen Leben; er wird einem Berg ähnlich, man kann seine Einzelteile nicht mehr voneinander unterscheiden. Dieser Körper ist bekleidet mit dem Kesa, dem Kleidungsstück unseres wahren Buddha-Körpers.« Im Bauch unserer Mutter ist die Plazenta das Kesa; wenn ein Kind mit der Plazenta auf dem Kopf geboren wird, ist das ein Zeichen von sehr großem Glück. Wenn man seinen persönlichen Körper vergisst, ist das Kesa das Himmelsgewölbe. Wenn man es betrachtet, kann man das wahre Kesa genau begreifen. Ihr sagt mir, dass die Punkte auf dem Himmelsgewölbe überhaupt nicht geradlinig angebracht sind, und ich werde euch antworten: »Findet mir die Ecken und ich werde euch die Punkte richtig anordnen.«

Warum hat unser Kesa Bänder, Ecken, Grenzen? Weil es das materielle Symbol unseres Lebens, unseres Körpers ist, begrenzt in Raum und Zeit. Aber Dogen sagt: »Das wahre

Kesa hat keine Ecken, keine Ränder und keine Nähte. Unser wahrer Körper hat keine Hände, keine Beine, keine Gliedmaßen. Also ist es das absolute Symbol des Buddhismus.«

Und von welcher Seite aus man es auch betrachtet, es ist perfekt, es ist die Unterweisung der begrenzten und unbegrenzten Wahrheiten, es ist also das Satori, das Erwachen Buddhas. Das bedeutet, dass ihr, wenn ihr Zazen in dem überlieferten Kesa macht, den lebendigen Buddha verwirklicht, aktualisiert, über eure eigene Existenz, über eure eigenen Grenzen hinaus. Wenn man das Kesa betrachtet, kann man die Gesamtheit der Unterweisung des Buddhismus verstehen. Das Kesa kann nur durch einen Meister weitergegeben werden. Der Meister ist Buddha selbst.

Die Nachkommen, die authentischen Nachfolger Buddhas sind immer selbst die Praxis Buddhas gewesen, sie existierten bereits innerhalb der Praxis Buddhas. Es ist wirklich sehr wichtig zu verstehen, was man im Buddhismus lehrt: Die drei Schätze bilden die Grundlage des Buddhismus. Außerhalb der drei Schätze wird das Dharma nicht weitergegeben, existiert das Zen nicht, es wäre ein unechtes Zen.

Devadata, der Cousin Buddhas, sagte einmal persönlich: »Ich bin genauso gut wie Buddha.« Er wollte eine neue Sangha gründen. Aber die wahre Sangha besteht aus den drei Schätzen, das heißt: der Meister und die Schüler – das sind zusammen nur zwei Schätze, denn nur zusammen mit Meister und Schülern kann das Dharma, der dritte Schatz, existieren. Zwischen Meister und Schülern, zwischen Meister und Schüler, gibt es keinen Unterschied in Raum und Zeit. Der Schüler bleibt auf ewig Schüler, der Meister bleibt auf ewig Meister. In diesem Moment existiert das Dharma. Nur als Schüler manifestiert sich der Meister.

Es heißt, dass es vor Buddha sieben Buddhas gegeben habe. Meister Dogen hat diesen unendlichen Kreis sehr genau erklärt. Wenn ihr ein Kesa näht und es selbst tragt, hat das keinen einzigen Wert. Wenn ihr keinen Meister habt, könnt ihr das Kesa nicht erhalten. Wenn euer Meister keinen Meister hat, kein Schüler ist, kann er euch das Kesa nicht übertragen. Es ist wirklich: folgen ohne Ende.

Gestern hatte ich einen Traum. Wir liefen in einer Prozession durch die Felder, hier in Mas Gircos, und Sensei war bei uns. Ab dem Moment, in dem ich Sensei sah, in dem ich mir seiner Anwesenheit bewusst war, diente ich ihm sofort. Er befand sich in Begleitung eines jungen japanischen Mönches. Er fragte: »Letztes Jahr sind Photos von diesem jungen Mönch gemacht worden, ich würde sie gern sehen.« Automatisch sagte ich zu meinen Schülern: »Holt die Photos von diesem jungen japanischen Mönch.« In dem Moment wurde mir bewusst, dass ich der Verantwortliche war, der Meister dieses Sesshins. Das habe ich mehrmals geträumt: ich leite das Sesshin, ich bin der Meister und Sensei ist da. Wenn er da ist, was bin ich dann? Ich wurde mir also der Tatsache bewusst, dass ich Meister war. Ich habe mich beobachtet, Sensei las meine Gedanken und mein Bewusstsein. Ich verbarg vor ihm nicht was ich bin, ich versuchte nicht, besser oder schlechter zu sein als ich bin, weder stolz auf das, was ich mache, noch verschämt darüber – es ist die Ordnung der Dinge.

Jacques Foussadier ist gekommen. Er hatte auf sehr erfinderische Weise einen kleinen Tisch mit Scharnieren, aus vielen kleinen Holzstücken konstruiert und zack, klappte er den Tisch vor Sensei auf, um die Photos daraufzulegen. Ich schaue Sensei an und sage zu ihm: »Er ist gut, der Jacques, nicht wahr, Sensei?« Er antwortet: »Ah, ja, ja, ja!« Ich war froh, ihm zeigen zu können, dass wir weiterhin Zazen machten und aufrichtig waren.

Zwischen diesem Dharma und Buddha gibt es keine Unterbrechung, das ist die Beschaffenheit der drei Schätze. Wenn man diskutiert, sich widersetzt, zweifelt, kritisiert bezüglich des Gesetzes, wenn ich zu Sensei sage: »Ah! Sie nerven mit ihren Photos! Sie sind sowieso tot. Lassen Sie mich in Ruhe, ich bin jetzt Meister!« Wenn ich zu meinen Schülern sage: »Bringt mir die Photos!« und sie mir antworten: »Ach, du kannst uns gestohlen bleiben mit deinen Photos!« – »So wird die Lehre beschmutzt«, sagt Meister Dogen. Wenn man diskutiert: »Ich denke so, nein, so, ein Zazen, zwei Zazen, drei Zazen, die Fete bis halb vier, nicht bis drei, heute trinken wir Wein, nein, keinen Wein, Reis, nein, Kartoffeln, es ist nicht genug, es ist zu heiß, es ist zu kalt...«, ist das, als ob man Exkrement oder Urin über das Gesetz ergießt.

»Wenn man nicht diskutiert«, sagt Dogen, »versteht man das Gesetz wie den Widerhall des Donners. Die ganze Welt wird ruhig und beständig, das ganze Weltall wird still. Ihr dürft nicht alles nach außen oder nach innen verstreuen. Indem man das Gesetz mit einem Holzhammer, mit einem Hammer immer noch tiefer hineinrammt, versteht man letztlich, was hier und jetzt getan werden muss. Das Gesetz gleicht dem Schnee, der auf den Berg Shaolin fällt, da wo *Eka* seinen Meister suchte – er stand aufrecht und der Schnee fiel und fiel, und auch als er ihm bis zur Taille reichte, blieb er da.«

Noch immer der neunte Satz:

»Nachdem ihr die authentische Weitergabe erhalten habt, könnt ihr ein wahrer Mönch werden.«

Die authentische Weitergabe, das heißt die authentisch weitergegebene Lehre. Es gibt viele Lehren, viele Sanghas, viele viele auf der Welt. Diese Sangha hier ist nicht schlecht, sicherlich eine der schönsten der authentischen Sanghas auf der Welt, besser als die *Gendronnière*, besser als das amerikanische Zen. Die authentische Sangha ist die ideale Welt, und das, was die ideale Welt von der nicht idealen unterscheidet, kann man weder definieren noch erklären, aber man kann es weitergeben.

Meister Daishi sagte:»Nach vielen, vielen Jahren Zazen könnt ihr plötzlich euch selbst und euren gesamten Körper vergessen. Das wird dann der Körper derer, die den Weg Mushotoku praktizieren.«

Wenn man die ideale Sangha definieren müsste, würde man sagen:»Mushotoku«, das wäre das Wort. Aber auch Mushotoku ist undefinierbar; Mushotoku ist der Moment, in dem alle Dualismen, alle Gegensätze vernichtet werden.

Am Anfang muss man sich anstrengen, um zu praktizieren, um das Dharma zu suchen. Natürlich kommt es später auch noch vor, dass man sich anstrengt. Selbst die Meister, *Bodhidharma*, Buddha, strengten sich an. Aber die Anstrengungen Bodhidharmas sind anders als die eines Anfängers. Man muss zum Zazen gehen, früh aufstehen, auch wenn man müde ist. Manche sagen:»Ich werde mich nicht anstrengen, ich werde Mushotoku sein, also bleibe ich im Bett.« Was man auch tut, man irrt sich. Auch wenn man sich am Anfang anstrengen muss, ist diese Anstrengung nicht die richtige Einstellung, die reine Einstellung. Zwischen Zazen, dem Dojo, dem Meister und einem selbst entstehen Antagonismen, Gegensätzlichkeiten: Anziehung und Widerwillen zur gleichen Zeit. So ist das während der ersten Jahre der Praxis, solange man sich anstrengt – Anstrengung in Bezug auf sich selbst, seine Vorurteile, seine vorgefertigten Meinungen, seine Ideale, seine Vorstellungen. All diese Vorstellungen, selbst wenn sie es waren, die uns zum Weg hingezogen haben, entfernen uns dennoch vom wahren Dharma, wenn wir darauf bestehen, sie für Wahrheiten zu halten. Um sich dem wahren Dharma wieder zu nähern, muss jeglicher Begriff, jegliche Unterscheidung sich auflösen, selbst diejenigen, die sich in der Anstrengung eingenistet haben.

Sensei sagt:»Es braucht außerdem mehrere Jahre Zazen, damit die völlige Harmonie zwischen dem Dojo, dem Meister und einem selbst sich einstellen kann. Man muss unbewusst gemeinsam praktizieren, um die Mushotoku-Praxis zu entdecken. Dann werden die Neuen beeinflusst, alle werden von dieser Praxis beeinflusst, die Anfänger können schneller verstehen.« Dieses Mushotoku ist wirklich der Schlüssel zur idealen Sangha. Manchmal braucht das 20, 40 Jahre Praxis. Oft werden die alten Schüler müde, bevor sie Mushotoku werden. Mushotoku ist das wahre Glück, die wahre magische Kraft, das wahre Kunstwerk, die wahre Anstrengung, das wahre Zazen, das wahre Kusen.

Dogen sagt eines Tages im Gemach der Mönche:»Wenn ihr eine 100 Fuß hohe Stange erklommen habt, selbst wenn ihr oben ankommt, ist das nichts wert, ihr müsst einen Schritt extra machen oder einen Schritt weniger um Mushotoku finden zu können.« Unter meinen französischen Schülern beginnt eine gewisse Anzahl Mushotoku auszudrücken, für die einen ist es leichter als für die anderen. Diese Leute sind ein wahrer Schatz für die Sangha, denn ihr Einfluss ist unsichtbar aber völlig wirksam.

Üblicherweise sagt man zu der Geschichte von der 100 Fuß hohen Stange:»Eine 100 Fuß hohe Stange hinaufklettern und noch einen Schritt mehr tun« (wie in der Armee...), aber die wahre Bedeutung ist nicht unbedingt mehr, es kann sowohl mehr sein als auch»weniger«.

Ich muss zum Beispiel 250 Crêpes machen. Ich mache 251, so haben wir einen für Buddha.

Dogen sagt seinen Schülern:»Ich habe euch immer gesagt, dass die große Säule in der Mitte des Raumes, die Laterne, die vor der Küche scheint, euch in jedem Moment Mushotoku unterweisen. Aber habt ihr dieser Säule zugehört? Und der Lampe, habt ihr der auch zugehört? Wenn ihr das nicht getan habt, werden sie sich über euch lustig machen, sie werden sich kaputtlachen über euch. Wenn ihr die Lehre der Säule in der Mitte des Dojo hören und die Praxis der Laterne im Garten sehen könnt, könnt ihr verstehen, dass den Weg erklären – mit Worten unterweisen – und praktizieren beide der höchste Weg sind.«

Sensei sagt, dass Anstrengung unerläßlich ist, aber dass man, solange man sich Mühe gibt, nicht Mushotoku ist. *Meister Ungo* sagt: »Erklären ist nicht praktizieren«, das bedeutet, dass man, wenn man erklärt, nicht praktizieren kann und wenn man praktiziert, nicht erklären kann. Was passiert, wenn man weder zum einen noch zum anderen tiefgehend in der Lage ist? Ein anderer Meister sagt: »Wenn der Praxis und der Lehre gefolgt wird, ist die Prosperität der Sangha gut.« Dogen sagt zu all diesen Lehren Folgendes: »Selbst wenn *Tosan* auf eine sehr tiefgehende Art erklären kann, kann man nicht sagen, dass er unfähig ist, zu praktizieren. Tosan praktiziert etwas Unpraktizierbares und erklärt etwas Unbeschreibliches, Ungo erklärt oder erklärt nicht und praktiziert frei.« Andere Meister halten sowohl Erklären als auch Praktizieren für wichtig.

Seit 2000 Jahren stellen sich alle Meister die Frage nach der Unterweisung und der Praxis. Wie soll man unterweisen, wie erklären, wie praktizieren? Was ist Erklären, was ist Praktizieren? Was ist wichtig, was unwichtig?

Wenn man nicht nur selbst arbeitet, sondern auch noch die anderen arbeiten lassen muss, den andern etwas zeigen, sie unterrichten, wenn das wirklich schwierig wird – z. B. vier 10-tägige Sesshins leiten, weitermachen – in dem Moment muss man einen Schritt vor oder zurück machen, man muss etwas tun, man muss Mushotoku finden, eine andere Dimension.

20
Die drei Schulen

Wenn ihr euch gut auf die Knie stützt, könnt ihr die Wirbelsäule wirklich strecken. Dafür braucht man gute Energie. Es gibt Dinge, die müde machen, aber Energie geben, und andere, die müde machen und Energie nehmen. Samu z. B. gibt Kraft, vor allem spirituelle. Natürlich soll man es nicht nur mit diesem Ziel machen. Um Zazen zu machen, braucht man Energie; wenn ihr nicht genug Energie habt, wird es schwierig. Zazen selbst gibt Kraft, dennoch ermüdet es.

Der erste Name, den Sensei mir gegeben hat als ich anfing Zazen zu praktizieren, war: »den Berg wieder aufrichten«.

Meister *Sekiso*, der auf dem Berg Sekiso lebte, gehörte zur Nachkommenschaft Dogos. (Der wirkliche Nachfolger Dogos war Ungo Doyo, dessen Nachfolger war Tosan. Dogo hatte zahlreiche Schüler, darunter Sekiso.) Er wurde 81 Jahre alt. Sein wichtigster Schüler war *Kyu Ho*, was »Neun Berge« bedeutet. Kyu Ho war sein Sekretär, er blieb immer an seiner Seite. In den alten Tempeln bekämpften sich der Shusso und der Sekretär sehr oft; so auch an dem Tag, an dem Sekiso starb: beide wollten sich als Nachfolger aufdrängen. In einem echten Dojo gibt es viele Dienstgrade: den Godo, der sich dem Meister gegenüber setzt, dem Eingang gegenüber, den Shusso, der sich auf der anderen Seite, zur linken des Meisters setzt, der Sekretär, der sich hinter den Meister setzt.

Kyu Ho, der Sekretär, sagt zum Shusso: »Ich werde Euch ein Koan geben. Wenn es Euch gelingt, es zu verstehen, könnt

Ihr der Nachfolger werden. Ich werde Euer Verständnis der Unterweisung des Meisters wieder erkennen. Nehmt Ihr an?«

Kyu Ho beginnt: »Unser verstorbener Meister hat gesagt: › Einen Weg zu Ende zu gehen, das klare Bewusstsein zu erreichen, verlangt 10 000 Jahre ehe man zu kalter Asche oder verdorrtem Baum wird.‹ Was bedeutet das?«

Der Shusso antwortet: »Das bedeutet Satori.«

Darauf der Sekretär: »Wenn Ihr das Satori so versteht, habt Ihr das Zen unseres Meisters nicht verstanden.«

In jenen Zeiten gab es viele Streitigkeiten, besonders zwischen Rinzai- und Sotomönchen, ebenso wie zwischen Taoisten und Zenmönchen.

Zazen umfasst zahlreiche Aspekte, viele Richtungen, wenn man sich nur an eine Richtung klammert, irrt man sich. Man kann die *Rinzai*, die Mokusho Zen und die taoistischen Gesinnungen vergleichen.

Im Rinzai konzentriert man sich während Zazen auf *Koans*. Ein Koan wird vom Meister gegeben, der Schüler muss es unaufhörlich während Zazen in seinem Kopf wiederholen, sieben, zehn Stunden pro Tag, zwei, drei, sechs Monate lang, ein Jahr, bis er endlich Satori erlangt. Wenn er eine Antwort geben kann, die zeigt, dass er verstehen kann, dann geht man davon aus, dass er eine Stufe weiter ist. Der Meister gibt ihm ein anderes Koan, und so weiter.

Das Mokusho Zen, das die Charakteristik der Nachfolge des Soto Zen ist, ist das Zen der stillen Erleuchtung. Während Zazen sucht man keinen bestimmten Zustand, man denkt nicht an etwas Bestimmtes. Man lässt vorbeiziehen, bis alles verschwindet, so dass man wie ein verdorrter Baum oder kalte Asche wird.

Im Taoismus wird man sich der kosmischen Energien bewusst und lässt sie im Körper zirkulieren – der Taoismus basiert im Wesentlichen auf Energie. Die taoistischen Weisen praktizierten auch Zazen.

Alle drei Gesinnungen haben jeweils positive und negative Aspekte.

Rinzai erweckt den Geist und die Intelligenz – natürlich nicht die intellektuelle Intelligenz, sondern die kosmische Weisheit. Seine negative Seite ist, dass es gefährlich ist, man wird leicht verrückt und vor allem kann es nicht das höchste, absolute Zen sein, weil der Geist besetzt ist. Man kann die vollkommene Weisheit nicht zu 100 Prozent erhalten, es gibt immer Etappen, Etappen, Stufen, Satoris, Satoris... Meister Keizan sagte: »Selbst das Satori muss als eine Beschmutzung betrachtet werden, als eine Illusion.«

Das Mokusho Zen wird als das Reinste angesehen, weil es ohne Ziel ist. Man erhält eine Weisheit von so großer Dimension, dass sie nicht zerlegt werden kann, man kann in dieser Beziehung keine Kategorien machen, kann sie nicht in eine Schublade stecken, das ist seine positive Seite. Die negative Seite ist, dass die Leute die Tendenz haben einzuschlafen, während Zazen stundenlang vor sich hin zu dösen. Sie werden völlig idiotisch, halten sich fest an der Stille, an der Leere und am Ende sind sie völlig vertrocknet, selbst ihr Geschlecht wird trocken. Sie werden von der Vernichtung und vom Tod angezogen.

Vom *Taoismus* könnte man sagen, dass er dem Yoga nahe ist: man entdeckt das Potential seines Körpers und seines Geistes völlig. Man lernt zu leben, sich auszudrücken, den Wert und die Seltenheit aller Dinge zu entdecken. Dieses Za-

zen führt zur Unsterblichkeit, es entfaltet die Energie ungeheuer. Unsterblichkeit bedeutet eine derartige Energie, dass sie unendlich ist, uneinnehmbar, jenseits unseres eigenen Wesens, unseres eigenen Körpers. Die negative Seite ist, dass man zu sehr an seiner Gesundheit festhält, an seiner Energie, seinem Ego und es fehlt eine spirituelle Dimension, man denkt nicht genug an andere, man hat nicht genug Mitgefühl, nicht genug Geist des Bodhisattva, man wird ein Übermensch, ein Superman.

Das wahre Zazen Bodhidharmas, Buddhas, beinhaltet diese drei Aspekte. Man sieht sie überhaupt nicht als Gegensätze. Es umfasst sie bis zum Ende, selbst wenn es 10 000 Jahre fordern wird, ist es nicht nötig, Sekten zu gründen. Wie kalte Asche oder ein verdorrter Baum zu werden, ist nur ein Aspekt des Zen. Diesen Weg zu Ende gehen, fordert 10 000 Jahre, das heißt Unendlichkeit. Bis ans Ende des Taoismus zu gehen, fordert ebenfalls 10 000 Jahre. Bis ans Ende der Koans zu gehen, fordert auch 10 000 Jahre.

Dann sagt der Shusso: »Ihr akzeptiert meine Antwort nicht, weil Ihr mich nicht mögt, weil Ihr nicht wollt, dass ich der Nachfolger werde. Bringt mir bitte Weihrauch!«

Man bringt dem Shusso Weihrauch, er verbrennt ihn auf der Kohle, setzt sich in Zazen und sagt: »Wenn ich unfähig bin, das wahre Zen meines Meisters zu verstehen, dann wäre ich auch unfähig, angesichts dieses verbrennenden Rauchs in Zazen zu sterben. Aber wenn ich jetzt in Zazen sterbe, angesichts dieses Weihrauchs, bedeutet das, dass ich meinen Meister verstehe.«

Mehrere Meister sind in Zazen gestorben. Meister Sosan, der dritte Patriarch, starb in Kin Hin. Im Japanischen nennt man das Ju Bo.

So starb der Shusso vor dem Rauch des Weihrauchs, und alle verwirrten Schüler wussten nicht, was sie denken sollten.

Der Sekretär massierte ihm die Schultern: »Einverstanden, einverstanden, Ihr seid in Zazen gestorben! Nicht deshalb versteht Ihr das Zen Eures Meisters, Ihr könnt noch nicht einmal davon träumen oder die leiseste Ahnung davon haben.«

Da er tot war, konnte er jedenfalls nicht der Nachfolger werden.

Selbst wenn wir nicht in Zazen sterben können, selbst wenn wir die Koans nicht verstehen können, selbst wenn wir nicht unsterblich sind, müssen wir in unserer Praxis diese drei Aspekte des Zen, die in ihrer Dreiheit eine Weisheit, eine vollständige Vision geben können, verstehen, empfinden, umarmen. Einer der drei Aspekte allein wäre nicht das wahre Zen Bodhidharmas, Buddhas.

»Am Anfang scheint der Weg sehr weit entfernt, aber wenn ihr der wirklichen Weitergabe begegnet, könnt ihr ein wahrer Mönch werden.«

Um diesen Satz zum Schluss zu bringen, werde ich euch die Geschichte des 26. Patriarchen des indischen Buddhismus, der Puniamitra hieß, erzählen.

Wie viele große Meister Indiens war er ein Königssohn. Sein Vater, Devaguna, regierte den gesamten Süden Indiens und hatte Krieg geführt gegen Nicht-Buddhisten. Er hatte gegen einen gewissen Arianaman gekämpft und gewonnen.

Zu dieser Zeit begab sich der 25. Patriarch, Vaciacita, ebenfalls in den Süden Indiens. Er dachte:»Wenn diese Leute leidenschaftlich sind, werde ich ihnen den wahren Buddhismus weitergeben.«

Sensei sagte, dass der wahre übermittelte Buddhismus immer frei von etablierten Formen war. Er hat immer den Unterschied betont zu Kirchen, schwerfälligen Organisationen. Die Unterweisung war sehr frei, immer sehr neuartig, frei auch vom Ort, suchend, sie passte sich an und fand die fruchtbarste Erde.

Da der König Devaguna an den Buddhismus glaubte, lud er Vaciacita ein, empfing ihn respektvoll, gab ihm Nahrungsmittel für seine Schüler und bat ihn, am Hof den wahren Buddhismus zu lehren.

Der König hatte zwei Söhne. Einer war brutal und stark, ein wahrer Krieger, es ist übrigens ihm zu verdanken, dass der König siegreich gewesen war. Der andere dagegen war friedlich, er schien immer ein wenig ein Träumer, das war *Puniamitra*. Seit seiner Geburt hatte er nie etwas Böses getan, er war immer ruhig und freundlich, geduldig. Der König bat den Patriarchen, einen Vortrag zu halten und das Dharma zu erklären. Der Patriarch sprach von Ursache und Wirkung. Als der König den Vortrag hörte, wurde er plötzlich von seinen Zweifeln erlöst und erwachte. Jedoch starb er kurze Zeit darauf.

Sein ältester Sohn, der siegreiche Krieger, folgte ihm auf den Thron. Und da änderten sich die Dinge... Er hatte den Krieg gegen die Nicht-Buddhisten gewonnen, aber seit er König war, begann er, die Buddhisten zu verfolgen und das Königreich, das eine ganze Zeit glücklich und ruhig gewesen war, lernte das Unglück kennen. Schließlich griff er Vaciacita an. Er wollt ihn aus dem Land jagen.

Er sagte zu ihm: »Mein Vater hat Euch respektiert, aber mir geht Ihr auf die Nerven, ich verabscheue Euch.«

Darauf stritt sich der jüngere mit seinem älteren Bruder: »Dein Benehmen ist unzulässig, du folgst Papas Geist überhaupt nicht!«

»Ich bin der König, du hast nicht das Recht, so mit mir zu sprechen. Ab in den Kerker!"

Der kriegerische Sohn ließ also seinen Bruder einsperren. Er verjagte alle Buddhisten aus seinem Reich und schließlich nahm er den 25. Patriarchen gefangen: »Verschwindet aus diesem Land!«

»Ich hänge an keinem Land, noch Gebiet, jedoch fühle ich, dass ich hier bleiben muss, um das Zen zu lehren,« antwortete Vaciacita.

»Ich habe allen übernatürlichen Glauben, alle Religionen, die auf Traum und Aberglauben basieren, aus meinem Königreich beseitigt«, sagte ihm der König, »und Ihr, Ihr werdet auch verschwinden!«

»Wenn Ihr wirklich allen übernatürlichen Glauben aus eurem Königreich beseitigt habt, dann gibt es sicher keine falschen Ansichten und keine irrtümliche Lehre mehr bei Euch, das ist gut!«

Der König, überrascht von dieser Antwort, fragte ihn: »Was lehrt Ihr, Meister?«

Der Patriarch antwortete: »Ich gebe die Lehre Buddhas weiter.«

»Buddha ist schon seit 1200 Jahren tot, ich wüsste gern, von wem Ihr Eure Lehre habt!«

»Der große Mahakashyapa erhielt vertraulich die Transmission Buddhas. Diese wurde seit 80 Generationen von Meister zu Meister weitergegeben, bis zu Aryacima. Ich selbst habe sie von ihm erhalten.«

»Ich habe sagen hören, dass dieser Mönch Aryacima der Exekution nicht entrinnen konnte. Er wurde von dem König getötet, den mein Vater besiegte – dank meiner übrigens. Wie konnte er also in diesem Fall Euch das Dharma weitergeben?«

Der Patriarch antwortete ihm: »Bevor diese Schwierigkeiten begannen, hat der Ehrwürdige mir vertraulich sein Kesa übergeben, sowie die Verse des Dharma, die seine Transmission belegen.«

Der König verlangte: »Lasst mich das sehen, zeigt mir Euer Kesa.«

Der Patriarch holte sein Kesa aus seinem Mönchssack, zeigte es dem König, der sich dessen bemächtigte und sprach: »Dass man es verbrenne!«

Die Diener bereiteten ein Feuer und warfen das Kesa hinein. Als aber das Feuer das Kesa ergriff, schillerte es deutlich in fünf Farben; alle waren verblüfft. Und als das Feuer völlig niedergebrannt war, blieb das Kesa unversehrt übrig. Angesichts dieses Wunders reute es den König und er verneigte sich vor dem Patriarchen. Allen wurde klar, dass Vaciacita der wirkliche Erbe des Dharma war. In diesem Moment verzieh der König seinem Bruder Puniamitra und ließ ihn frei. Danach bat Puniamitra darum, Mönch zu werden und sein Familienleben zu verlassen.

In den Danksagungen der Ordination steht geschrieben: »Niemand hat jemals den Weg verwirklicht, indem er ein Familienleben führte.« Man kann jedoch sehr gut ein Familienleben haben und den Weg verwirklichen, deshalb habe ich es so übersetzt: »Niemand hat jemals den Weg verwirklicht, indem er ein egoistisches Leben führte.«

Man kann allein, als Paar oder mit einer Familie egoistisch sein. Tatsache ist, dass in einem persönlichen Leben die Dinge auf einen selbst konzentriert sind, zu seinem eigenen Nutzen, zur Förderung seines Ego und seines Karma.

In Japan gibt man heute den Mönchen einen Tempel nach dem Shiho: Sie leben in diesem Tempel mit ihrer Familie und ihren Kindern. Sie zahlen keine Steuern, keine Miete, weil es ein Tempel ist. Es ist Tradition, jeden Sommer Zeremonien für die Toten seiner Familie abzuhalten, also braucht man Mönche – deshalb können sie nicht zum Sommerlager kommen. Mit diesen Zeremonien verdienen sie Geld für das ganze Jahr, also ist der Beruf des Mönches der bestbezahlte in Japan. Ihr Mönchsleben ist zum Aufstieg ihres persönlichen Lebens geworden, also machen sie kein Zazen mehr. In manchen Tempeln kann man nicht einmal mehr ein Zafu finden.

Überflüssig zu erwähnen, dass das persönliche Leben eines Prinzen das Beste ist, was man haben kann: schöne Kleider, gutes Essen, Schönheit...

Der *Patriarch* fragte den Prinzen: »Du wirst dein Haus verlassen, was bedeutet das für dich?«

»Ich werde mein Haus und meine Bindung an diese Welt verlassen«, antwortete Puniamitra, »aber für mich bedeutet das nicht, etwas Besonderes zu tun.«

»Also in diesem Fall, sag mir etwas Besonderes, das du nicht mehr tun wirst.«

»Ich werde die Dinge, die Handlungen nicht mehr wie gewöhnliche Dinge oder gewöhnliche Handlungen tun.«

»Also, wie wirst du die Dinge machen?«

»Ich werde meine Buddha-Arbeit tun.«

Der 25. Patriarch schlussfolgerte: »Der Prinz der Krone besitzt bereits eine ausgezeichnete Weisheit. Ihr müsst in Zukunft der Nachfolger zahlreicher Patriarchen werden.«

Dann erlaubte er ihm seine Familie und diese Welt zu verlassen, um Mönch zu werden.

Was bedeutet es wirklich, Mönch zu werden, Zen-Mönch, ein buddhistischer Mönch, ein Buddha?

Nachdem er die Ordination erhalten hatte, diente Puniamitra seinem Meister, dem 25. Patriarchen, sechs Jahre lang.

Später übergab Vaciacita ihm den Schatz des Auges des Wahren Gesetzes Buddhas und sagte zu ihm: »Dieser Schatz ist bis heute von Generation zu Generation weitergegeben worden, Ihr müsst ihn beschützen, ihn den Menschen lehren.« Das ist ein Satz, den man bei der Weitergabe des Shiho ausspricht. Im Originaltext ergänzt man: »Ohne Kompromiss, ohne faule Zugeständnisse, ohne ihn in Gefahr zu bringen", sich nicht anbiedern. Als der Meister dieses intime Zeichen erhielt, wurde er frei von Körper und Geist.

Die Geschichte zeigt, dass man nicht aus gewöhnlichen Gründen sein Haus verlässt und Mönch wird. Wie dem auch sei, der Meister hatte ihn gefragt: »Ihr möchtet Mönch werden. Was bedeutet das für Euch? Was bedeutet es für Euch, Euer Haus zu verlassen, Mönch zu werden?«

Er hatte geantwortet: »Das bedeutet, seine Buddha-Arbeit zu tun.«

Als der Meister ihn fragte, was das beinhalte, welches Gewöhnliche, Übliche das bedeute, gab er ihm zu verstehen, dass Mönch werden niemals dazu diente, nach etwas Gewöhnlichem zu streben – es ist kein New Age!

»Ich werde nicht Mönch, um nach etwas Gewöhnlichem zu streben und ich werde die Dinge nicht mehr wie gewöhnliche Dinge tun.«

Meister Keizan hat diese Geschichte kommentiert.

Wir nennen Meister Keizan jeden Morgen im *Eko* – Buddha Shakyamuni, Bodhidharma, Dogen, Keizan, all die anderen und auch Kodo Sawaki, Deshimaru, Niwa – aber man spricht sehr wenig von seinen Unterweisungen. Meister Dogen hat das Zen nach Japan gebracht, er pflanzte dort den Samen, Meister Keizan hat es in der ganzen Bevölkerung verbreitet. Er begegnete Meister Dogen, als er noch klein war, zu jung um sein Schüler zu werden. Er war Meister Dogen aufgefallen und er hatte gesagt: »Der wird ein großer Mönch.«

Keizan sagt: »Selbst wenn Ihr euch den Kopf rasiert, selbst wenn Ihr eure Kleider schwarz färbt, selbst wenn Ihr in allen Einzelheiten ausseht wie Schüler Buddhas, müsst Ihr die Vorstellung von Trennung zwischen Euch selbst und den anderen überwinden können. Das bedeutet nicht, schizophren zu werden, das bedeutet, die Existenzen aus dem Innersten seines Wesens heraus wahrzunehmen – sogar sich selbst aus dem Innersten seines Wesens heraus wahrzunehmen – das heißt wie Buddhas, nicht wie gewöhnliche Menschen, nicht wie Männer und Frauen. Das Leben erkennen, den ursprünglichen Geist, der unser ist. Solange man das nicht erkennt, lebt man, spricht man Gewöhnliches. Man ist nicht fähig zu verdeutlichen, mit dem wahren Geist, mit den wahren Wesen zu kommunizieren.«

Als der sechste Patriarch den fünften Patriarchen aufsuchte, sprach er zu ihm: »Bitte, Meister, ich möchte Mönch werden.«

Der fünfte Patriarch antwortete: »Ihr kommt aus dem Süden, dem Süden Chinas, Ihr seid ein Metheke, ein Araber! Die Araber können den Buddhismus nicht verstehen...«

Jeder gewöhnliche Mensch hätte so reagiert:»Wie jetzt? Du beleidigst die Araber, bei der Ehre meiner Mutter!« Der sechste Patriarch entschied trotzdem zu bleiben. Man sagte ihm:»Du kannst kein Mönch werden, du darfst das Dojo nicht betreten, aber du wirst in der Küche arbeiten.« Er nahm an.

Auf diese Weise ließ der Meister ihn die Bindung an sein persönliches Leben, an seine persönliche, karmische, familiäre Identität, loslassen, indem er ihn demütigte. Heute macht man das Gegenteil, um Schüler anzuziehen:»Ach! Sie sind Deutscher? Deutschland ist das Land Buddhas.«»Und deshalb wohnen Sie nicht dort?«, antwortet der Deutsche. Während Zazen darf man nicht aufstehen, das ist unmöglich!!!

Die Frauen sind an ihre Kinder gebunden, sie können ihr Familienleben nicht verlassen, nicht einmal für eine halbe Stunde. Man sagt, dass, wenn Mönche das Erwachen verwirklichen, ihre Familie augenblicklich fünf Generationen davor und fünf Generationen danach befreit wird. Automatisch erlangen die Kinder das Satori und dann die Kinder der Kinder der Kinder...

Die Leute hängen nicht nur an ihrem egoistischen Leben, sondern auch an ihrem Land, an ihrer Nationalität, und außerdem sind sie hochmütig. Im Wesentlichen ist kein Land, keine Familie, kein Kind, kein Ego weder gut noch schlecht, weder besser noch schlechter.

Um den *Kyosaku* zu erhalten, müsst ihr Gassho machen, indem ihr die Hände auf der Höhe der Nase; gegeneinander legt, die Fingerspitzen auf der Höhe der Nase, es ist nicht nötig die Hände über den Kopf zu heben. Dann, wenn der *Kyosakuman* eure Schulter berührt, beugt ihr euch nach vorn, die Hände bleiben dabei in Gassho; dann legt ihr die rechte Schulter frei, indem ihr den Kopf nach links dreht. Denkt immer daran, die linke Schulter anzuschauen, man soll nicht den

Oberschenkel anschauen, sondern die Schulter, man muss den Kopf also gut drehen. Legt die Hände auf die Knie, lasst die Fäuste geschlossen, die Daumen innen, die Handfläche zum Himmel. Es ist nicht nötig, sich zu sehr nach vorn zu neigen, wenn man den Kyosaku erhält, ungefähr 20 bis 25 Grad, das reicht. Dann legt ihr die linke Schulter auf die gleiche Weise, aber in der anderen Richtung, frei. Danach macht ihr wieder Gassho, während ihr euch verbeugt, und fahrt fort mit Zazen. Diejenigen, die das große Kesa tragen, müssen den Zipfel über der linken Schulter lösen, bevor sie den Kyosaku erhalten. Man darf nicht auf das Kesa schlagen. In den japanischen Tempeln schlägt man normalerweise nur auf eine Schulter, nur die rechte; wir schlagen auf beide, um auszugleichen.

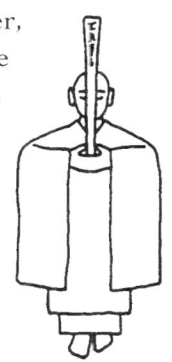

Noch etwas: um den Kyosaku zu erbitten, wartet, bis der Kyosakuman hinter euch vorbeigeht, bittet nicht darum, wenn er auf der anderen Seite des Dojo ist.

Richtet den Blick einen Meter vor euch auf den Boden, bleibt unbeweglich, bewegt die Augen nicht, bewegt den Kopf nicht, schaut nicht einen bestimmten Punkt an. Die Augen sind wie Objektive eines Fotoapparats: wenn man einen bestimmten Punkt fixiert, kann er scharf werden, wenn man nicht scharfstellt, bleibt das Sehen global, manchmal verschwommen. In unserem Gehirn haben wir ein Kontrollzentrum, welches das Sehen reguliert und auch das Hören, das physische Fühlen, den Geschmack, den Geruch. Das ist der allgemeine Ursprung der fünf Sinne. Wenn wir die Energie des Gehirns auf einen dieser fünf Sinne konzentrieren, können wir sein Volumen vergrößern, das Sehen regulieren etc. Während Zazen kehrt man zu diesem Kontrollzentrum zurück, man benutzt weder die Augen, noch die Ohren, noch die Nase, noch den Mund.

Legt die Handkanten wieder gegen den Bauch. Die Daumen sind horizontal und berühren sich über der Mitte der Handfläche, sie befinden sich auf gleicher Linie mit den beiden Mittelfingern der beiden Hände. Die Finger der linken Hand liegen über denen der rechten Hand. Ausgehend vom Ende des Fingers muss man den zweiten Knick des Mittelfingers der linken Hand auf den ersten Knick des Mittelfingers der rechten Hand legen. Das ist ein Anhaltspunkt, den man sich merken muss. Der Punkt, an dem sich die beiden Daumen berühren, liegt auf gleicher Linie mit dem Nabel. Es ist sehr wichtig, die Hände gut zu platzieren. Selbst wenn der Körper ein bisschen gedreht ist, kann man sich von den Händen ausgehend begradigen.

Die Ellbogen sind leicht vom Körper abgespreizt. Die Wirbelsäule sollte einer kämpfenden Schlange gleichen. Bei vielen ist die Wirbelsäule wie verschweißt, erstarrt: ununterbrochen müsst ihr fühlen, wie die Energie sie von unten nach oben durchströmt.

Ihr könnt die Haltungen von Meister Deshimaru und Kodo Sawaki anschauen; prägt sie euch gut ein. Traditionell wird die Haltung so gelehrt.

21

Seine Buddha-Arbeit tun

Der folgende Satz des Genjo Koan:

» Wenn ihr auf einem Boot seid, denkt ihr, dass es das Ufer ist, das sich bewegt, aber wenn ihr euer eigenes Boot innig betrachtet, werdet ihr sehen, dass es euer Boot ist, das sich bewegt.«

Das zu verwirklichen, heißt seine Buddha-Arbeit zu machen. Wenn man es verwirklicht, werden die anderen in unserem Bewusstsein automatisch ebenfalls Buddhas – manchmal Dämonenbuddhas, freundliche Buddhas, Buddhas mit großen Brüsten, Laienbuddhas, Mönchbuddhas, Idiotenbuddhas, intelligente Buddhas...

In dem Prajna Paramita lautet ein Satz:»Nur ein Bodhisattva kann einen Schüler Buddhas stören.« Das bedeutet, dass, wenn man wirklich ein Schüler Buddhas ist, wenn euch jemand stört, wenn euch jemand ins Auto fährt, wenn die Polizei euch nach euren Papieren fragt, ihr sie als Bodhisattvas ansehen müsst.

Ein anderer Satz lautet: »Wenn man diesen ursprünglichen Geist versteht, dann gibt es kein Zeichen von Anfang und Ende mehr, kein Zeichen mehr von Menschen, die in der Illusion sind; von Menschen, die erwacht sind.

Wenn ihr fähig seid, das in eurem Leben zu erfahren, dann existieren die vier großen Elemente und die *fünf Aggregate* nicht mehr.«

Das habe ich in einem Mondo über die Welt Buddhas erklärt: alles ist möglich. Die Welt wird substanzlos. Wie könnten uns die drei Königreiche und die zehn Schicksale von diesem Moment an noch einsperren? Wie könnten wir uns daran binden? Das soll nicht heißen, dass man die drei Königreiche und die zehn Schicksale nicht durchschreitet, das bedeutet, dass man sie verlässt wie man eintritt. In diesem Augenblick gibt es keine Welt zum Verlassen, außerdem gibt es niemanden und nirgends zu wohnen. Das nennt man seine Bleibe verlassen. Das Haus ist zerstört, der Mensch ist verstorben, tot.

Zur Zeit sind die modernen Wissenschaftler dabei, sich mit Hilfe der Wissenschaft diesen Punkten zu nähern, die Dogen vor 700 Jahren erforschte. Dogen selbst greift Themen aus dem *Abidharma* von Meister Vasubandu wieder auf. Seit 2000 Jahren bereits können die Zen-Meister die gesamte Theorie des Urknalls und der Expansion des Universums, der Zeit, gewissermaßen mathematisch erklären. Was ist ein Kalpa? Sehr kosmisch all das...

Das Kusen ist ein bisschen wie die Haltung, manchmal entspricht es nicht dem, was bequem oder leicht für uns wäre...

Im Großen und Ganzen sagt Abidharma, dass ein Mönch die Theorie des Urknalls verstehen muss. Sensei hat gesagt, dass die zukünftige Religion die Begegnung der modernen Wissenschaft mit der traditionell überlieferten Religion sein wird. Seit Tausenden von Jahren hat es immer einen Konflikt zwischen der Religion und der Wissenschaft gegeben. Es wird eine religiöse Wissenschaft geben, also ein Erwachen des Menschen zu unendlichen Möglichkeiten.

Gestern habe ich die Sanitäranlagen im Untergeschoß besichtigt, es ist wirklich ekelhaft. Wenn Leute hierher kommen und das als Zen ansehen, werden sie lachen oder weinen. Die Teilnehmer dieses Sesshins machen fast kein Samu, sie halten es für Samu, sich um ihre Kinder zu kümmern, die Kinder sind eine Entschuldigung. Der  *Tenzo* ist mit seinem Kind allein und er macht seine Arbeit mehr als perfekt. Der Vermögensverwalter ist mit seiner Familie da, zwei Kinder – kein Problem. Das Problem liegt in der Mentalität. Wenn das so ist mit den Kindern, ist es vorzuziehen, dass ein Elternteil mit ihnen zu Hause bleibt und das andere zum Sesshin kommt, danach andersherum. Wir können uns nicht dafür entscheiden, die Kinder abzulehnen, denn manchmal sind sie sehr, sehr gut, tragen viel bei und bekommen viel. Nicht sie sind es, die ihre Windeln wechseln oder die Sanitäranlagen reinigen werden...

Im Text von Keizan sagt Puniamitra: »Ich muss meine Buddha-Arbeit tun.« Samu ist auch Buddha-Arbeit, das heißt, es ist weder für einen selbst noch für die anderen, es ist nicht etwas Gewöhnliches.

Wenn man das Shiho erhält, sagt euch der Meister: »Erhaltet und beschützt dieses Dharma kompromisslos.« Kompromisslos, das ist sehr schwierig: wenn man systematisch die Familien, die Kinder akzeptiert, ist das ein Kompromiss; wenn man sie systematisch ablehnt, ist das auch ein Kompromiss. Seine Bleibe verlassen, Mönch werden, heißt nicht, sich innerhalb der Grenzen der normalen Leute zu kompromittieren, auch nicht in den Grenzen seiner Schüler, nicht in denen der südlichen Hemisphäre oder Europas. Seine Bleibe verlassen bedeutet nicht, Fan einer Fußballmannschaft zu werden.

Ein Meister sein bedeutet nicht, es den Leuten in ihren Grenzen bequem zu machen. Wenn der Meister keinen Kompromiss eingeht, kann er mit dem Ego der Schüler in Konflikt, manchmal sogar in Streit, geraten. Das kann ein gewaltsamer, verheerender Streit sein. Wenn er eine Bleibe hätte, würde sie zerstört werden. Alles kann jederzeit in Frage gestellt werden, also kann der Mönch sich an keine Bleibe binden: wenn man eine Bleibe hat, macht man Kompromisse. Deshalb ist die Regel, die verlangt, dass man einem Meister bis zum Ende folgt, sehr wichtig. Wenn man die Dinge nach seinen Vorurteilen verändern könnte, dann wären die Schüler der Meister und der Meister nur ein Angestellter belastet mit der Aufgabe, es den Leuten in ihren Kategorien bequem zu machen, und das Zen würde nicht einmal eine Generation überdauern.

Was das Dharma betrifft, kommen Kompromisse natürlich nicht in Frage. Was das Ego angeht, ist es anders. Das Ego ist nicht wichtig, man kann es loslassen, man kann flexibel sein, sich harmonisieren, vor allem wenn die Dinge bezüglich des Dharma klar sind. Die Mehrheit der Leute ist starrsinnig, sie wollen keinen Kompromiss mit ihrem Ego eingehen aber sie begreifen das wahre Dharma nicht, die wahre Ordnung der Dinge, die sich mit dem Körper im Dojo ausdrückt.

Wenn man diese Ordnung, dieses Verhalten manifestiert, erwachen alle, sind alle glücklich. Mönch werden ist absolut nichts Gewöhnliches, es ist keine Karriere.

Ich lese noch einmal diesen Satz von Meister Keizan: »Selbst wenn ihr euch den Schädel rasiert, wenn ihr eure Kleider schwarz färbt, wenn ihr in allen Einzelheiten ausseht wie Schüler Buddhas, wenn ihr die Vorstellung von euch selbst und anderen nicht überwinden könnt, wenn ihr euch nicht losmachen könnt von dem Unterschied zwischen Mann und Frau, werdet ihr in der gewöhnlichen Welt verharren. Solange ihr euren ursprunglichen und kosmischen Geist, der eurer ist, nicht kennt, werdet ihr euch ausdrücken wie jemand Gewöhnliches, werdet ihr nicht fähig sein, den wahren Geist zu klären und zu enthüllen, den wahren Geist, den wir Buddha-Arbeit nennen.«

Wir versuchen alle, den wahren Geist zu vervollständigen, zu erfüllen, das ist der Instinkt jedes Menschen. Nur benutzen wir falsche Mittel: wir versuchen ihn zu vervollständigen mit Fernsehen, einer Flasche Pastis…

Die perfekteste Art, das wahre Selbst zu vervollständigen, ist der Mann für die Frau und die Frau für den Mann. Selbst in der Homosexualität gibt es die Suche nach dieser Ergänzung: Mann, Frau, man selbst und die anderen. Was das verhindert, ist vor allem die Trennung von Yin und Yang: das Yang sucht das Yang und entfernt sich immer mehr vom wahren Geist; das Yin schließt sich jedes Mal mehr in sich selbst ein und entfernt sich auch zunehmend von diesem wahren Geist.

Wenn man einfach nur neben jemandem sitzt, den man liebt, dessen Energie unsere vervollständigt – das hat nichts zu tun mit einer Verführungs- oder Erfolgsgeschichte, nur mit jemandem zusammen dasitzen – man fühlt sich gut, man fühlt sich ruhig, man fühlt sich extrem bei sich selbst, zufrieden. Das ist der wahre Geist, der sich manifestiert. Unser Selbst ist überhaupt nicht abgetrennt, weil da Liebe ist, gegenseitige Durchdringung von Geist zu Geist. Der Geist Buddhas ist nicht viel anders als das, das ist der Normalzustand.

Meister Daishi hat das Shiho von Meister Keizan erhalten. Er selbst hat das Dharma nicht weitergegeben, aber er wurde durch seine Gedichte berühmt. Er war ein sehr großer Mönch.

Er hat geschrieben: »Durch Glück hat mich das Leben dahin geführt, das Kleidungsstück zu tragen, welches das Feld der Seligkeit ist.«

Für einen Mönch ist es nicht nötig, sich neben eine Frau zu setzen, um den wahren Geist zu finden, das Kesa reicht aus. Das Feld der Glückseligkeit ist wie eine Frau, die euch niemals betrügt, mit ihr gibt es keine Konflikte. Nur Dai Sai Gedda Pu Ku. Man setzt sich neben sie, das Zazen ist ruhig.

Meister Daishi fügt hinzu: »Ich bin ein wirklich freier Mann geworden, ich habe den größten Sieg dieser Welt errungen. Ich kann hier bleiben, ich kann woanders hingehen, ich suche nichts für mich selbst. Wenn die Leute keinen Glauben haben, werde ich woanders hingehen, vorbeiziehen wie der reine Wind, der die weißen Wolken vorantreibt. Mein Kesa ist das Symbol der zehn Siege. Wenn es meinen Körper bedeckt, ist es wie eine Frau. Es setzt der Schüchternheit und der Scham ein Ende und Dank seiner kann ich den wahren Weg praktizieren. Wenn ich mein Kesa anziehe, verziehen sich die Mücken, die schädlichen Tiere, die Dämonen, die Schlangen. Wenn ich mein Kesa anziehe, erkennen die Leute in mir einen Mönch und sind tief beglückt. Wenn die Leute einen schlechten Geist haben, verflüchtigt sich dieser Geist. Das ist der größte der Schätze, das höchste Symbol dieser Welt. Wenn wir daran glauben, wenn wir es respektieren, können wir sicher als Gott wieder geboren werden. Wenn wir es tragen, wandelt sich unser schlechtes Karma in gutes Karma. Seine Farbe ist schlicht und verringert durch sich selbst die Begierden. Wir tragen dieses Kleidungsstück und können so die Wurzel unserer Bindungen für lange Zeit durchschneiden. Es verwandelt die schlechte Erde in reiche, kultivierbare Erde, deshalb nennt man es: Feld der Glückseligkeit. Selbst unsere Straftaten können Dank seiner ausgelöscht werden. Es ist wie ein Schutzschild, selbst eine vergiftete Lanze kann es nicht durchbohren.«

Dogen hat gesagt: »Selbst die Laien, Leute die keine Mönche sind, erhalten die Verdienste des Kesa, wenn sie es tragen.« Wenn ihr das Kesa tragt, und würde es nur zum Vergnügen oder im Spiel sein, selbst wenn ihr während ihr es tragt einen Profitgeist habt, kann es euren Geist umwandeln. Ein Kesa zu berühren reicht, um ein großes Verdienst zu erzeugen. Wenn ihr es anlegt, wisst ihr nicht mehr, ob ihr ein Mann oder eine Frau seid, ob ihr ihr selbst seid oder die anderen: ihr seid ein wahrhaft freies Wesen, das den größten Sieg in dieser Welt errungen hat.

Ich fahre fort mit dem Text von Meister Keizan:

»Vielleicht habt ihr euch schon einmal gefragt, was nach dem Tod von euch übrig bleiben wird? Es wird noch weniger Anzeichen des Unterschieds zwischen Illusion und Erwachen geben. Wenn ihr den ursprünglichen Geist berührt, existieren all diese Kategorien nicht mehr, selbst die vier großen Elemente und die fünf Aggregate, das heißt die Materie selbst, existieren nicht mehr. Die Starrheit unseres Geistes, die Starrheit der Materie sind dasselbe. Die Materie ist unser Bewusstsein der Dinge, also existiert sie nicht mehr. Die Welt wird wirklich substanzlos. Sie wird tatsächlich zur Welt Buddhas. Wie können euch die drei Königreiche, die zehn Schicksale von diesem Moment an noch einsperren? Wie könnt ihr euch daran binden?«

Eines Tages fragte *Manjusri* den Bodhisattva Vimalakirti: »Was ist Buddha-Arbeit?«

Dieser antwortete: »Indem er den Fehlern der Welt folgt, leistet der Bodhisattva Buddha-Arbeit.«

»Wie das?« sagt Manjusri.

»Der wahre Mönch kann alles verstehen und alles teilen.

Er kann sich in jedermanns Lage versetzen.

Er kann die fünf schlimmsten Sünden teilen, sie verstehen, ohne zu richten – die schlimmsten Sünden sind: seine Mutter töten, seinen Vater töten, Zwietracht in der Sangha säen, Buddha nach dem Leben trachten. Er kann sie verstehen, aber er ist frei von Bosheit, Schädigung und Hass.

Er kann in die Schicksale der Verdammten eintreten. Er kann trinken, mit Drogensüchtigen, Prostituierten, Gangstern und Perversen verkehren. Im Innersten seiner selbst ist er frei von jeglichem Staub der Leidenschaften.

Er kann in die Schicksale der Tiere eintreten, er entkommt der Finsternis der Unwissenheit.

Er kann ins Schicksal der *Asura* eintreten, aggressive Leute, die immer Konkurrenzkämpfe führen wollen. Im Innersten seiner selbst ist er frei von Hochmut, Dünkel und Tod.

Er kann in die Welt der Götter und des Todes gehen, die immaterielle Welt der Vorstellung. Auch in der Vorstellung wird er Verdienste erschaffen, wird er etwas lernen.

Selbst in die unbeweglichen und immateriellen Schicksale kann er gehen, er wird sich nicht mit diesen Schicksalen identifizieren.

Er folgt dem Weg der Liebe, aber er ist gleichgültig gegenüber den Vergnügungen der Liebe.

Er folgt dem Weg des Hasses, aber tief in ihm gibt es weder Hass noch Aversion gegen irgendjemanden.

Er folgt dem Weg des Irrtums, aber selbst im Irrtum besitzt er in allen Dingen Klarsicht und Weisheit.

Er folgt dem Weg des Geizes, aber er ist ohne Sorge für seinen Körper und seine Bleibe.

Er verlässt seine inneren und äußeren Güter ohne Schwierigkeiten.

Er folgt dem Weg der Unmoral, aber da er die Gefahren sieht, die der kleinste Fehler mit sich bringt, beachtet er in seinem Inneren beständig und strikt die Ordensregeln. Tief in seinem Inneren praktiziert er völlige Nüchternheit, er begnügt sich mit wenig.

Er folgt dem Weg der Bosheit und der Aversion, aber er ist völlig ohne Bosheit. Er ist fest begründet in Wohlwollen und Mitleid.

Er folgt dem Weg der Faulheit, aber er gibt sich ohne Unterlaß der Energie hin.

Er bemüht sich, alle guten Wurzeln aufzuspüren, um das Gute zu praktizieren.

Er folgt dem Weg der Verschwendung, aber er ist immer

still, auf natürliche Weise innerlich gesammelt und unerschütterlich in seinem Zazen.

Er folgt dem Weg der falschen Weisheit, aber er erreicht die Perfektion der Weisheit. Er kann die gewöhnliche, die weltliche und überweltliche Weisheit Buddhas verstehen.

Er folgt dem Weg der Heuchelei und der Prahlerei, aber seine Hintergedanken sind ausgezeichnet und er denkt nur an die Möglichkeit, die Menschen zu retten.

Er lehrt den Weg des Hochmuts, aber er ist eine Brücke und eine Festungsmauer für die gesamte Welt. Er folgt dem Weg aller Leidenschaften der Welt, aber er ist absolut unbeschmutzt und von Natur aus rein.

Er folgt dem Weg des Dämons, des Teufels, aber tief in seinem Inneren kann er von niemandem abhängig sein.

Er folgt dem Weg der Intellektuellen, aber er gibt den Wesen eine Unterweisung zu verstehen, die sie noch nie zuvor gehört hatten.

Er folgt dem Weg derjenigen, die für sich selbst praktizieren und dann ist es immer noch, um den anderen zu helfen.

Er folgt dem Weg der Armen, aber in seinen kostbaren Händen hält er nie versiegende Reichtümer.

Er folgt dem Weg der Verkrüppelten, Hässlichen, aber er ist schön.

Er folgt dem Weg der Schwachen, Niederträchtigen und Elenden, aber er besitzt einen Körper ähnlich dem des *Narayama*.

Vor allen Wesen verhält er sich wie ein Kranker, aber er hat die Angst vor dem Tod überwunden und aufgehoben.

Er folgt dem Weg der Reichen, aber er ist ohne Habsucht. Er versteht den Begriff der Unbeständigkeit vollkommen.

Er organisiert zahlreiche Feste mit Mädchen, aber er pflegt die Abgeschiedenheit und hat den Schlamm der Begierden überwunden.

Er folgt dem Weg der vier Elemente und fünf Aggregate – das heißt der Materie – aber er hat die Formeln in seinem Besitz.

Er folgt dem Weg der Ketzer ohne selbst ein Ketzer zu sein.

Er folgt den Schicksalen der ganzen Welt und verjagt sie alle.

Er folgt dem Weg des Nirwana, aber verlässt den Lauf des Samsara, das illusorische Leben, nicht.

Er scheint die Erleuchtung erlangt zu haben, das Rad des Dharma drehen zu lassen und ins Nirwana einzugehen, aber er übt seinen Bodhisattvadienst ohne Unterbrechung aus.

Indem er diesem folgt vervollkommnet der Bodhisattva seine Buddha-Arbeit.«

Darauf sagte der Bodhisattva Vimalakirti zu Manjusri: »Was hast du verstanden?«

»Die Familie Buddhas«, antwortete Manjusri »ist die Anhäufung verfaulter Dinge. Es ist die Familie der Unwissenheit, des Durstes, des Widerstandes, des Hasses, des Irrtums, die Familie der Liebe, die Familie der vier Verachtungen, der fünf Hindernisse, die Familie der acht falschen Wege, die Familie der neun Gründe der Verärgerung, die Familie der zehn falschen Wege der Handlung. Kurz, sie ist die Familie des Tathagata.«

»In diesem Augenblick,« sagt Meister Keizan, »gibt es keine Welt zum verlassen, gibt es niemanden und nirgends zu leben. Aus diesem Grund nennt man das seine Bleibe verlassen«.

(Macht keine einzige Bewegung, kein einziges Geräusch; konzentriert euch nur auf den Gesang der Grillen und auf die miauende Katze.)

»Wenn ihr fähig seid, diesen ursprünglichen Geist zu verstehen, gibt es kein Zeichen von Anfang oder Auslöschen mehr. Dieser ursprüngliche Geist ist wichtig, weil er unser ist,

und es ist wichtig zu verstehen, dass es kein Zeichen von Anfang oder Auslöschen mehr gibt, das heißt die Struktur und
das Wesen des ganzen Kosmos zu verstehen.

Wenn ihr fähig seid, das in eurem Leben zu erfahren, exis-
tieren die vier Elemente und die fünf Aggregate nicht mehr.
Die Welt wird substanzlos, sie wird also tatsächlich die Welt
Buddhas.

Wenn man die Substanz der vier Elemente und der fünf
Aggregate erfasst, das heißt die Materie, unseren Körper, gibt
es in diesem Augenblick niemanden zum Verlassen, gibt es
niemanden um nirgends zu wohnen. Deshalb nennt man das
seine Bleibe verlassen, denn es gibt niemanden, um darin zu
wohnen, das Haus ist zerstört, der Mensch verschieden, tot.

Wenn man die wahre Substanz von allem was existiert
und von allem was greifbar ist, erfasst, dann verschwinden Illusion und Nirwana von selbst, ohne jegliche Notwendigkeit,
weggefegt zu werden, der Körper und die Bindungen verge-
hen von selbst, ohne dass es nötig wäre, sie zu verlassen.

Seit Kalpa und Kalpa werdet ihr nicht gestört durch die
Zeichen der vier Kalpa, welche die des Ursprungs, die der
Substanz und der Beständigkeit, die der Veränderung und
der Zerstörung, die des Nichts, des absoluten Nichts sind.
Ganz wie der Himmel, der ohne Innen und Außen ist. Der ursprüngliche Geist aller Wesen ist in seiner Unendlichkeit so.
Ein Mönch hat also überhaupt keine Angst davor, ein Laie zu
sein, er ist überhaupt nicht stolz darauf, Mönch zu sein, er
hört nur auf, die Dinge außen zu suchen und nimmt sie innen
wahr. Außerdem, liebe Leute, versucht einen Moment lang
peinlich genau hinzusehen, ohne euren Geist nach allen Seiten zu zerstreuen, in alle Richtungen, in die Zukunft und die
Vergangenheit. Was könnt ihr in genau diesem Moment euch
selbst nennen, was könnt ihr die anderen nennen? Was könnt
ihr gut oder schlecht nennen; ob ihr jener dort seid, ob ihr so
seid? Der ursprüngliche Geist ist euch von Anfang an offen-

bart worden, ebenso strahlend wie der Mond und die Sonne. Es gibt keinen einzigen finsteren Ort, der nicht erleuchtet wäre.

Erlaubt mir auch,« sagt Keizan,»euch ein Gedicht darzubieten:

> *Die Erde der Buddhas,*
> *Das ursprüngliche Königreich*
> *Ist völlig gewöhnlich,*
> *Ohne einen Zentimeter,*
> *ohne einen Millimeter unnützen Krauts.*
> *Und an diesem Ort,*
> *gibt es dort ein Zimmer*
> *für die Praxis von Zazen?«*

Was ist ein Kalpa? Der ursprüngliche Geist ist euch von Anfang an offenbart worden.

Diese Begriffe könnten für Wissenschaftler äußerst interessant sein. *Hubert Reeves* spricht von der Zeitdauer eines Kalpa alten Texten zufolge, das heißt die Lebensdauer eines gewöhnlichen Atoms: »Man sagt ihnen etwa hundert Millionen, Millionen und Abermillionen von Jahren voraus, was heißt, dass unser Planet alle 10.000 Jahre ein Gramm Materie verliert. Die Zeit vergeht und der Moment wird kommen, in dem in mehrmals 10 hoch 32 Jahren keine Materie mehr übrig sein wird. Das wird dann das Kalpa des Nichts sein.« In der hinduistischen Tradition sagt man, dass sich die unvermeidliche Zerstörung des Universums nach einer Zeitspanne ereignet, die Kalpa genannt wird.

Buddha sagt:»Wenn alle 100 Jahre ein Greis kommt und mit einem Taschentuch aus feinster Bénares-Seide einen Berg streift, der höher und stärker ist als der Himalaja, wird der Berg nach einem Kalpa auf den Meeresspiegel heruntergeschliffen sein.«

»Also«, sagt Hubert Reeves, »habe ich mir die Zeit damit vertrieben, eine Rechnung aufzustellen: Die erforderliche Zeit ist gänzlich gleichzusetzen mit den 10 hoch 32, die ich weiter oben genannt habe.«

Es gibt eine Menge sehr interessanter Dinge in der modernen Wissenschaft. In Wirklichkeit kennt man die Substanz der Materie, und obwohl man von einem Zeitbegriff ausgehen kann, existiert dieser Zeitbegriff nicht. Selbst wenn man die Zeit eines Kalpa errechnen könnte – wenn diese Zeit existiert – ist das nicht eine Zeit, die von einem Monat zum nächsten geht, es ist nicht eine Zeit, die sich bewegt.

Diese Begriffe sind sehr schwer zu verstehen, weil sich im Kosmos alles bewegt, aber nichts sich bewegt. Genauso wie wenn ihr die Wolken betrachtet. Von Wolken kann man viel lernen. Manchmal hat man den Eindruck, dass sie in die Höhe steigen, dass sie sich ohne Unterlass nach oben bewegen, und zur gleichen Zeit bewegen sie sich nicht, das ist wie eine optische Täuschung.

Wir befinden uns momentan im Kalpa des Wandels und der Zerstörung, das heißt, wenn da Wandel ist, ist da letztendlich automatisch Zerstörung. Aber man könnte sagen, dass die vier Kalpa dieselben sind:

Das Kalpa des Ursprungs, der Urknall: die winzig kleine Zeit des Urknalls, zu der man niemals wieder zurückkehren kann, diese unendliche Zeit des Ursprungs, der Schöpfung des Universums, dauert ein Kalpa.

Danach das Kalpa des Wandels und der Zerstörung: das ist die unaufhaltsame Ausdehnung des Universums. Für uns ist das schwer zu verstehen, weil wir denken, dass es, wenn es Expansion gibt, zwangsläufig einen Ausgangspunkt und Expansion hin zu etwas gibt. Tatsächlich ist Expansion Bewegung ohne Grenzen. Man sagt Kalpa, denn wenn man am Anfang keinen Zeitbegriff nennen würde, könnte es keinen Begriff von Ursprung oder Wandel geben.

Dann gibt es das Kalpa der Leere, des absoluten Nichts. Außerdem gibt es das Kalpa der Substanz, der Beständigkeit. Eigentlich sind dies Aspekte des Geistes, weil das Universum und der Geist keine verschiedenen Dinge sind. Das ist wie der Himmel, der weder Außen noch Innen hat. Das heißt, zu entdecken, dass der ursprüngliche Geist uns von Anfang an offenbart wurde.

Legt die Hände gut auf die Oberschenkel oder auf die Füße und gegen den Bauch. Ihr könnt ein Tuch benutzen, um die Hände zu unterstützen, aber sie müssen sanft liegen. Die Schultern fallen nach unten. Setzt euch hin und bringt euch ins Gleichgewicht, indem ihr euch sechs oder sieben Mal hin und her pendelt, bevor ihr mit Zazen beginnt.

Während der Vorbereitungszeit sind die Anfänger eingeladen, die richtige Zazenhaltung so gründlich wie möglich zu studieren. Ihr könnt also so viele Fragen stellen wie ihr wollt, besonders dem Shusso, Barbara, und den alten Schülern, nicht den Säufern, aber den normalen alten Schülern. Wenn man Anfänger ist, möchte man gerne wissen. Und wir, die Alten, wenn Anfänger da sind, entdecken wir mit ihnen wieder, was die Haltung ist, kleine Details, die wir vergessen hatten. Man muss versuchen, seine Haltung zu vervollkommnen, wie eine Skulptur, die man immer mehr verfeinern möchte. Am Ende kennt man jeden Millimeter.

Man darf keine Gewohnheiten annehmen, noch an seinen Schwächen Gefallen finden. Selbst wenn man ein jahrelanger Stammgast des Zazen ist, hat man Punkte zu korrigieren und es ist schwierig, das verlangt Anstrengung. Manchmal muss man sogar Anstrengungen in seinem Leben unternehmen, um seine Zazenhaltung korrigieren zu können: Nachdenken über seine Art zu leben, seine Ernährung, seine Hygiene, seine sexuellen Beziehungen, seine menschlichen, familiären Beziehungen, seine Freunde, seine Stadt, seinen Lebensraum, sein

Land, die ganze Welt. All das gehört zum Studium der Haltung.

Die Haltung der Anfänger am ersten Tag ist dieselbe wie die des allerletzten Augenblicks des Nirwana, in dem ihr Buddha ähneln werdet. Nicht nur ähneln: ihr werdet Buddha, Gott sein. Dafür lernt man Zazen. Das ist also ein sehr, sehr langes Abenteuer, das die Grenzen unseres Lebens weit überschreitet.

Mondo: Fragen an den Meister

Was ist Freiheit?

Ich weiß es nicht!... Freiheit, wir können nicht wissen, was es ist, es gehört nicht zum menschlichen Bereich. Wenn ich euch sagen würde, was Freiheit ist, wäre es schon keine Freiheit mehr. Man kann nicht sagen: »Das ist Freiheit!«, ihr würdet euch an eine Definition von Freiheit ketten.

Ich glaube, dass die Indianer Amerikas die Welt nicht in Freiheitsbegriffen sahen. Niemals hat ein Indianer von Freiheit gesprochen. Freiheit ist ein Begriff des Gefangenen, nicht des freien Menschen. Wahre Freiheit ist natürlich. Die Indianer sehen die Erde als lebendig an, als ein lebendes Wesen, und jede Form der Erde ist Ausdruck dieses Körpers, der die Erde ist. Sie gehen davon aus, dass auch die Menschen Teil dieses Körpers sind.

Die Indianer haben Samenkörner gesät, sie haben Getreide, Gemüse gepflanzt. Sie haben Bison- und Pferdeherden gezüchtet oder unterhalten. Tatsächlich haben sie alles, was es gab, gänzlich genutzt, und alles lief sehr gut, aber immer mit tiefem Respekt und einer intimen Kommunikation mit allem was existiert, einschließlich Felsen, Steinen, etc.

Als sie die Weißen kommen sahen, die das ganze Land rodeten, und dort wo es Formen der Erde gab, Zack! – alles herausrissen, schön gerade pflanzten, rechteckige Felder anlegten ... Für sie war es, als ob sie gesehen hätten, wie jemand auf der Straße erstochen wird. Sie sagten:»Seht ihr nicht? Ihr verletzt die Erde, ihr richtet sie zugrunde!« Sie waren sofort vollkommen schockiert:»Sie wird euch Unglück bringen!« – denn die Erde bringt euch Glück oder Unglück.

Niemals hat ein Indianer auch nur einen Gedanken an Freiheit verschwendet. Sie glaubten an die gegenseitige Abhängigkeit, an das Leben in Harmonie mit den Dingen, die existieren – das ist offensichtlich, man braucht es noch nicht einmal zu erklären –, in gegenseitiger Abhängigkeit mit den Realitäten: nicht nur mit Bäumen, Bergen usw. ..., sondern auch mit anderen Menschen.

Es gibt keine Freiheit, das existiert nicht. Es gibt gegenseitige Abhängigkeit, Respekt, harmonischen Austausch oder eben nicht, das ist alles! Freiheit ist wirklich eine Aspirintablette für Sklaven.

22

Das stille Sutra

In dem *Prajna Paramita*, dem Sutra der großen Weisheit, wird gesagt, dass man stille Kusen halten kann, das heißt, durch sein Bewusstsein, durch sein Denken. Das mache ich im Moment gerade. Was ich fühle, was ich denke, es reicht, es in Stille zu fühlen und zu denken, das prägt die unsichtbare Welt.

Mit Worten kann man immer reden, aber manchmal tun sie zu sehr weh, man fühlt so viele Dinge, dass Worte nicht ausreichen, um sie auszudrücken. Die Leute sind zu daneben, sie können die Wahrheit nicht auf einen Schlag verstehen, können sie nicht akzeptieren. Aber Zazen kann die Wahrheit ausdrücken, selbst durch Stille. Außerhalb der Zeit wird uns diese Wahrheit im rechten Moment berühren.

Eines Tages hatte der König *Anyatara*, den Meister Bodhidharmas, kritisiert. Er hatte ihm gesagt: »Ihr sagt, dass Ihr ein buddhistischer Mönch seid, Ihr macht Zazen, aber Ihr rezitiert die Sutren nie.«

Darauf antwortete der Meister dem König: »Jede meiner Einatmungen, jede meiner Ausatmungen drückt das absolute Sutra aus und ihre Wirkung ist äußerst effizient.«

Das Denken der meisten Leute, ihr Bewusstsein während Zazen, ist nicht im Geringsten ein Sutra, sondern der Gesang des Egoismus. Das Bewusstsein von Anyatara und das eines Egoisten, des Bodhisattva und desjenigen, der Zazen für sich macht, sind also unterschiedlich. Das Bewusstsein des Egoisten tut weh, das Bewusstsein des Bodhisattva kann unendlich viele Wesen retten.

Ihr habt ein Loch zum Atmen, ein Loch zum Schlucken, irrt euch nicht. Manchmal könnt ihr einatmen in das Loch zum Schlucken. In Spanien habe ich eine Atmungsweise erläutert, die uns Sensei besonders für Kin Hin gelehrt hat. Wenn man von der Aus- oder der Einatmung spricht, geht es nicht nur darum, Luft auszublasen, Luft einzuatmen, das ist wirklich Atmung der ersten Stufe. Im Chinesischen bedeutet Atem Energie, Energie des Atems. In China fügt man allen Dingen Atem zu, selbst der Nahrung: der Yin-Atem, der Yang-Atem, der Atem der Lebensmittel, der Atem der Luft, der erbliche Atem, der wahre Atem... Im Japanischen heißt das *Ki*, im Chinesischen Chi. Ich bevorzuge das chinesische Wort, weil es wie Atem klingt. Selbst der Geist kann die Atmung durchtränken, wie es Meister Anyatara, der Meister Bodhidharmas, gesagt hat.

Sensei sprach von der Atmung. Er hatte eine sehr starke Atmung. Er sagte: »Niemand in Japan hat eine ebenso starke Atmung wie ich!«

Man sagt auch, dass es den internen und den externen Atem gibt, die externe und die embryonale Atmung. Das bedeutet, dass man vor der Geburt auf eine andere Weise geatmet hat, ohne Lungen, und dieser Atemrhythmus noch immer im Inneren existiert. Während Zazen muss sich der Rhythmus der externen Atmung mit der embryonalen Atmung in Einklang bringen. Das hat Buddha *Anapanasati* genannt.

Wie soll man Atmen? Meister Deshimaru sagte: »Manchmal ist die Atmung schnell, manchmal ist die Einatmung lang und die Ausatmung kurz, manchmal ist die Ausatmung lang und die Einatmung kurz.« Ihr müsst mit eurer Atmung der kosmischen Ordnung folgen. Wenn die interne und die externe Atmung im Einklang sind, folgt die Atmung gänzlich der kosmischen Ordnung.

Wenn man uns sagt: »Atmet lang, tief und unmerklich aus«, ist das, als ob man aus Büchern lernen wollte, wie man Liebe macht, als wenn man mit dem Lehrbuch in der Hand Liebe machen wollte. Die Erklärungen des Buches und die Umsetzung in die Praxis sind verschieden. Wenn der Moment gekommen ist, um tief auszuatmen, wobei man den Bauch nach unten loslässt und auf die Eingeweide drückt, werdet ihr es völlig natürlich, tief und leicht tun, wie Kühe, die nie speziell darauf trainiert worden sind »Muh!« zu machen. Zazen enthält in sich selbst die Atmung Buddhas. Ich bin sicher, dass ihr völlig entspannt und im Normalzustand wart, als ihr noch im Bauch eurer Mutter wart.

Sensei hat uns vor allem geraten, uns bewusst zu machen, was während der Ausatmung passiert. Die Westeuropäer tun im Allgemeinen das Gegenteil dessen. Außer bei denen, die viel Bier trinken, sinkt die Energie nicht unter den Nabel. Sie ist oft auf der Höhe des Herzens, der Schultern oder des Solarplexus blockiert. Sehr oft sind gestreßte Leute im Begriff, einzuatmen.

Sensei sagte: »Atmet aus, atmet aus, atmet aus, bringt die Energie nach unten, senkt den Atem unter den Nabel.« Plötzlich sagt man sich: »Guck an! Der Atem bewegt sich, er hebt sich, er senkt sich und mit ihm unser Bewusstsein und unser Geist.« Er wird die geheimnisvolle Welt und die Quellen unseres Seins entdecken.

Mir fällt auf, dass der Altar dieses Dojo nicht gut ist, von seinen Dimensionen her, seiner Höhe: Wenn man *Choko* verbrennt, bückt man sich. Die Statue, der Kopf Buddhas, muss höher sein als unserer. Ich habe einen deutschen Freund, der größer als zwei Meter ist, also dann... Der Rand des Weihrauchgefäßes muss ungefähr auf Höhe der Stirn und das Choko müsste ungefähr auf Höhe unseres Herzens sein. Das ist wie die Zazenhaltung.

Ich erinnere mich, dass die japanischen Schüler am Ende der Bauarbeiten am Dojo der Gendronnière sagten: »Wir werden einen Altar bauen.« Sie hatten einen monumentalen Altar gebaut, ungefähr vier Meter hoch (was heute als Altar dient, war die Treppe, die ins erste Stockwerk führte). Wir Franzosen, sehr materialistisch, hatten viel gearbeitet und unser Mönchsgelübde vergessen. Weil wir den ganzen Tag lang mit dem Hammer herumklopften, war unser Geist ein bisschen hart geworden. Als wir das Dojo fertig gestellt hatten, hatten die Japaner ihren Altar gebaut und wir reinigten die Baustelle. Als wir mit dem Putzen fertig waren, füllten wir einen Mülleimer, den wir oben auf den Altar stellten, auf den Platz Buddhas. Wir haben uns kaputtgelacht...

Im Prajna Paramita heißt es, dass ein einziger Gedanke eines Bodhisattva ein Jahr Arbeit eines Shravaka an Kraft übersteigt.

Man spricht immer von drei Buddhakategorien: Jene, die Zazen durch Worte verstehen; jene, die Zazen für sich selbst benutzen wollen, die eine bewusste Praxis haben, und die wahren Buddhas.

Am Ende, nach einem Jahr Arbeit, wollte Sensei eine große Zeremonie für das Dojo machen, und wir, die kleinen Schüler, wir hatten das Gefühl, eine sehr wichtige Arbeit geleistet zu haben. Wir dachten, dass diese Zeremonie Folklore war. Das Wichtige für uns war unsere ehrliche Arbeit. Aber in Wirklichkeit enthielt ein einziger Gedanke Senseis viel mehr Verdienste als ein Jahr unserer Arbeit, heute verstehe ich das.

Wenn man ein Haus baut, muss man das immer in eine religiöse Praxis einbeziehen. Wenn man duscht, ist es das Gleiche: die spirituelle Handlung geht über die physischen Kapazitäten hinaus. Alle Handlungen sollten eine Dimension des

Bodhisattva annehmen, die über die Grenzen unseres Körpers und unseres Lebens hinausgeht. Man duscht sich nicht nur für sich selbst, sondern auch für die anderen. Vor allem die Männer auf der rechten Seite des Dojo, ihr solltet euch jeden Tag duschen. Manche denken: »Ach... es regnet, dann geht's ja...« Man kann das Dojo nicht betreten, wenn man sich nicht gewaschen hat. Wenn man das Dojo betritt, muss man sein Bestes schenken und nicht wie ein Schwein daherkommen und etwas für sich selbst nehmen.

Genjo Koan, zehnter Satz:

»Wenn jemand ein Boot besteigt, wenn er mit dem Boot reist, wenn er das Ufer und die ihn umgebende Landschaft betrachtet, wird ihm der Fehler unterlaufen zu glauben, dass es das Ufer ist, das sich bewegt.

Aber wenn sein Blick auf das Boot geheftet bleibt, wird er verstehen, dass es in Wirklichkeit das Boot ist, das sich fortbewegt.

Ebenso ist es, wenn wir versuchen, das Wesen der Phänomene durch unsere konfuse Wahrnehmung zu verstehen, wir werden sagen, dass unser eigenes Wesen, unser Sein, den Zustand der Beständigkeit bekleidet.

Aber wenn wir der rechten Praxis folgen, uns nach ihr richten und zu unserem Ursprung zurückkehren, werden wir das Prinzip des Weges deutlich verstehen, dem zufolge alle Daseinsformen nicht wirklich sie selbst sind.«

Man sagt, dass, wenn der Mönch versteht, was Dogen in diesem Satz zu erklären versucht, er wirklich in seine Berufung als Mönch, als Bodhisattva eintritt und nicht mehr umkehren wird. Er wird nicht mehr straucheln. Er wird geradewegs bis zum Samadhi, bis zum *Nirwana* gehen.

Das wahre Nirwana Buddhas beinhaltet das absolute Verständnis aller Phänomene und ihrer Beschaffenheit.

Das ist nicht nur ein Nirwana für einen selbst, ein Nirwana für die Vervollkommnung seines Wesens, sondern für die Lösung des Problems aller Lebewesen. Das ist ein ziemlich umfangreiches Vorhaben... Man kann nur mit dem gesamten Universum wirklich ein ganzer Buddha werden. Manche geben vor, dass man das Nirwana ganz allein erreichen kann, indem man die Bindungen abschneidet, die Wünsche abtrennt, indem man einen Zustand persönlicher Reinheit erreicht, indem man sich von der Illusion befreit, aber im Mahayana Buddhismus heißt das Nirwana zu erreichen, das Wesen seines wirklichen Geistes zu verstehen.

Das ist die Bedeutung dieses Satzes: nicht den Fehler zu begehen, zu glauben, dass es das Ufer ist, das sich bewegt, auch wenn man uns das von Geburt an gelehrt hat. Deshalb unterscheidet sich die Lehre des Zen von der gewöhnlichen Unterweisung, die macht, dass wir versuchen, die Dinge durch unsere konfuse Wahrnehmung zu verstehen, während wir noch nicht einmal das Wesen von dem, was wahrnimmt, kennen. Wir sind davon überzeugt, dass unser Ego uns gehört, und dass es dauerhaft ist, vom Rest getrennt, aber wenn man die wahre Unterweisung erhält, versteht man, dass alle Existenzen nicht wirklich sie selbst sind. Dann verändert sich die Dimension unseres Lebens völlig, man kann sich die Zeit damit vertreiben, der kosmischen Ordnung zu folgen.

Der große Meister, der dieses Thema am besten erklärt hat, ist *Sosan*, der dritte Patriarch, weil es seine Lebensfrage war, es war sein Satori. Ich werde diesen Satz im Licht seiner Unterweisung in dem Shin Jin Mei kommentieren (tatsächlich waren es seine Schüler, die seine Vorträge mitgeschrieben haben).

Dies sind die ersten Schriften des chinesischen Zen: »Wenn ihr versteht, dass ihr nicht wirklich ihr selbst seid, könnt ihr das ewige Leben erreichen.«

Sensei sagte, dass Zazen keine Meditation ist. Warum sagte er das? In der Haltung selbst existiert alles in gegenseitiger Abhängigkeit. Die Stütze von Zazen ist unser Körper und dennoch heißt Zazen, sich dieses Körpers zu entledigen. Man denkt, dass es das Ufer ist, das sich bewegt, man sagt zu den Leuten:»Zieht das Kinn ein.« Wie soll man das Kinn einziehen? Wenn man natürlich nur das Kinn betrachtet, womit wird man es einziehen? Nicht mit dem Kinn. Wo befindet sich unser eigenes Boot?

Meister Sosan hat dieses Verhältnis von gegenseitiger Abhängigkeit zwischen dem Subjekt und dem Objekt am besten ausgedrückt. Dieses Verhältnis von gegenseitiger Abhängigkeit heißt Geist. Der Geist existiert weder außen noch zum Objekt hin, weder innen, noch im Subjekt, noch zwischen den beiden.

Man weiß nicht, woher Meister Sosan kam, als er das erste Mal seinen Meister Eka traf – der Mann, der sich den Arm abgeschnitten hatte, damit Bodhidharma ihn als Schüler akzeptierte. Sensei sagte:»Wer von meinen Schülern wird sich den Arm abschneiden?« Den linken Arm mit dem rechten Arm abzuschneiden, das ist ein weiteres Verhältnis gegenseitiger Abhängigkeit. Man kann sich den linken Arm nicht mit dem linken Arm abschneiden. Man kann sich den linken Arm nur mit dem Geist abschneiden.

Meister Sosan war zu der Zeit nicht Mönch, und Meister Eka war eine Art wilder Mönch, ohne festen Wohnsitz, ohne Tempel, ohne Adresse, arm. Er reiste von Stadt zu Stadt, er hielt erstaunliche Vorträge, wie niemand sie jemals zuvor gehört hatte. Die Leute glaubten, den Buddhismus zu kennen, und als sie Meister Eka hörten, waren sie verblüfft, es war ihnen, als wenn sie den Buddhismus anfassen könnten. Während eines Vortrags kam der Laie Sosan hinzu und als er die Unterweisung des Meisters hörte, begann sein Herz zu schlagen. Sosan war bedauernswert, er hatte Lepra, befand sich in der Hölle. Sein Familienname ist unbekannt. Er war etwa 45 Jahre alt. Plötzlich hat er sich vor die Menge gedrängt, vor den Patriarchen und hat Sampai gemacht. Er sagte:»Meister, habt Mitleid mit mir! Mein Körper ist mit Lepra infiziert. Ich flehe Euch an, selbst wenn Ihr mich nicht heilen könnt, reinigt mich, befreit mich, reinigt mich von meinen schlechten Taten!«

Wenn man krank ist, fühlt man sich schuldig. Mein Freund Badrakan, der Mediziner war, sagte mir:»Die Gefangenen, die, die im Gefängnis sind, fühlen sich krank, die Kranken, die, die im Krankenhaus sind, fühlen sich schuldig.«

»Ich fühle mich schmutzig, ich fühle mich krank! Lepra ist ekelhaft! Ich bin schlecht!«

Darauf schaute Eka ihn an und sagte ihm:»Zeigt mir Eure schlechten Taten und ich werde sie reinigen.«

Wenn ein Meister euch bestimmte Fragen stellt, schleudern sie euch gewaltsam in euer Inneres. In so einem Moment kann man die Intelligenz nicht benutzen. Man ist wie ein Stummer, man macht böh, böh, böh... Man denkt nicht, spricht nicht, man bemüht sich, Anstrengungen zu unternehmen, wie in einem Traum, wenn man zu rennen versucht, aber nicht vorwärts kommt. Das hat Eka in Sosan ausgelöst. Letzterer blieb einen Moment lang still und schließlich gelang es ihm, sich auszudrücken. Die ersten Worte, die in so einem Moment hervorkommen, sind rein und wahr, naiv. Er sagte:»Wenn ich meine schlechten Taten suche, finde ich nichts mehr. Ich kann weder sagen, worin ich mich irre, noch wann ich mich geirrt habe oder woraus meine Fehler bestehen.«

Darauf antwortete Eka:»Bitte sehr, ich habe meine Arbeit getan, ich habe Euch gereinigt – denn der Mann, der seine Fehler suchte, war rein. Jetzt sollt ihr Mönch werden.«

» Wenn wir versuchen, das Wesen der Dinge nur durch unsere konfuse Wahrnehmung zu verstehen, werden wir den Fehler machen, zu glauben, dass unser eigenes Wesen den Zustand der Dauerhaftigkeit bekleidet.«

In Spanien habe ich von der Wichtigkeit der exakten Haltung der Hände gesprochen, jetzt haben diejenigen, die in Spanien waren, eine schöne Haltung der Hände – nicht nur der Hände übrigens.

Oft ist man gezwungen, eine Anstrengung zu machen, um seine Haltung an die übermittelte Lehre anzupassen. Wenn man nur der Einfachheit folgt, deformiert sich die Haltung. Einige bestimmte Punkte, wie die Hände, sind sehr wichtig, ich glaube, dass der Shusso euch das zu Anfang gelehrt hat. Die Haltung der Augen ist ebenfalls sehr wichtig. Da wir gerade von der Subjekt – Objekt Beziehung sprechen, der Geist geht durch die Augen hinaus und kommt genauso durch die Augen wieder herein. Unser Bewusstsein geht durch die Augen hindurch, selbst wenn man sie schließt, selbst wenn man blind ist. Auch da muss man Deformationen korrigieren, das ist schwieriger zu erklären als die Haltung der Hände.

Seine Haltung korrigieren heißt, sein Leben völlig zu verändern. Für die Anfänger jedenfalls ändert Zazen ihr Leben völlig. Dagegen nach zehn, 20, 30 Jahren Praxis wird es sehr schwierig, sich zu korrigieren. Am Anfang, wenn man die Zazenhaltung erlernt, ist es auf sehr äußerliche, technische Art; der Körper, die Eingeweide und die Seele haben sie noch nicht in sich aufgenommen.

Für die Leute, die ihr ganzes Leben lang ernsthaft praktizieren, die jeden Tag praktizieren, bekommt die Haltung große Wichtigkeit, einen fundamentalen Platz. Wir stehen am Anfang der Bodhisattvalaufbahn. Man kann nicht nur 20 oder 30 Jahre zählen, die Zeit, die man braucht, um das Werk Buddhas zu verwirklichen, ist unberechenbar, sie ist jenseits der Begriffe von Geburt und Tod. Wir haben also noch viele, viele, viele Korrekturen vorzunehmen, neue Dinge zu entdecken, eine neue Dimension des Zazen, von der wir nichts ahnen und der wir niemals begegnen werden, wenn wir ein stumpfsinniges Zazen in einer schlechten Haltung machen.

Man sagt: »Zazen selbst ist Buddha. Kein Problem! Jedenfalls bin ich Mushotoku!« und man gefällt sich in seinen schlechten Gewohnheiten. Sie werden letztlich ziemlich bequem, wie alte, schön ausgelatschte Pantoffeln. Wenn man euch dann danach korrigiert oder ihr euch selbst korrigieren wollt, ist das zu Anfang sehr unbequem, wie neue Schuhe tragen: man bekommt Blasen, möchte zu seinen alten Gewohnheiten zurückkehren, man zweifelt ob die richtige Haltung besser ist. Wenn ihr euch aber aufrafft, beginnt ein neues Leben, ein neues, frisches, großes Bewusstsein.

Zusammenfassung dieser Sätze Dogens, in verständliche Sprache übersetzt:

»In eurem Leben seht ihr um euch herum viele Phänomene, viele Existenzen, viele Objekte, aber wenn ihr das Glück habt, euren eigenen Geist kennen zu können, euer eigenes kleines Boot innig zu betrachten, werdet ihr sehen, dass all diese Existenzen, all diese Dinge, die euch umgeben, in Wirklichkeit euer Leben sind, das sich bewegt. Und wenn ihr euer Wesen noch eingehender betrachtet, werdet ihr sehen, dass auch dieses nicht aus sich selbst heraus existiert.«

Am Ende existiert keine Existenz, kein Ding durch sich selbst. Das ist eine äußerst wichtige und tiefgehende Unterweisung. Diese Sätze sind die tiefe und geheime Essenz des Shobogenzo – wenn man im Zen »geheim« sagt, bedeutet das nicht etwas, das man nicht weitersagen soll, sondern etwas, das man nur durch sich selbst entdecken kann. Selbst wenn es von Meister zu Schüler weitergegeben werden kann, kann man es nur allein verwirklichen, das nennt man »geheim«. Das Geheimnis enthüllt sich uns selbst.

Man sagt, dass das Hannya Shingyo die Essenz, das Konzentrat der 500 Bände des Prajna Paramita ist. Die Übersetzung des Hannya Shingyo hat annähernd die gleiche Bedeutung wie dieser Satz des Genjo Koan von Meister Dogen. Es steht dort geschrieben: Go Un Kai Ku, »die fünf Aggregate der Anhaftung sind Ku«, das heißt, sie existieren nicht durch sich selbst. Die fünf Aggregate, die fünf Skanda, von denen man spricht, sind eine Teilung, eine Analyse von dem, was man für das Ego hält.

Wie funktioniert das Bewusstsein von einem selbst?

Zunächst ist da das externe Phänomen oder der Körper, oder die Materie, oder die Sache. Dann gibt es die Wahrnehmung dessen. Wenn es dann einmal dieses Zusammentreffen gegeben hat, gibt es eine Empfindung. Diese Empfindung provoziert ein Ungleichgewicht in uns und innerlich entsteht eine Bewegung. Wenn man zum Beispiel etwas Witziges wahrgenommen hat, provoziert das eine Reaktion in uns, die uns sagt, dass das witzig ist, also lacht man. Danach klammert man sich an dieses Phänomen und lacht weiter, man kann nicht mehr aufhören. Diese Entwicklung in fünf Etappen nennt man die fünf Aggregate. Durch das Zusammentreffen mehrerer Elemente hat man die Illusion, gut, schlecht zu sein, ein autonomes Ego zu haben, ein »Ich«.

Aber im Prajna Paramita sagt Meister *Nagarjuna*:

»Denkt nach, betrachtet euer eigenes Boot genau. Wenn ihr wirklich ein autonomes Ego hättet, wäre es zum Beispiel unmöglich, Schmerz zu empfinden. Der Schmerz also ist die Substanz, das Feld der gegenseitigen Abhängigkeit.«

Ich habe erklärt, dass man den rechten Arm benutzen muss, um sich den linken Arm abzuschneiden, dass man das Kinn nicht mit dem

Kinn einziehen kann. Immer ist es ein Verhältnis gegenseitiger Abhängigkeit. Wenn es also ein starres, autonomes Ego gäbe, wäre es unmöglich, Schmerz zu empfinden. Man empfindet immer in Bezug auf etwas, in Bezug auf einen Stützpunkt.

Deshalb heißt es: »Es gibt Ignoranten, die den Körper und das Denken für ihr Ego halten, und Stück für Stück kommen sie dahin, sich fest daran zu binden. Das beweist, dass ihnen das Gesetz der Unbeständigkeit, Mujo, nicht bewusst ist«. Nicht nur in der Zeit ist alles unbeständig, sondern auch im Raum.

Weiter sagt der Meister: »Der Körper ist ohne Meister, aber dennoch tut er vielerlei Dinge.«

Wie funktioniert das?

»Das ist einfach«, sagt er, »wir haben sechs Sinnesorgane. Für jedes dieser Organe gibt es Dinge wahrzunehmen: Farben, Gerüche, Töne, Geschmack, Dinge zum Anfassen, Ideen oder Gedanken. Wenn ein Organ ein Objekt berührt, entsteht etwas, das man Bewusstsein oder Kontakt nennt. Aus diesem Kontakt entstehen die Empfindungen, die Erinnerungen, die Taten – das ist wie beim Feuermachen: man muss eine Lupe haben, Sonne, Brennmaterial, ein Verhältnis gegenseitiger Abhängigkeit zwischen mehreren Dingen. In Wirklichkeit also gibt es kein Ego, weil die Eigenschaften davon nicht existieren. Damit eine Sache existiert, muss sie Charakteristika, einen Aspekt haben.«

Tatsächlich, wie Sosan sagte, kann man den Charakter dieses Ego nicht fassen, kann man ihn weder in Zeit noch in Raum einordnen, also sagt man, dass er nicht existiert.

In diesem Moment schreitet jemand ein: »Aber schließlich gibt es zum Beispiel die Atmung, das beweist, dass wir existieren. Man kann nach rechts, nach links schauen; es gibt das Leben, das Denken, den Schmerz, Zuneigung, den Willen, die alle Charakteristika des Ego sind. Wenn es kein Ego gäbe, wer würde atmen, wer würde nach rechts oder nach links schauen, wer würde denken, wer hätte Knieschmerzen, wer würde lachen? Man weiß also, dass ein Ego im Inneren dieses Lebens existiert. Wenn es dieses Ego nicht gäbe, wäre man schlafenden Kühen gleich. Aber weil es ein Ego gibt, kann es das Denken steuern, die Phänomene ohne jegliche Nachlässigkeit durchdringen. Selbst wenn unsere Nase das Ego nicht kennen kann, unser Mund auch nicht, wissen wir, weil wir eine Nase, einen Mund, Augen haben, dass das Ego existiert.«

»Ja!« antwortet der Meister, »das ist ein interessanter Einwand. In Wirklichkeit aber existieren all diese Eigenschaften, die ihr gerade angeführt habt, nicht. Weil es Bewusstsein gibt, gibt es Atmung; weil es Bewusstsein gibt, schaut man nach rechts oder links; weil es Bewusstsein gibt, gibt es Leben. Und wenn das Bewusstsein den Körper verlässt, verschwindet alles.« (*Castaneda* nennt das: »Sammelpunkt«) Und Buddha selbst sagt: »Wenn das Leben, die Wärme, das Bewusstsein den Körper verlassen, liegt er da, im Stich gelassen, wie der Gefühle beraubtes Holz.« All diese Eigenschaften also, von denen zuvor die Rede war, sind Eigenschaften des Bewusstseins – dieses Bewusstsein, das sich im Wind des Denkens bewegt – weil dieses Bewusstsein selbst keine feste Existenz, überhaupt keine Eigenschaften des Ego hat.

»Ja, aber«, sagt der Widersacher, »wenn man zum Beispiel Zazen macht, denkt man manchmal nicht oder auch wenn man schläft, träumt man manchmal nicht und dennoch gehen Atmung und Leben weiter. Wie könnt Ihr also sagen, dass die Atmung und das Leben Eigenschaften des Bewusstseins sind?«

»Obwohl man manchmal beim Zazen nicht denkt«, antwortet der Meister, »obwohl man manchmal nicht träumt während des Schlafes, obwohl manchmal das Bewusstsein zeitweilig aussetzt, verlässt es den Körper nur für einen kurzen Augenblick, der uns lang erscheint. Wie jemand, der aus dem Haus geht, um spazieren zu gehen: man sagt auch nicht, dass sein Haus so lange ohne Besitzer ist. Ob es nun Schmerz, Glück, Wille oder alles was gerade zuvor genannt wurde, ist, von dem man sich vorstellt, dass unser Ego daraus besteht, unser Ich, all das ist nur mit dem Denken und dem Bewusstsein verbunden. Sie bedingen sich gegenseitig, es sind Begleiterscheinungen des Denkens: wenn das Denken existiert, existieren sie auch, wenn das Denken nicht existiert, existieren sie auch nicht. Es sind keine Charakteristika des Ego.«

»Und außerdem«, sagt der Meister, »anzunehmen, dass euer Ego existiert, wäre nur eine von zwei Sachen: entweder es wäre ewig oder aber es wäre eben nicht ewig. Wenn es nicht ewig wäre, könnte es weder Schmerz noch Glück empfinden, denn wenn der Schmerz kommt, wird man traurig, wenn das Glück kommt, wird man froh. Aber was in uns durch die Traurigkeit oder durch das Glück verändert wird, ist absolut nicht ewig.

Wenn das Ego ewig wäre, würde es dem Raum gleichen, weil man Zeit und Raum nicht trennen kann. Der Regen würde es nicht durchnässen, die Hitze würde es nicht austrocknen, für das Ego gäbe es weder ein hier auf Erden noch ein Jenseits, es könnte weder geboren werden noch sterben. Das Leben des Ichs wäre ein Dauerzustand, man könnte das Nirwana nicht erreichen. Wenn das Ego ewig wäre, gäbe es niemals Vergessen oder Irrtum, denn es müsste Nicht-Ich und Vergängliches geben, damit es Vergessen oder Irrtum geben könnte. Das Ego ist also nicht ewig.

Wenn das Ego im Gegensatz dazu nicht ewig wäre, gäbe es, noch einmal, weder Sünde noch Verdienst. Der Körper ist vergänglich, wenn das Ego das auch wäre, würden beide zusammen sterben und man würde mit der endgültigen und totalen Vernichtung enden. Es würde keine zukünftigen Existenzen geben. Und wenn man diese Vernichtung Nirwana nennen könnte, wäre es nicht nötig, sich von allen Bindungen zu befreien, um ins Nirwana zu gelangen. Also ist das Ego auch nicht nicht-ewig.

Stellt euch jetzt noch vor, dass das Ego autonom und aktiv wäre, wie ihr es sagt. Wenn das wirklich der Fall wäre, könnte man alles, was man wünscht, erreichen. Auf den ersten Blick erreicht man nun aber nicht unbedingt das, was man sich wünscht. Stattdessen muss man ziemlich oft das ertragen, was man sich nicht wünscht. Wenn das Ego autonom wäre, würde man niemals Fehler machen. Obendrein hasst man es, zu leiden und liebt es, glücklich zu sein, je mehr man aber danach strebt glücklich zu sein, desto mehr leidet man. Wenn das Ego autonom wäre, wäre das nicht so.

Man kann auch nicht sagen, dass das Ego weder autonom noch aktiv ist. Auch ist es weder materiell noch immateriell. Sucht das Ego im Himmel, auf der Erde, drinnen, draußen, in der Vergangenheit, in der Gegenwart, in der Zukunft, sucht es in allen Richtungen, ihr werdet es nirgends finden. Nur durch die Kraft der Unwissenheit glaubt man an die Existenz des Ego. Aber wenn dieser Glaube durch das Sehen der relativen Wahrheit zerstört wird ($E = mc^2$) glaubt man nicht mehr an die Existenz des Ego.

Als Sosan die Nichtexistenz des Ego verstanden hatte, sagte ihm der Patriarch Eka: »Wenn Ihr Euer Ego nicht finden könnt, dann seid Ihr von Euren schlechten Taten gereinigt.«

Das trifft für alle Welt zu, für alle Dinge, für alle Phänomene. Man glaubt, dass es ein *Ego* ist, aber es ist keines. Wenn man glaubt, dass es ein Ego ist, wird es unheilvoll. Wenn man sein wahres Wesen versteht, das wahre Wesen des Geistes und dieses Bewusstseins, das wahre Wesen des

»ich bin«, ist das überhaupt nicht unheilvoll, man fühlt sich völlig frei und vertrauensvoll. Alle Dinge haben ein wahres Wesen, alle Handlungen, alle Phänomene, alle Objekte und alle Beziehungen mit dem Objekt. Das ist die Lehre, die Meister Sosan später im Shin Jin Mei unterweisen wird, der Glaube an das, was man für das Ego hielt, das jedoch keines ist, was der Geist ist, das Buddha ist.

Später, noch immer im Shin Jin Mei, spricht Meister Sosan von dem Verhältnis zwischen dem Boot und dem Ufer. Er sagt:»Das Objekt kann durch seine Abhängigkeit vom Subjekt als wahres Objekt verwirklicht werden.«

Dasselbe wird im Prajna Paramita gelehrt: kein Objekt ist gut oder schlecht, alle Objekte, alle Dinge sind ohne Ego. Wenn das Verhältnis zwischen uns und den Objekten frei, klarsichtig ist, ist das Freiheit, ist das Glück. Dann wird das Gift zur Medizin.

Meister Sosan fährt fort:»Wenn ihr das Verhältnis zwischen Objekt und Subjekt verstehen wollt, müsst ihr schlussendlich erkennen, dass beide Ku sind« (Ku: typisch japanischer Ausdruck, der relativ oder leer bedeutet). Subjekt und Objekt sind beide relativ, leer. Was ist ein Glas Whisky? Das ist relativ, es kann eine Medizin sein, wenn einem kalt ist und man es trinkt, um sich aufzuwärmen, es kann ein Glas zuviel sein, das euch eure Eingeweide erbrechen lässt. Und dieses Ku, identisch mit dem einen und dem anderen, enthält alle Phänomene.

Wenn man also sagt, dass dieses »ich bin«, dieser Geist, Ku ist, wer schaut nach links, nach rechts? Wer atmet? Wer denkt? Der vierzehnte Patriarch hat uns schließlich erklärt, was Ku ist. Wir selbst sind Ku, und dieses Ku des Inneren, des Äußeren, ist dasselbe für alle Phänomene. Es enthält alle Phänomene. Das, was wir vorher für unser Ego gehalten haben, ist eigentlich universelles Bewusstsein, ist Satori.

Eka sagt also zu Sosan:»Jetzt solltet Ihr die Ordination

empfangen. Ihr solltet Zuflucht bei den drei Schätzen suchen.«

Die drei Schätze sind: Buddha, Dharma, Sangha. Bei den drei Schätzen Zuflucht zu suchen bedeutet, in das wahre, lebendige Tao einzutreten, das ist im Buddhismus von großer Bedeutung.

Sosan antwortet:»Indem ich Euch ansehe, verstehe ich schon, was ein wahrer Mönch ist, der Buddha repräsentiert.«

Und er fügt hinzu:»Wenn ich Euch sehe, verstehe ich, was ein Meister ist, Buddha, aber ich verstehe noch nicht, was Dharma und Sangha bedeuten.«

»Der Geist ist Buddha«, antwortet Eka.

Dieser Geist – aus dem manche ein Gift machen –, wenn man ihn als solchen entdeckt, ist das Buddha. Der Geist ist das Dharma. Die Unterweisung, das, was aus unserer Praxis hervorgeht, was aus dem Verhältnis zwischen Meister und Schüler entspringt, ist der Geist. Es ist frei, es ist etwas, das wie durch Magie erscheint. Das ist kein Ego, kein Dogma, man erklärt das Zen nicht von A bis Z. Der Meister lehrt nur Regeln, über die er selbst hinausgehen kann. Der Meister ist sogar jenseits des Zen, jenseits des Satori. Dharma und Buddha sind nicht zwei, Geist und Buddha sind nicht zwei.

Der Schatz der Sangha ist, dieses wahrzunehmen, Vertrauen haben in dieses, diese Begegnung, diesen Kontakt. Am Ende ist der Schatz der Sangha vom selben Wesen wie Buddha und Dharma. Die drei Schätze bilden lediglich einen Einzigen.

Darauf sagt Sosan:»Heute verstehe ich zum ersten Mal, dass das Wesen der schlechten Taten sich nicht mehr im Inneren als im Äußeren befindet und auch nicht dazwischen. Ich verstehe auch, dass es sich mit unserem wahren Geist genauso verhält. Ich verstehe, dass Buddha und Dharma nicht zwei sind. Ohne Buddha gibt es kein authentisches Dharma, ohne authentisches Dharma gibt es keinen Buddha.«

Eka war sehr beeindruckt von den Fähigkeiten seines Schülers, er rasierte ihm die Haare ab und sagte zu ihm: »Ihr seid mein Schatz und ich werde Euch den Mönchsnamen › Juwel der Gemeinschaft‹ geben, Sosan.« Am 18. Tag des dritten Monats jenes Jahres übergab er ihm die zehn Gebote im Kloster von Kuanfu und Sosans Krankheit verschwand nach und nach.

Einige Jahre später sagte Eka zu seinem Schüler Sosan: »Der große Meister Bodhidharma kam hierher nach China. Er übergab mir sein Kesa und das Dharma. Da ich nun an der Reihe bin, übergebe ich sie Euch auf die gleiche Weise. Von nun an seid Ihr ein wahrer Meister, ein wahrer Mönch. Ihr habt das Dharma empfangen, aber Ihr solltet in die Berge gehen und nicht lehren, weil es hier in diesem Königreich für Buddhisten große Schwierigkeiten geben wird.«

»Wie stellt Ihr es an, dass Ihr Dinge im Voraus wißt?« fragte Sosan. »Bitte lehrt es mich!«»Nichts weiß ich im Voraus. Bodhidharma hat mir schlichtweg diese Prophezeiung gemacht und er selbst hat sie von seinem Meister Prajnatara. Wisst, dass es für den Geist ein großes Glück ist, das authentische Dharma zu empfangen, aber in den Phänomenen ist es ein Unglück. Auf diese zukünftigen Schwierigkeiten beziehe ich mich. Ich erinnere mich an die Prophezeiung, die mein Meister gemacht hat, und die bezieht sich zweifelsohne auf Euch. Ihr müsst sehr ernsthaft daran denken. Haltet Euch diese Worte im Bewusstsein, und vestrickt Euch nicht in weltliche politische Konflikte.«

Sensei schrieb in *Zen et Civilisation*: »Das wahre übermittelte Dharma kennzeichnet sich dadurch, dass es immer frisch und kreativ ist und sich nicht in Ordnungen, Kirchen oder gewöhnliche, soziale Konzeptionen einordnet. Aber ziemlich oft sind die Meister in der Geschichte des Zen verjagt oder verfolgt worden, weil sie dem Lauf des Jahrhunderts nicht folgten.«

Nach diesen Ratschlägen versteckte sich Sosan für mehr als zehn Jahre im Gebirge. Zu jener Zeit verfolgte der Herrscher Nord-Chinas alle Buddhisten. Er duldete nur den Konfuzianismus. Das war der Kaiser Wo der Shu Dynastie. Infolgedessen irrte Sosan durch die Berge, ohne jemals eine feste Bleibe zu haben und gab sich nicht als Mönch zu erkennen. Am Ende dieser langen Reise traf er den Mönch Do Shin und sagte zu ihm: »Nachdem mein Meister mir das Dharma übergeben hat, ist er in die Stadt Yé gezogen, wo er dreizehn Jahre gewohnt hat. Jetzt gibt es keine Gefahren mehr. Ich habe Euch getroffen, ich habe meinen wahren Nachfolger getroffen, warum sollte ich bleiben?«

Er nahm also seine Mönchserscheinung wieder an und begab sich zum Berg Lo Fu. Viele Menschen versammelten sich um ihn und unterstützten ihn großzügig. Als der Meister seine Unterweisung über das Essentielle des Wesens des Geistes für Männer, Frauen, Mönche und Laien abgeschlossen hatte, als er fühlte, dass seine Unterweisung vollständig übermittelt worden war, nahm er eines Tages während eines Vortrags die Kin Hin-Haltung ein und starb im Stehen. Seine Unterweisung war von seinen Schülern im Shin Jin Mei niedergeschrieben worden, und diese Schriften existieren heute noch. Man gab ihm den posthumen Namen »Spiegel der Weisheit«.

23
Holz und Asche

Das Genjo Koan ist ein Kapitel des Shobogenzo von Meister Eihei Dogen, erster Patriarch Japans. Er hat sein Verständnis des Buddhismus durch die 86 Kapitel dieses Buches zum Ausdruck gebracht. Natürlich hat er es nicht zu seinem eigenen Vergnügen, seiner persönlichen Befriedigung, um zu zeigen, dass er verstanden hat, ausgedrückt, sondern um die authentische Praxis zu erhellen, zu verbessern, zu beschützen.

In der Geschichte der Sutren (Schriften, heilige Texte) gibt es zwei große Werke, die mit Worten, mit verbaler Ausdruckskraft die buddhistische Lehre zusammenfassen. Diese beiden wichtigsten Texte sind das Prajna Paramita von Meister Nagarjuna und das Shobogenzo von Meister Dogen. Selbstverständlich hat Nagarjuna nicht ganz allein das Prajna Paramita geschrieben. Bestimmt haben seine Schüler, vielleicht sogar Nachkommen seiner Schüler, sein Werk vervollständigt, erneut übersetzt und verständlich gemacht. Ebenso ist Ejo, der Schüler Dogens, sicherlich für vieles in der Bearbeitung des Shobogenzo verantwortlich.

Von den 86 Kapiteln des Shobogenzo habe ich mich dafür entschieden, das Genjo Koan zu kommentieren. Man kann sagen, dass es das Alpha und Omega des Shobogenzo ist. Dieser Text ist ein echter Schwertschlag. Zur Zeit bin ich beim elften Satz. Bis hierher schien es mir einigermaßen leicht verständlich, aber dieser Satz...

Dieser Satz wird als der Gipfel angesehen. Es ist äußerst schwer zu übermitteln und zu verstehen, was Meister Dogen ausdrücken wollte. Wenn man die Texte studieren oder sie ernsthaft lehren will, muss wahre Alchimie stattfinden, damit die Arbeit gut getan wird.

Zuerst versuchen wir, den Satz zu lesen, ihn aufzunehmen, ihn in uns zu pflanzen wie einen Samen und ihn für einige Zeit keimen zu lassen. Man lässt sich Zeit, wartet darauf, dass der Satz durch unser eigenes Leben zu uns spricht. Er selbst bearbeitet uns, und nach einer gewissen Zeit erscheint das Verständnis, das Erwachen bezüglich dieses Satzes von selbst, auf intuitive, nicht förmliche Art und Weise. Dann muss man Formulierungen finden. Jeder wird es auf seine künstlerische Art, nach seinem Stil machen. Der Stil des Shobogenzo zum Beispiel unterscheidet sich völlig vom Stil des Prajna Paramita. Wichtig ist, es auszudrücken. Danach, wenn man das Mittel findet, um zu formulieren, muss man noch wissen, für wen, in welchem Moment, an welchem Ort. Der erste Satz des Genjo Koan ist so einer, den ich Anfängern niemals erklären werde. Man muss einen geeigneten Moment abwarten, eine gemeinsame Praxis. All das ist die Alchimie der mündlichen Unterweisung: das ist das *Dharma*.

Wenn ihr also eines Tages diese Texte studieren wollt – überlieferte Texte, nicht irgendwas, sondern die lebendige Unterweisung Buddhas –, bevor ihr also versucht, die Worte zu verstehen, solltet ihr versuchen, euch in die Lage desjenigen zu versetzen, der sie geschrieben hat; zu verstehen, was er durch diese Worte ausdrücken wollte. Wenn ihr fühlt, was er ausdrücken wollte, dann sind die Worte nicht mehr wichtig, ihr werdet problemlos die Übersetzungsfehler, die es häufig gibt, aufspüren können. In den von Franzosen gemachten Übersetzungen der Unterweisungen Deshimarus sind oft

Fehler, kleine, aber sehr wichtige Übersetzungsfehler, die den Text manchmal unverständlich machen; dann sagt man: »Das ist Zen, das ist ein Koan!«

Ich werde euch diesen berühmten Satz des Genjo Koan vorlesen: *»Das einmal verbrannte Holz wird Asche und es wird niemals wieder Holz werden.*

Um diese Metapher zu verstehen, denkt nicht, dass die Asche die Zukunft und das Holz die Vergangenheit ist. Was ihr verstehen müsst, ist, dass das Holz sich in seinen absoluten Ausdruck des Holzes inkarniert. Dieser absolute Ausdruck des Holzes beinhaltet seine eigene Vergangenheit und seine eigene Zukunft.

Die Asche hat den absoluten Ausdruck von Asche, dieser absolute Ausdruck von Asche enthält seine eigene Vergangenheit und seine eigene Zukunft.

Diese Metapher soll euch empfinden lassen, dass ihr, genau wie das Holz nie wieder zu Holz werden wird, wenn es einmal Asche gewesen ist, nach dem Tod nicht zum Leben zurückkehren werdet. Diese Feststellung ist die wahre, von Buddha begründete Lehre, die widerlegt, dass sich das Leben in Tod umwandelt.

Nur wenn ihr das versteht, könnt ihr das absolute Leben als Nicht-Geburt, Nicht-Geboren verstehen. Diese unwiderlegbare Unterweisung Buddhas sagt aus, dass der Tod nicht zur Geburt zurückkehrt. In diesem Augenblick könnt ihr den Tod als Nicht-Tod verstehen. Das Leben ist der ganze Ausdruck des Lebens und der Tod ist der ganze und vollkommene Ausdruck des Todes. Mit einer anderen Metapher könnte man sagen: glaubt nicht, dass der Winter zum Frühling wird, nennt den Winter nicht Vorfrühling, nennt den Sommer nicht Nachfrühling.«

Dieser Satz Dogens berührt das Allertiefste, es ist ein Kyosakuschlag, der euch durchschneidet.

In dem Moment hört man nicht auf, an die Welt zu denken, zu diskutieren: Was kann ein aufrichtiges Wesen tun, ein

Wesen, das sich mit der Ganzheit verbunden fühlt, tun, um einfach aus dieser aktuellen Welt eine normale Welt, eine Welt, in der man leben kann, zu machen?

Schaut in die Vergangenheit. In der Vergangenheit von dem, was wir unser Leben nennen, hat es immer Gewalt gegeben, Korruption, Ungerechtigkeit, Herrschaft durch Macht, Sklaverei, Vergewaltigung. Das gab es bereits vor unserer Geburt: versucht den Anfang zu finden... Natürlich spricht man in der Bibel von der Erbsünde. Man sollte diese Entstehungsgeschichte nicht wörtlich nehmen, aber, soweit ihr eure Geschichte kennen könnt, die Geschichte eurer eigenen Welt, habt ihr nie von einem grundsätzlich anderen System als dem aktuellen reden hören.

Früher gab es Königreiche, Kaiserreiche. Seit Menschengedenken hat es immer ausgebeutete Schwache gegeben, von den Mächtigen versklavt, immer die gleichen Schemata. Das nennt man Nicht-Geboren. Die Geburt dieser Scheiße kann man nicht definieren, und diese Scheiße sind wir, ist unser Leben, da sind wir geboren. Unsere Zellen, unser Karma, unsere Vorfahren, all das ist Teil dieser Welt. Es gibt also immer einen Grund, eine Ursache, eine Wirkung; man kann den Anfang nicht finden, wie bei einer Kette ohne Anfang und Ende.

In den Sutren aber heißt es, dass der Tod nicht als die Fortsetzung dieser Kette angesehen werden kann. Er kann nicht als eine Folge oder eine Ursache angesehen werden, denn der wahre Tod ist nicht etwas, er ist das Ende unserer Existenz, er ist also nicht etwas, er ist das Nichts. Man kann nicht sagen, dass das Aufhören unseres Lebens etwas ist, also kann man nicht sagen, dass der Tod die Fortsetzung dieses Lebens ist. Wenn wir tot sind, geht das Leben weiter: die, die lebendig sind, die Kinder, unsere Werke, die Bücher, die wir geschrieben haben, die Dinge, die wir gebaut haben, der Einfluss, den wir auf diese Welt gehabt haben, dauert an. Man sagt zum Beispiel, dass das Kesa zu tragen oder es nur zu sehen einen unermesslichen Einfluss hat. Diesen Einfluss wird man unbewusst an jemand anderen weitergeben, der ihn wiederum jemandem weitergeben wird. Dieser Einfluss breitet sich aus und setzt sich bis uns Unendliche fort. Genauso ist es, wenn ihr eine Dummheit macht, wenn ihr lügt, wenn ihr euch selbst verratet, wenn ihr die Wahrheit verratet, dann erschafft ihr auch etwas. Dieser Einfluss bleibt nach eurem Tod, in dieser Welt der absoluten Existenz.

Diesen Satz, diese Metapher Meister Dogens, darf man nicht wie etwas Wissenschaftliches auffassen, er ist eher poetisch. Mit Worten versucht er, eine grundlegend authentische Wahrheit empfinden zu lassen. Man kann immer diskutieren, sagen: »Aber das stimmt überhaupt nicht: Asche ist Holz, wenn es kein Holz gäbe, gäbe es auch keine Asche. Aber Asche ist wirklich Holz, das verbrennt...«.

Ich bin nicht dabei, etwas aufzuzeigen, zu versuchen, wissenschaftlich, objektiv zu beweisen, sondern euch anhand von natürlichen Beispielen die Realität der Dinge verstehen zu lassen, Türen zu öffnen. Versteht, dass euer Leben, dieses Leben, jetzt, absolut ist.

Meistens sagt man im Zen, dass alles unbeständig ist: das Leben zieht vorbei, es ist nicht länger als die Zeit eines Tautropfens oder eines Blattes. Alles ist Mujo. »Ich bin nichts... grummel, grummel, grummel... « – die Stammgäste des Zen beginnen diese Sicht der Dinge mit einzubeziehen. Dogen lehrt auch, dass euer Leben absolut ist. Es ist ohne Geburt noch Tod. Seid euch der Bedeutung dieses Lebens bewusst. Der Tod ist nicht die Zukunft des Lebens. Versucht das zu verstehen, die Bedeutung jeder eurer Handlungen zu verstehen.

Ein kürzlich herausgekommener Film heißt »Und täglich grüßt das Murmeltier«. Selbst die Regisseure, die Filmemacher oder die Autoren der Science-Fiction-Romane haben tief in ihrem Inneren Intuitionen der Realität. In diesem Film lebt ein Mensch jeden Tag immer wieder denselben Tag. Zunächst quält ihn dieses Phänomen sehr; schließlich akzeptiert er es und versucht, diesen einzigen, bis in alle Ewigkeit sich wiederholenden Tag zur Perfektion hin zu leben.

Wir werden weiter vom absoluten Leben, vom Holz und der Asche, von der Fortpflanzung des Lebens sprechen. Wenn eine Frau fruchtbar ist, nistet sich ein kleines Ei in ihrem Schoß ein. Dort wird es sich entwickeln. Von ihr bekommt es all seine Nahrung, ihre Körperwärme wird seinem Werden zugute kommen und, nach und nach, im Laufe der Wochen und Monate, wird es sich selbst werden. Nach mehreren Monaten wird es sich von seiner Mutter lösen. Der genaue Begriff lautet: es »ver-scheiden«, aus dem Bauch kommen. Verscheiden, denselben Begriff verwendet man, wenn jemand stirbt, die Welt verlässt. Wenn jemand aus dem Bauch seiner Mutter kommt, sagt man auch, dass er ausgeschieden wird. Alle werden sich freuen, dass es ein kleines Lebewesen mehr auf der Welt gibt, dass es ein Leben mehr gibt mit allem was dazugehört. Das kleine Lebewesen wird nun wachsen und wachsen, wird sich mehr und mehr von seinen Eltern lösen, bis zu dem Tag, an dem es, selbst erwachsen geworden, das schöne Abenteuer beginnen wird, jemanden kennen zu lernen, sich zu verlieben und die Fortpflanzung fortzusetzen, Fortpflanzung, Fortpflanzung...

Ist das Leben einmal in Gang gekommen, ist es gleichgültig, ob Vater oder Mutter verschwinden. Das Vertiefen des Lebens, der Instinkt, der den Menschen zur Vermehrung hinzieht, wird mit der Loslösung von der ursprünglichen Quelle einhergehen. Um sich zu vermehren, muss man die ursprüngliche Quelle loslassen. Das ist die Art und Weise der gewöhnlichen Fortpflanzung, durch Vervielfältigung, durch Trennung, durch Zerlegung. Wenn ein Mann einer Frau ein Kind macht, muss er sich, um dieses Kind zu zeugen, von sich selbst trennen, das heißt, er muss seine Lebenssubstanz verlieren, um sich vermehren zu können.

Es gibt noch eine andere Methode der Weitergabe des Lebens, nicht durch Fortpflanzung und Vervielfältigung, sondern dieses Mal durch Assimilierung, nicht durch Trennung, sondern durch Anziehung und Fusion. Zum Beispiel die Assimilierung der Nährstoffe durch unseren ganzen Organismus, das pflanzliche Pfropfen – man kann einen Baum auf einen anderen Baum pfropfen, eine Zelle auf eine andere Zelle, selbst tierisches Pfropfen ist möglich, Hautverpflanzungen, Organtransplantationen (das ist ein etwas plumpes, grobes Beispiel). Wenn man von Wiederverwertung spricht, ist das auch Reproduktion des Lebens durch Assimilierung.

In der buddhistischen Religion nennt man diese zwei verschiedenen Fortpflanzungsarten Samsara und Samadhi. Samadhi ist der Weg der Unsterblichkeit. Zum Beispiel: Zazen auf die richtige Weise zu praktizieren, auf die wahre Art und Weise, ist die Methode der Reproduktion durch Assimilation.

Lenkt eure Energie, euer Licht nach innen, empfangt die lebendige Kraft des Kosmos. Ihr recycelt, reinigt, transformiert, stärkt eure eigene Energie, ihr transformiert die aus der Nahrung gewonnene Energie in spirituelle Energie. Aus diesem Grund ist die *Guen Mai* ein so wichtiges Symbol im Zen: das ist tatsächlich materielle Energie, die man in spirituelle Energie umwandelt. Ihr werdet bemerken, dass die Guen Mai oftmals aussieht wie Sperma. Ich sage das, und die Frauen werden sie nicht mehr essen wollen – es kommt natürlich darauf an, welche... Tatsächlich ist die umgewandelte Substanz des Reises dem, was der Mensch braucht, sehr nah. Eine gare Guen Mai befindet sich schon fast im endgültig umgewandelten Zustand. Wenn man diese Nahrung zu sich nimmt, braucht der Körper nicht viel Kraft aufzubringen, um sie zu der Substanz zu machen, die man in der chinesischen Medizin das Jing nennt. Sie existiert sowohl bei Männern als auch bei Frauen. Man nennt es zwar Sperma, aber das ist falsch. Männer und Frauen wandeln ihre Nahrung in Jing um, das eine graue Substanz ist, die der Guen Mai ähnelt, ohne Karotten... Die Spermien fügen sich nur im Moment der Erregung des Mannes zu dieser Substanz hinzu: Das Yang fügt sich dem Yin bei. Diese Yinsubstanz erhalten wir durch die Nahrung, vor allem durch die Guen Mai, die dem Körper die meiste Yinsubstanz zuführt. Wenn ihr zum Beispiel ein Beefsteak esst, werdet ihr das Yang des Fleisches schnell aufnehmen, aber es wird keine einzige materielle Lebenssubstanz übrig bleiben, es wird vielmehr energetisch sein, der ganze Rest wird von den Eingeweiden ausgeschieden. Für den Körper ist es sehr schwierig, sich mit Yinsubstanz zu stärken, den meisten Menschen fehlt es an Yin. Yang kann man sehr viel leichter aufnehmen. Es reicht, wenn ihr euch auf einen Ofen, auf eine Heizung setzt, um euch wieder mit Yang aufzuladen.

Während Zazen lernt man deshalb, diese Energie der Guen Mai zu veredeln, genauso wie die kosmische Energie, die man durch die Atmung ansammelt. Die Energie entweicht nicht nach draußen. Normalerweise geht die Energie durch unsere Augen, unsere Nase, unsere Ohren, unseren Mund, unsere Sexualorgane hinaus. Das erschafft Vielfalt, Kompliziertheit, Krieg, Tod. Während Zazen lernt man, im Innern zu schauen, zu hören, zu atmen, zu lieben, das heißt in der Einheit. Man soll nicht schauen, aber man sieht trotzdem, man soll nicht zuhören, aber man hört trotzdem. Das ist eine andere Art der Fortpflanzung, die das ewige Leben schafft. Wir müssen lernen, unsere Gedanken, unsere Illusionen, unsere Begierden in der Einheit zu leben, nicht in der Dualität, nicht in der Vielfalt, nicht im Tod. Das nennt sich die große innere Zufriedenheit, Samadhi. Man nennt es auch die *innere Revolution*. Das ist eine völlige Veränderung des Verhaltens unseres gesamten Körpers, unseres gesamten Geistes, sicherlich das große Geheimnis des Menschheitsproblems.

Mondo: Fragen an den Meister

Was ist Lebensenergie, die Energie, die man hat, wenn man geboren wird?

Das ist die erbliche, von unseren Vorfahren überlieferte Energie, die Energie, die uns weitergegeben worden ist. Das ist das Potential. Man wird aus einem Spermium und einem Ovulum gebildet, die jeweils das Potential der Eltern enthalten: das energetische Potential, ebenso das spirituelle Potential und die Intelligenz. Die Vereinigung dieser beiden Energien gibt uns bei der Geburt ein Potential, das man altüberliefert nennt. Dieses Potential hängt auch vom Tag ab, an dem ihr gezeugt worden seid. Aus diesem Grund gibt man bestimmte Ratschläge bezüglich des Zeugens von Kindern: sie nicht irgendwann, irgendwie zeugen. Es heißt, dass es nicht gut ist, Kinder zu zeugen, wenn man betrunken oder sehr müde ist.

Man wird also mit einem mehr oder weniger großen Energiepotential geboren. Man wird von diesem Ovulum und diesem Spermium, die von diesem Papa und dieser Mama kommen, beeinflusst. Wenn der Papa zu jener Zeit schon viel Liebe gemacht hat und sein Sperma schwach ist oder der Papa nicht so recht Lust auf die Mama hat, er ist nicht sehr erregt, aber nun denn... oder wenn die Frau keine Lust auf ihren Mann hat und sich die Nase zuhält... tja, das ergibt verschiedene energetische Qualitäten, genauso für das Kind. Also gut, das ist ein ganzes Mysterium, all das, was uns die von unseren Vorfahren überlieferte Energie gibt.

Es gibt eine Quantität und auch eine Qualität der Energie. Ihr könnt viel Kraft und auch Energiedauer haben, eine potentielle Lebenszeit. Diese Energie nimmt ab, wenn ihr sie vergeudet, das ist wie eine Batterie, die zu Beginn des Lebens aufgeladen ist und sich verbrauchen wird. Ihr könnt sogar nicht krank sein, bester Gesundheit sein und dann sterben, weil eure Energie zu Ende ist. Für jemanden unter mehr oder weniger normalen Umständen ist die durchschnittliche Lebenserwartung 120 Jahre. Aber natürlich verbraucht man sie ständig: zum Beispiel wenn man krank wird, wenn man schlechte Medikamente nimmt, Antibiotika, wenn man zuviel arbeitet, zuviel feiert, zuviel Liebe macht, verbraucht man jedes Mal ein bisschen von diesem Energievorrat.

24
Ejakulation ist kein Synonym für Orgasmus

Weil der Mann Ejakulation und Orgasmus gleichsetzt, begreift er manchmal schlecht, was die Frau unter Orgasmus versteht.

Im Komyozo Zanmai sagt Meister Ejo, der Nachfolger Dogens: »Bindet euch weder an Nahrung, noch an Kleidung, noch an das Zuhause. Unterliegt den sinnlichen Begierden oder dem Festhalten an der Liebe nicht, die tierischen Praktiken gleich sind.«

Ich werde diese Worte auf meine Art kommentieren...
»Unterliegt den sinnlichen Begierden nicht.« Unterliegen heißt sterben. In der katholischen Religion wird gelehrt, dass man nur Liebe machen soll, um Kinder zu zeugen. Das ist der riesige Mangel und die gewaltige Gefahr der Religionen, die auf einem Buch basieren. Selbst wenn die Worte dieses Buches von Gott selbst ausgesprochen worden sind, werden sie dennoch von jedem gemäß seines Charakters und seiner Intelligenz interpretiert. Schlimmer noch, sie können für politische Ziele manipuliert werden, können verwendet werden, um das Volk zu den widerlichsten Taten anzustiften und schließlich

ganze Gemeinschaften zu einer fanatischen, rassistischen und teuflischen Ideologie zu führen Die Dinge werden von Wahnsinnigen von ihrem Platz gerückt, die so die Realität verzerren und dann Macht, Profit erlangen, auf Kosten der Mehrheit, der Gemeinschaft, indem sie die Menschen in Unwissenheit und Schuld halten. Sie sagen: »Ihr könnt miteinander schlafen, aber nur, um zu zeugen.« Übrigens sagen sie nicht »miteinander schlafen« sondern: »Ihr dürft unterliegen, nur um Kinder zu zeugen dürft ihr ejakulieren.« Als Unterweisung ist das etwas unzureichend und auf jeden Fall nicht genug, um ein wirkliches Aufblühen des menschlichen Geschlechts zu bewirken.

Wenn dieser Satz jedoch richtig verstanden wird, bin ich damit nicht uneins. Das hat nichts mit Moralismus oder irgendeinem Verbot zu tun, sondern mit der physiologischen Realität der Dinge an ihrem richtigen Platz. Da wir auf diese Art geboren werden, existiert die menschliche Welt durch diesen Akt. Das ist die Basisrealität. Wenn man den Anfang aller Dinge nicht begreift, irrt man sich, irrt man sich in allem, kann man das Richtige nicht mehr vom Falschen unterscheiden. Man lässt zum Beispiel Atombomben explodieren. Die Wissenschaftler sind sich der langfristigen Gefahren, die die Atomversuche für den Planeten bergen, nicht so sicher, denn sie haben die realistische Beziehung zu den Phänomenen verloren. Also lässt man eine Bombe auf Mururoa hochgehen, plötzlich tauchen terroristische Attentate in Paris auf, und keiner sieht den Zusammenhang von Ursache und Wirkung zwischen den beiden Ereignissen. Natürlich gibt es ihn objektiv gesehen nicht.

Man muss den Wert des Lebens verstehen. Auf dieser Welt ist uns das bisher nie gelehrt worden und deshalb befindet sich die Menschheit in einer so schweren Krise.

Wenn man den sinnlichen Begierden unterliegt, das heißt also wenn man ejakuliert, ist das tatsächlich ein Opfer seines eigenen Körpers und seines eigenen Lebens, das dazu dient, einem anderen Wesen Leben zu schenken, einem Kind. Bis dahin bin ich einverstanden, das sind die Dinge am richtigen Platz. Das Einzige, was die Gesellschaft zur Zeit zu lehren imstande ist, ist:»Benutzt Präservative!« Aber wenn die Sexualität in ihrer kosmischen Gesamtheit verstanden worden wäre, wären wir sicher nicht dahin gekommen, und der sexuelle Akt wäre eine Medizin und keine tödliche Gefahr.

Man muss stärker sein als sein Verlangen, man muss sein Verlangen zureiten, es zirkulieren lassen, es in Lebensenergie, in Erwachen, in Kraft umwandeln und ihm nicht unterliegen. Sensei sagte oft:»Gegen seinen Willen ins Wasser zu fallen ist ganz anders, als hineinzuspringen.« Wenn ihr euch entscheidet, zu springen, euer Leben für ein Kind zu geben, ist das völlig anders. Das ist die wahre Funktion der menschlichen Sexualität, was die Ejakulation betrifft. Man fragt sich, wozu sie gut wäre, wenn nicht, um ein Kind zu zeugen.

Das große Problem ist, dass heutzutage das Vergnügen der meisten Menschen, das, was sie Orgasmus nennen, die Ejakulation ist. Man muss also lernen, auf andere Weise als durch Selbstzerstörung Vergnügen zu finden. Wenn ihr das den gewöhnlichen Sterblichen sagt, werden sie es nicht verstehen:»Aber er ist verrückt, dieser Typ da, er sagt, dass ejakulieren Selbstzerstörung ist!«

Meister Mantakshia sagt uns:»Man muss trotzdem über die Tatsache nachdenken, dass eine einfache Ejakulation 200 bis 500 Milionen Samenzellen enthält, von denen jede Einzelne genauso viele potentielle Menschenleben darstellt. Es gäbe genug verlorene Samenzellen in einem einfachen Orgasmus, um die gesamten Vereinigten Staaten zu bevölkern, gesetzt den Fall, das jede eine Eizelle befruchten würde. Für die Herstellung der Samenflüssigkeit mit einem solch riesigen Lebenspotential verbraucht der Mann mehr als ein Drittel seiner täglich aufgebrachten Energie. Besonders das glanduläre Immunsystem des Mannes wird auf die Probe gestellt. Die Bewahrung der Energie ist ein wichtiges Prinzip für jeden ernsthaften spirituellen Weg und verändert von Grund auf die Art, die Welt zu empfinden.«

Man könnte sagen, dass die Ejakulation der Tod im Leben ist, um Leben in der Welt der Sterblichen zu erschaffen.

Wichtig ist, dass diese Selbstzerstörung, die die Grundlage unserer sexuellen Gewohnheiten ist, das gesamte Verhalten unseres Lebens und unserer Gesellschaft beeinflusst. Wenn man den sexuellen Begierden nicht unterliegt, das heißt, wenn es einem gelingt, sie zu kontrollieren, dann ist miteinander schlafen nicht nur eine Frage der Ejakulation. Man empfindet den Orgasmus im ganzen Körper und nicht nur im Genitalbereich. Die Lebensenergie wird im Inneren zurückbehalten und kann in spirituelle Energie transfomiert und sublimiert werden. Die körperliche Anziehung ist nicht nur normal, sondern lebenswichtig. Man muss sie leben, sie auf eine völlig freudestrahlende und gesunde Weise atmen. Wenn man sich um seine Selbstkontrolle kümmert, wenn man versteht, dass es eine Frage von Leben oder Tod ist, wird die Kontrolle zum inneren Orgasmus. Man könnte sagen, dass es das Leben im Tod ist, das Leben in der Welt der Sterblichen, die Tür, die sich zum ewigen Leben öffnet. Wenn man also versteht, dass es eine Frage von Leben oder Tod ist, werden die Beziehungen automatisch mit Vorsichtsmaßnahmen versehen und gute Sitten werden automatisch praktiziert. In seinen Beziehungen ist man nicht mehr darauf angewiesen, weder von anderen abhängig zu sein, noch dass andere von uns abhängig sind, um sie zu lieben. Im äußersten Fall kann man sogar, wenn man allein bleibt, eine blühende Sexualität haben, durch sich selbst (ihr könnt die rechte oder die linke Hand benutzen...). Man kann mit dem ganzen Kosmos schlafen. Und genauso wie man das Kesa auf den Kopf legt, um das *Dai Sai Gedda Puku* zu singen, genauso, wie man sich vor der

Guen Mai verneigt, genauso, wie man Sampai in Richtung seiner Familie macht, wenn man Mönch wird, könnte man sich sogar in Richtung des Objekts seiner Begierde niederwerfen und sagen: »Danke, dass Sie mir eine Begierde gegeben haben, Sie sind frei.« Das bedeutet für mich, den sinnlichen Begierden nicht zu unterliegen, sondern lebendig zu bleiben.

Ejo spricht genauso über das Festhalten an der Liebe.

Ich glaube, dass man sich nicht an die Liebe klammert. Ich kenne die tiefen Gefühle genau, die ich für die, die ich liebe empfinde. Es ist nicht die Liebe, die sich an uns klammert, die uns die Trennung schwer macht, sondern das menschliche Elend. Im Gegenteil, die Liebe macht uns unzertrennlich. Wenn man sich unter Tränen trennt, ist das aufgrund des Elends, des Beziehungselends, des Elends unseres Arbeitsideals, sexuellen Elends, ungelösten Elends von Leben und Tod.

Zur Zeit leben wir in einer unvollkommenen Welt, und in Richtung der »Dinge am richtigen Platz« zu praktizieren bedeutet Krieg, Leiden, Ermüdung. Sich tiefgreifende Fragen zu stellen, verlangt große Anstrengungen, wenn es nötig ist, sogar so weit zu gehen, sein Leben zu opfern. Aber in einer normalen, also idealen Welt, ob man nun Mönch, Bodhisattva, Laie, heilig oder bürgerlich ist, wie könnten blühende Liebesbeziehungen zwischen Männern und Frauen nicht natürlich sein?

Viele geben sich den Anschein, anders oder emanzipiert zu sein. Auf ihre T-Shirts lassen sie fette Aufschriften drucken: »Ich vögle gut!« Als wenn ein Schaf der Herde entkommen könnte. Es ist sehr schwierig, diesem Gesetz der gegenseitigen Abhängigkeiten zu entrinnen, selbst wenn man einen großen Schwanz hat, selbst wenn man ein toller Sportler ist, selbst wenn man sich wohlfühlt in seiner Haut. Wie dem auch sei, man muss die Richtung einschlagen, die Liebe als eine extrem wichtige Praxis ansehen. Meister Ejo sagt: »Dies sind Praktiken, die denen der Tiere ähneln.« Dass er jedoch wisse, dass es auf dieser Erde – unserer Mutter Erde – für den Menschen keinen Platz mehr geben wird, er nicht überleben können wird, wenn er seine animalische Seite verliert. Der Mensch ist auch ein Tier, das darf er nicht vergessen. Schlaft nicht miteinander wie gezähmte Tiere. Schaut euch Hirsche an, wenn sie miteinander schlafen. Schaut euch all diese Paarungszeremonien der wilden Tiere an. Wirklich, durch ihren Sexualakt praktizieren sie die großen Zeremonien der Buddhas und oft sind sie würdiger als die Menschen. Natürlich sind Geheimnisse solcher Art früher nie verbreitet worden.

Man darf sich auch nicht verrückt machen, wie Leute, die von morgens bis abends nur Vollkornreis essen, nicht dogmatisch oder fanatisch werden angesichts der Nicht-Ejakulation, aber nach und nach die richtige Richtung einschlagen. seine Gewohnheiten ändern, seine Reflexe ändern. Im Taoismus nennt man das: Lebenshygiene. Es wird auch von Frauen praktiziert: die großen Energiereserven der Frau sind die Eizellen. Es ist genauso möglich, seine Eizellen im Körper zu behalten oder während der Regel nur sehr wenig Blut zu verlieren. Wenn man immer weiter Zazen praktiziert, wird man sehr vertraut mit seinem eigenen Körper. Manchmal ist es nicht sehr angenehm, mit seinem Körper vertraut zu sein, wenn man müde, krank ist. Man kann aber auch die wunderbaren Dinge des Lebens, die sich im Inneren abspielen, empfinden. Frauen, die Zazen machen, fühlen ihren Eisprung ganz deutlich. Während dieser Zeit fühlen sie sich stark, voll mit sprudelnder Energie; tatsächlich werden sie in diesem Moment ein bisschen zu Tieren!

Meister Ejo sagt also: »Bindet euch weder an Kleidung, noch an Nahrung, noch an die Familie, noch an das Zuhause, noch an die Liebe, unterliegt der Begierde nicht.«

Ich finde, dass diese paar Sätze bei weitem die interessantesten des Komyozo Zanmai sind.

Diese schwierigen Sätze zu kommentieren ist für mich gewissermaßen wie manche ihrer Elemente zu widerlegen. Im Zen ist das möglich. Meister Dogen sagt selbst: »Groß sein bedeutet, alle Aspekte eines selben Phänomens zu sehen.« Und Buddha selbst sagt, dass es keine Wahrheit gibt, die nicht widerlegt werden könnte. Man sucht die Wahrheit also nicht in der einen oder anderen Richtung, man sucht sie nicht in einseitigen Behauptungen.

»Bindet euch nicht an Kleidung«.

Wenn man beginnt, über Kleidung nachzudenken, fragt man sich, was das ist. Nur der Mensch fertigt sich Kleidung an, nur der Mensch schämt sich, nackt zu sein. Den größten Teil unseres Lebens verbringen wir also bekleidet. Wir sind so daran gewöhnt, Kleider zu tragen, dass wir sie schließlich mit uns selbst verwechseln. Wir setzen sie so sehr mit uns selbst gleich, dass wir uns instinktiv mit etwas bedecken werden, wenn jemand zufällig an unsere Tür klopft, wenn wir nackt sind. Das ist die wesentlichste Bindung an die Kleidung. Natürlich hat sie den Nutzen, uns vor dem Klima, der Sonne, dem Regen, der Kälte, dem Wind zu schützen. Tatsächlich hat der Mensch begonnen Kleidung zu verwenden, wie er auch begonnen hat Werkzeuge zu benutzen. Danach wurde sie zu einem Unterscheidungsmerkmal, zum Wiedererkennungszeichen einer Familie oder eines Stammes. Von da an hat man Kleidung hergestellt, die Macht ausdrückte, Kleidung, um sich vor Aggressionen zu schützen, sich vor Pfeilen zu schützen oder auch um Angst einzujagen, um Tiere, Feinde, Geister zu erschrecken. Aus dieser Sicht schafft unsere moderne Zivilisation noch immer Moden, Angeberei. In gewisser Hinsicht ist es die Kleidung, die Macht ausdrückt...

An was also soll man sich nicht binden? An die Kleidung oder an die Macht? Macht des Verführens, Macht des Aufzwingens, der Verblüffung, des Beeindruckens, die Macht, seine Zugehörigkeit zu dieser oder jener Gruppe zu zeigen.

Ejo sagt: »Bindet euch nicht daran.« Also antworte ich ihm: »Und das Kesa?« Gibt es jemand, der sich mehr an ein Kleidungsstück bindet als ein Zenmönch? Alle Meister haben sich gefragt: »Was ist das Kesa?« – Ihr wisst, das Kleidungsstück, in das sich die Mönche während Zazen hüllen und worüber ich zuvor gesprochen habe...

25

Wenn das Satori den Menschen erreicht

»Wenn der Mensch das Satori erreicht, ist das wie die Spiegelung des Mondes im Wasser. Der Mond spiegelt sich im Wasser, aber der Mond wird nicht nass, ebenso wie das Wasser von der Spiegelung des Mondes nicht aufgewühlt wird.

Das Satori ist wie die Spiegelung des Mondes im Wasser. Das Licht des Mondes erhellt bis ins Unendliche, überall, die ganze Erde, aber er kann auch in einem winzigen Wassertropfen enthalten sein und gespiegelt werden. Ganz wie der Mond das Wasser nicht aufwühlt, darf das Satori für euch nicht zu einem Hindernis werden.«

Dieser zwölfte Satz des Genjo Koan ist eine poetische Art, das wahre Erwachen auf tief gehende Weise auszudrücken. Nicht nur des Zen. Es ist eine universelle Wahrheit.

»Wenn der Mensch das Satori erreicht«... lieber würde ich sagen: »Wenn das Satori den Menschen erreicht«, gibt es in der Tat eine Begegnung.

Ich habe von der Bewegung des Zazen gesprochen, ich habe gesagt, dass jeder seine Bewegung zur Korrektur, zur Befreiung hat. Das ist der Mensch, der das Satori erreicht. Aber gleichzeitig sind die Haltungen Buddhas alle gleich. Was das Licht betrifft, was die Energie betrifft, ist es die gleiche Haltung, eine einzige Haltung. Das ist das Satori, das den Menschen erreicht.

Die Ausgangsvoraussetzungen sind für alle gleich. Sie ähneln dem Licht des Mondes, das sich in allen Wassertropfen widerspiegelt, in allen möglichen Dingen, im gesamten Universum. Haltet das Satori nicht für ein Hindernis in eurer Praxis. In unserer Praxis müssen wir uns unaufhaltsam weiterentwickeln, Fortschritte machen, vertiefen, es gibt eine andauernde und unendliche Evolution, aber all das hat nichts mit Satori zu tun. Das Satori, das sind die Ausgangsvoraussetzungen aller Dinge. Vielleicht ist das widersprüchlich für die Menschen, die versuchen, alles rational zu lösen.

In Wirklichkeit erlangt man das Satori nicht, das ist falsch ausgedrückt. Man erreicht das Satori nicht. Wenn man sich nach innen wendet, kann man das Satori dort hören, sehen, leben, atmen – das, was man im Zen-Vokabular Satori nennt.

Wir sind in ein Universum geboren. Unser Universum. Dieses Universum, das unser ist, enthält in sich selbst auch die Perfektion.

Dauernd kritisiere ich die Welt, die Ungerechtigkeiten, die Lüge, die Feigheit... aber in all dieser Scheiße existiert trotzdem die Perfektion, die Klarheit des Mondes.

Selbst dieses Satori, selbst diese Klarheit des Mondes, die die Perfektion unseres Universums, die Perfektion unserer Haltung, unserer Geisteshaltung ist – man spricht von Perfektion, weil sie universell ist – sie ist Gott, man kann noch darüber hinaus gehen. Wenn man wollte, könnte es zehn Monde geben. Aber im Satori unseres Universums, unseres Karma, gibt es nur einen Mond und eine Sonne. Das ist einfach. Es könnte vier Sonnen, drei Monde geben. Sonne und Mond sind unser Bewusstsein, unser Geist, unsere Realität. Genauso wie ich weiß, dass ich Stéphane bin, dass ich Franzose bin, dass ich ein Mann bin: das ist meine Realität. Ich könnte genauso gut eine Frau werden, eine Schwarze. Um zu inkarnieren, um wirklich zu seiner Realität zu werden, muss man Zazen machen. Das bedeutet, die Perfektion, die es in unserem

Universum gibt, zu reflektieren. Es gibt viele andere Universen.

Sensei sagte zu diesem Satz: »Jeder hat sein Karma und sieht, nimmt die Realität durch sein eigenes Karma wahr. Die Welt ist mit farbigen Brillengläsern geschmückt.« Wenn ihr die Welt des Satori widerspiegelt, indem ihr beginnt, das Satori eures eigenen Karma widerzuspiegeln, dann öffnet sich die Tür zu einer Welt unendlicher Möglichkeiten.

»Wenn der Mensch das Satori erreicht, ist das wie die Spiegelung des Mondes im Wasser. Der Mond wird vom Wasser nicht durchnässt, und das Wasser wird vom Mond nicht aufgewühlt.«

Wenn sich das Wasser bewegt, dann wird die Spiegelung verschwommen. Nur durch die innere Ruhe des Wassers kann sich der Mond vollkommen spiegeln. Die Aufgabe des Mondes ist lediglich, sich im Wasser zu spiegeln und die Aufgabe des Wassers ist lediglich, den Mond widerzuspiegeln.

Man hat Schwierigkeiten dies zu verstehen, weil man sich unaufhörlich mit dem, was man sich unter einem Ego vorstellt, der logischen Kontinuität eines Ego identifiziert. Von der Geburt bis zum Tod glaubt man daran, was alle Möglichkeiten zur Spiegelung in einer solchen Verwirrung ausschließt. Man kann das, was man widerspiegelt, was man im Zen unsere wahre Natur nennt, nicht wirklich wahrnehmen. Die größte Angst jedes Einzelnen ist, diese Persönlichkeit, von der er glaubt, dass sie seine ist, zu verlieren, dass sie verschwindet, dass sie sich auflöst. Das ist Todesangst: die Angst, dass dasjenige, von dem wir glauben, dass es von uns existiert, verschwindet. Das macht uns Angst, aber das ist nicht das Schlimme am Tod. Schlimm ist, den Wert lebendig zu sein, die wahre Natur dieses Wesens, solange man lebendig ist, nicht erkannt zu haben. Wenn man stirbt ist es zu spät. Wenn einem die wahre Natur seines Wesens zu Lebzeiten bewusst wird, dann existiert diese wahre Natur ewig. Aber diese wahre Natur ist nicht das, was wir für unser Ego halten.

Diese wahre Natur kann man zum Beispiel Geist nennen, oder Gott. Und dieser Geist, von dem die Rede ist, ähnelt dem Mond, der sich im ganzen Universum widerspiegelt, selbst in einem kleinen Tautropfen.

Wenn ihr Zazen macht, beruhigt sich das Wasser eures Ego und die Spiegelung wird klar. Über die Spiegelung kann man nicht sprechen, nicht daran denken, man kann sie nicht erfassen, denn im selben Augenblick würde man Wellen verursachen. Aber man hat ein direktes, absolutes Wissen von ihr. Das nennt man Hishiryo, Denken ohne Konzeptualisierung, direkt, Gewissheit, ohne dass das Wasser aufgewühlt oder der Mond durchnässt würde. Hishiryo ist sehr wichtig. Natürlich nicht nur im Zazen, sondern in allen Momenten des Lebens. Dieses Bewusstsein verändert unsere Einstellung, unsere Art zu leben völlig, es ist eine vollständige Revolution des Menschen.

Das direkte Bewusstsein der Dinge ist Gewissheit, reine Intuition. In der Tat bedienen wir uns unserer Gedanken schlecht. Wir benutzen das Denken auf unsere Kosten, gegen uns selbst. Aber eigentlich ist nicht das Denken daran schuld, sondern die Zweifel. Man denkt, weil man zweifelt. Weil man zweifelt, will man rationalisieren, sich beruhigen, Bestandsaufnahme machen. Man gebraucht dieses einfache Werkzeug, das das Denken ist, wie eine Droge, um sich zu beruhigen, um zu versuchen, die logische Kontinuität von dem, was wir für das Ego halten, zu verstärken.

Es stimmt, dass das absolute Denken, dieser außergewöhnliche Schatz, unserem Ego in keiner Weise zugute kommen kann. Sie begegnen sich nicht. Und wenn man das Goldstück ergreifen will, muss man das zinnerne loslassen. Die Menschen sind dermaßen geizig und Gold ist so schön, so rein, es ist geheimnisvoll. Heute, in der modernen Gesellschaft, lehnt die Mehrheit Religion ab, als wäre es etwas Überholtes. Es stimmt: betrachtet man die katholische, christliche, muslimische oder hinduistische Religion, selbst den Buddhismus, den Kirchen-Buddhismus, erkennt jeder Dummkopf, dass das nicht standhält. Wenn man also der Welt sagt:»Was den Menschen fehlt, ist der religiöse Geist«, sagt die Welt:»Ach! Religion... Wir haben sie satt, die Religion!«

Der wirkliche Wert der Religionen, von denen ich soeben gesprochen habe, ist, dass sie den religiösen Geist hervorrufen. Das ist das Wichtige: der religiöse Geist.

Eine berühmte Geschichte erzählt die Geschichte einer Affenfamilie:

Einer der Affen hatte den Mond entdeckt, die Spiegelung des Mondes in einem Brunnen – wie die Leute, die behaupten, die Wahrheit Gottes stünde in einem Buch geschrieben. Er rief all seine Freunde:

»Schaut! Der Mond ist in den Brunnen gefallen! Wir müssen den Mond beschützen – wir müssen diese Religion retten, diese Wahrheit, die der Mond ist, die in diesem Brunnen enthalten ist. Wir müssen ihn aus dem Brunnen herausholen!«

»Gut, aber wie wollen wir das anstellen?«

»Ich habe eine Idee: ein Affe wird sich an den Ast des Baumes klammern, der sich über dem Brunnen befindet und einen anderen Affen beim Schwanz halten, der wiederum einen anderen Affen beim Schwanz hält... und der letzte Affe, ganz unten, kann dann den Mond im Brunnen ergreifen!«

Aber das Gewicht all dieser Affen war so groß, dass der Ast abbrach und sie alle in den Brunnen gefallen sind...

Das ist wirklich die Geschichte all dieser dogmatischen Religionen. Alle halten sich beim Schwanz und glauben, Gott sei in einem Buch enthalten. Und schließlich versacken sie im Unglück.

Wahre Religion ist kein Konzept. Es ist das direkte und stille Erkennen. Wenn man dieses direkte Erkennen hat, wenn man in der Lage ist, sich diesem direkten und stillen Erkennen zu öffnen, dann können alle heiligen Bücher zu euch sprechen, still zu euch sprechen, eure Begleiter, eure Ratgeber werden, zum Wort Gottes werden. Wenn man diese Offenheit hat, kann alles zum Wort Gottes werden.

Die neue menschliche Religion – denn der Mensch hat nie ohne Religion gelebt – die neue Religion des Menschen wird still sein, in direktem Erkennen.

Im Moment denke ich gerade über die drei letzten Sätze des Genjo Koan nach, die ich kommentiert habe. In diesem Text enthüllt Dogen die großen Geheimnisse des menschlichen Geistes. Man sagt:»Oh! Das ist Philosophie!« Es ist ein sehr philosophischer Text. Er fördert die großen Geheimnisse, die großen Rätsel des menschlichen Bewusstseins zutage. Ganz besonders in diesen drei Sätzen in der Mitte. Alle Fragen, die man sich zum menschlichen Geist stellen kann, alle existieren sie im Genjo Koan.

Die wichtigste Stelle ist die, an der er von einer Person spricht, die ein Boot besteigt und das Ufer betrachtet. Sie bildet sich ein, dass es das Ufer ist, das sich bewegt. Wenn sie aber den Blick aufmerksam auf das Boot richtet, versteht sie, dass es das Boot ist, das fährt.

Danach spricht er in Form eines Gedichtes vom Holz und der Asche, das heißt, der Beziehung zwischen Leben und Tod. Das ist ein sehr altes Beispiel, das schon Nagarjuna erörtert hat. Was ist das Leben? Was ist der Tod? Alle stellen sich diese Frage. Dogen spricht vom absoluten Leben und vom absoluten Tod. Zuvor hat er mit dem folgenden Gedicht vom Begriff der Unbeständigkeit gesprochen:»Selbst wenn man die Blumen liebt, verwelken sie, selbst wenn man das Unkraut hasst, sprießt es«. Hier, in diesem Gedicht über das Holz und die Asche, spricht er von der absoluten Beständigkeit.

All diese Begriffe sind grundlegende Geheimnisse des menschlichen Geistes. Deshalb ist das Genjo Koan das erste Kapitel des Shobogenzo. Das wichtigste. Fundamental. Es würde reichen, sein ganzes Leben lang nur dieses Kapitel zu studieren und zu lernen, um die tiefgehende Unterweisung Dogens und aller Meister zu verstehen.

Nach der Geschichte der Holzscheite und der Asche spricht er von der Spiegelung des Mondes, vom Verhältnis, das man zum Erwachen haben muss.

Dann spricht er von etwas sehr Wichtigem, Wunderbarem. Er sagt: »Die Leute, die nichts taugen, glauben, dass sie ganz toll sind, alles wissen. Aber das Zeichen dafür, dass das Dharma den Körper und den Geist vollkommen erfüllt, ist, wenn man denkt, man sei unzulänglich, man sei nur auf halbem Wege.«

Das ist keine Frage falscher Bescheidenheit.

Dann erklärt er: wenn man zum Beispiel ein Boot besteigt und aufs weite Meer fährt, dorthin, wo man die Küste nicht mehr sieht: wenn man um sich schaut, sieht man, dass das Meer rund ist. Das Meer jedoch ist weder rund noch eckig. Was wir sehen, sind unsere eigenen Grenzen, nicht die des Ozeans. Dasselbe gilt für den Geist, wir werden nie wahrnehmen, dass unsere eigenen Grenzen nicht die Grenzen des Geistes sind.

Jedes Wort, jeder Satz enthüllt etwas sehr, sehr Tiefes. Wenn ihr also die Gelegenheit habt, lest das Genjo Koan mit den Kommentaren von Meister Deshimaru, herausgegeben von der *AZI*. Es ist interessant. Meiner Meinung nach muss man nur den Text lesen und studieren, ohne die Kommentare Meister Deshimarus, einerseits. Das heißt, den Text in Ruhe lesen, dann ihn nach einem Jahr, fünf, zehn Jahren wieder lesen und nach und nach wird jeder Satz, selbst zehnmal zuvor gelesen, für euch eine Bedeutung annehmen.

Manchmal ist die Übersetzung nicht besonders gut. Lest andererseits gleichzeitig den Kommentar von Meister Deshimaru, der euch auf den Weg bringen wird, auf die Fährte, in deren Richtung ihr euch begeben müsst, um selbst zu verstehen.

Das ist sehr wichtig. Dank der Texte konnten die Meister sehr bedeutende Lehren weitergeben. Bestimmte Zenmönche haben die Sutren und Texte kritisiert, viele haben sie verbrannt. Meister Dogen sagt, dass auch die Texte der Körper Buddhas sind. Man muss sie zu benutzen wissen. Man darf nicht auf intellektuelle Weise an sie herangehen, nicht versuchen, zu lesen und dann intellektuell zu verstehen und glauben, dass man verstanden hat. Ihr nehmt einen Satz, lest ihn aufmerksam, ohne ihn verstehen zu wollen. Dann verbringt ihr ein oder zwei Tage, ohne daran zu denken. Ihr lest ihn noch einmal. Ihr lasst das Leben selbst euch die Botschaft geben, ihr lasst ihn gründlich in euch reifen. Dann entspringt eine Intuition aus eurem tiefsten Inneren. Dann könnt ihr zum Vergleich die Kommentare Meister Deshimarus lesen.

Mit einem Buch kann man körperliche Arbeit leisten, nicht nur intellektuelle. Es erlaubt, den Geist zu schärfen, die Texte der großen Meister zu vertiefen. Die Texte der großen Meister können nur die Antworten bestätigen, die ihr bereits in euch selbst gefunden habt.

Ich fahre fort mit der Beziehung zwischen dem Geist und seiner Spiegelung.

Im Chinesischen übersetzt man den individuellen Geist mit »Herz« und den universellen Geist mit »Tao«. Man kann also sagen: die Beziehung zwischen dem Tao und dem Herz, dem menschlichen Bewusstsein, zwischen dem Mond und dem Wasser.

Eines Tages ging der große Meister *Bajo* mit drei seiner engsten Schüler im Mondschein spazieren: *Shisso*, *Banzan* und *Nansen*.

Plötzlich fragt er sie:»Hier und jetzt, was ruft dieser Mondschein in euch hervor?«

Shisso sagt:»Ich denke, es wäre ein guter Augenblick, um das Hannya Shingyo zu singen.«

Banzan sagt:»Ich hätte Lust, Zazen zu machen.«

Nansen schüttelte seine Ärmel zurecht und ging fort.

Dann sagt Baso:»Shisso hat die Sutren verstanden, Banzan hat die Praxis verstanden, aber nur Nansen befindet sich jenseits der äußeren Dinge.«

Jemand hat mich im Mondo gefragt:»Ich praktiziere das, was man mich gelehrt hat und ich glaube, dass Zazen die absolute Haltung des Menschen ist, dass sie selbst das Satori ist. Ist das der Glaube?« Im Zen ist das nicht der Glaube.

Man braucht keinen Glauben, um zu denken, dass Zazen Satori ist, dass es die absolute Haltung des Menschen ist, ist sogar wissenschaftlich bewiesen. Der japanische Professor Iraï hat ein Buch über die wissenschaftlichen Experimente bezüglich des Zazen geschrieben. Man kann diese Dinge objektiv verstehen, Gehirnströme messen, Berechnungen zum sympathischen Nervensystem erstellen, zum Muskelsystem, zum Blutkreislauf, Tests zu weißen und roten Blutkörperchen machen, die ausgeatmeten Gase analysieren. Das ganze Buch von Professor Iraï beweist diese Aussagen wissenschaftlich. Zazen ist die größte Haltung des Menschen und ist in sich selbst das Satori... es ist nicht nötig zu glauben, um das zu verstehen.

Nur Nansen hatte wirklich verstanden, was Glaube im Zen ist. Der Glaube existiert vor, während und nach Zazen. Immer. Das Satori existiert nicht nur während Zazen. Der Geist existiert nicht nur während Zazen.

Meister Dogen schreibt es im ersten Satz des Hokyo Zanmai:»Was ist das Dharma?« Er antwortet:»Absolut. Ohne Zweifel.« Das heißt Hishiryo, absolutes Denken, ohne Zweifel, ohne wissenschaftliche Beweise nötig zu haben, direktes

Verständnis, ohne am Denken vorbeizugehen, der Glaube an den Geist. In dem Moment wird alles möglich, das Tor des Dharma öffnet sich.

Hört einfach nur auf zu zweifeln. Zweifeln ist das Denken benutzen, um sich ständig zu beruhigen und also die Wahrheit nicht direkt wahrzunehmen.

26

Den Anfängergeist nicht vergessen

Wir werden hier fünf Tage bleiben, um gemeinsam Zazen zu machen, in Stille. Das ist die beste Art, das Jahr zu beenden und es ist ein Fest, ein inneres Fest. Ich weiß nicht, was die Beschäftigungen in eurem Alltagsleben sind, und ich kenne den Grund nicht, der euch dazu gedrängt hat, Zazen zu praktizieren. Ich weiß noch, dass Meister Deshimaru mir kurz vor seinem Tod einmal die Frage gestellt hat: »Warum machst du Zazen?«, und ich stand mit offenem Mund da und wusste nicht, was ich antworten sollte. Ich hatte vergessen, warum ich Zazen machte. Mit den Jahren der Praxis hatte ich es vergessen.

Es gibt ungeheuer viele Dinge, die man in seinem Leben vergißt, zum Beispiel unsere Träume, den größten Teil unserer Träume. Dennoch erleben wir sie intensiv, genauso klar wie unser tägliches Leben. Trotzdem kann man einen Traum nach fünf Minuten völlig vergessen haben, während man sich mit anderen Dingen beschäftigt, sich an andere Dinge bindet, soziale, rationale Dinge.

Es war an einem Frühlingsmorgen, an dem Ort, den wir das zweite Dojo nannten, dort wo wir jeden Tag gemeinsam die traditionelle Reissuppe, die Guen Mai, aßen.

An diesem Morgen werden wir gut 40, vielleicht sogar 50 Personen gewesen sein. Wir hatten alle mehr als eine Stunde

Morgenzazen gemacht und danach die gewohnte Zeremonie. Wir hatten die Guen Mai beendet und es war der nicht weniger wichtige Moment des französischen Frühstücks: Kaffee oder Tee, schön frisches Baguette mit Butter und Marmelade. Obwohl das Zen schlicht ist, ließ man es an nichts mangeln, und nach der Stille und dem tief gehenden Gesang der Sutren brach Gerede und Gelächter los. Wie jeden Tag um diese Zeit bereitete sich jeder vor, in Hochform und gut gelaunt zur Arbeit zu gehen. Zweifelsohne habt ihr schon gemerkt, dass wichtige Ereignisse euch nicht dann widerfahren, wenn ihr sie erwartet, sondern das Leben sucht sich den Moment aus, um das Schicksal völlig über den Haufen zu werfen.

Zu der Zeit entwickelten sich die Dinge in der Sangha gerade, wir hatten die *Gendronnière* gebaut und dort bereits zwei Sommerlager abgehalten.

Das Leben, vor allem das Leben im Zen, ist immer eine Folge von Revolutionen, von Umwandlungen unseres Lebens und unserer Gewohnheiten. In einem bestimmten Moment merkt man, dass man weiter gehen muss: ein merkwürdiges und undefinierbares Gefühl, das uns ein bisschen traurig oder gespannt macht, das uns zweifeln oder uns von unserem Leben gewaltsam Abstand nehmen lässt und das uns die baldige Ankunft des Mujo-Windes, der Unbeständigkeit, ankündigt. Man hat so viele Jahre lang allein gelebt und eines schönen Tages verliebt man sich, unser Leben gerät aus der Fassung. Man hat in einem Land gelebt und eines schönen Tages zieht man weg. Man hat sich an jemanden gewöhnt und plötzlich verschwindet er. Unser Leben ist eine Folge von Revolutionen; das ist der Wind der Unbeständigkeit, der alles auf seinem Weg hinfort fegt.

Zu der Zeit hatte ich gerade das Dojo verlassen, in dem ich sieben Jahre lang gewohnt hatte. Ich schlief dort neben

Buddha. Zum ersten Mal in meinem Leben war ich mit einer jungen Frau, in die ich verliebt war, zusammengezogen. Ich hatte gerade eine Rockschallplatte gemacht und mein Leben veränderte sich auf eine leidenschaftliche Art und Weise. Es war mein Meister selbst, der mich aufgefordert hatte, das Dojo zu verlassen und eine Woche später kündigte ich ihm an, dass ich eine Wohnung gefunden hatte und mit Lucette zusammenziehen würde.

Er rief mich zu sich und sagte:

»Stéphane, warum wollen Sie weggehen?«

»Ich wohne jetzt sieben Jahre im Dojo, Sensei. Das war außergewöhnlich für mich, aber wenn ich noch länger bleibe, werde ich blöd. Alles ändert sich schließlich, Sensei, ich will mich nicht an einer Situation festhalten.«

»Überhaupt nicht, Sie werden nicht idiotisch werden, wenn Sie in meinem Dojo bleiben, es ist der reinste Ort, Sie werden nicht idiotisch werden.«

»Aber Sensei, Sie waren es, der uns letzte Woche gesagt hat, dass Sie niemanden mehr im Dojo wollen, dass alle ausziehen müssen.«

»Nein! Ich habe Ihnen nicht gesagt, dass Sie ausziehen sollen, ich habe Doudou gesagt, dass er ausziehen soll, nicht Ihnen!« sagte er mit entrüsteter Stimme.

Wenn er wollte, konnte mein Meister extrem böswillig sein.

»Sie haben gesagt: › Ich will, dass alle aus dem Dojo ausziehen‹, deshalb habe ich gedacht, dass das auch für mich gilt.«

Kritisch und ironisch sagt er:

»Ah! Stéphane will sich mit einem Mädchen davon machen!«

Kurz gesagt, wir befanden uns in einer Zeit von großen Umwandlungen unserer Sangha. Ich hatte Lust, alles Mögliche zu unternehmen. Und der Meister fühlte, dass wir keine kleinen Kinder mehr waren und dass wir sogar erwachsen wurden.

Ich komme also auf diesen berühmten Frühlingsmorgen zurück, an dem Anne-Marie, die vertraute Sekretärin Senseis, mit hochmütiger und verächtlicher Miene auf mich zutrat und in autoritärem Ton mit mir sprach, als ob ich ein Haufen Scheiße wäre, als ob ich ihr Dienstbote wäre. Diese Art von zwischenmenschlicher Beziehung habe ich noch nie ertragen oder akzeptieren können, weder damals noch heute. Ich mag es, wenn man sich gegenseitig respektiert. Anne-Marie missbrauchte ihre Stellung und die Autorität, die ihr übertragen worden war, gegenüber ihren Mitschülern enorm. Manchmal behandelte sie sie schlecht. Jetzt, wo ich selbst für eine Sangha verantwortlich bin, versuche ich, wirklich wachsam zu sein, damit diese Art von Beziehung in meiner Sangha nicht entsteht. Sie hatte natürlich viel Arbeit und viele verantwortungsvolle Aufgaben, während ich frei und unbekümmert war, und sie brauchte die Hilfe der anderen Schüler. Das Amt der Sekretärin ist äußerst heikel und schwierig und dies war nicht das erste Mal, dass ich sie auf vulgärste Art und Weise zum Teufel schickte. Sie beschwerte sich regelmässig darüber bei Sensei, der nie etwas gesagt hatte, dieses Mal jedoch lief es nicht so, wie ich es erwartet hätte.

Sie brachte mir ein Stück Sandelholz und sagte mir: »Zerbrich das in kleine Stücke, um Weihrauch für Sensei zu bereiten!« Für jeden Schüler ist es eine große Ehre und eine große Freude, den Weihrauch für seinen Meister zu bereiten, aber ich antwortete: »Nein, ich habe andere Sachen zu tun!«

Einige Minuten später ruft Deshimaru mich zu sich: »Stéphane, warum wollen Sie Anne-Marie nicht helfen?«

Und ich, ich Idiot, anstatt meine Geisteshaltung zu ändern und Sensei zu antworten, bleibe in meiner Beziehung zu Anne-Marie stecken und sage zu Sensei: »Ich habe keine Zeit mit Anne-Marie zu verlieren.«

Seht nur, wie schnell man in Worten versacken kann, nicht nur in Worten, sondern auch in den Personen, mit denen man sich identifiziert. Man muss immer in der Lage sein, sich nicht mit einer Person zu identifizieren, selbst wenn man einen Moment lang wütend wird, muss man in der Lage sein, innerhalb weniger Sekunden völlig umzuschalten, wenn die Situation sich ändert. Und da hatte ich mich geirrt.

Mein Meister schaute mir in die Augen und sagte mit lauter Stimme: »Ihr *Doshin* lässt nach. Selbst wenn Sie mit einer Frau zusammenleben, selbst wenn Sie nicht mehr in meinem Dojo übernachten, selbst wenn Sie Musik machen, dürfen Sie sich niemals vom Doshin entfernen, niemals dürfen Sie den Geist des Weges vergessen.«

Und er fügte brüllend hinzu: »Warum machen Sie Zazen? Warum machen Sie seit so vielen Jahren Zazen? Warum sind Sie mir begegnet?«

Vor dieser Frage sperrte ich Mund und Nase auf, es war mir unmöglich, mich zu erklären, unmöglich, meine Gedanken zu sammeln.

Ich habe die genauen Worte, die genaue Beschreibung von dem, was sich zugetragen hat, vergessen. Alles, was ich weiß, ist, dass mein Meister unermeßlich und sehr ernst erschien, fast wütend. Er sprach wie zum ganzen Kosmos: »Vergiss niemals Doshin, Stéphane!«, sagte er zu mir. »Was du auch tust, was dir auch in Zukunft passiert, vergiss niemals Doshin, vergiss nie, warum du mich getroffen hast.«

Ich war vollkommen beeindruckt und es herrschte totale Stille. Alle waren wie versteinert.

Indem ich mich geweigert hatte, Anne-Marie zu gehorchen, hatte ich unbewusst etwas sehr Tiefgründiges ausgedrückt: dass die Zeit gekommen war.

»Ich habe keine Zeit zu verlieren, Sensei«, hatte ich ihm gesagt.

Er hatte mir geantwortet: »Ich auch nicht, auch ich habe keine Zeit zu verlieren.«

In diesem Augenblick gab er Etienne das Holz zum Zerkleinern: »Mach du es!«

Etienne sagte: »Ja, Sensei.«

Dann kam Sensei zu mir. Ich kniete aufrecht, in genau der Haltung, in der ich später vor Meister Niwa das Dokument der Weitergabe des Zen erhalten sollte. Vor seinem Meister aufrecht knien, seine Energie, sein *Shen*, sein Geist geht auf uns über.  Sensei nahm meine Hand und drückte sie für eine Zeit, die mir unendlich lang vorkam, während er wiederholte: »You understand, Stéphane, Sie verstehen, Stéphane!«

Ich verstand absolut gar nichts, aber ich kann auch nicht sagen, dass ich nicht verstand. Ich wiederholte wie eine Litanei: »Ja Sensei, ja Sensei...« Er drückte unaufhörlich meine Hand. Ich fühlte etwas Kaltes und Intimes auf mich übergehen. Die Erinnerung, die ich daran habe, ist undefinierbar.

Dann ging Sensei in seine Wohnung, in sein Zimmer. Er nahm ein Gift und drei Wochen später ist er in Japan gestorben.

So also hat sich die Zeremonie der Weitergabe für mich abgespielt, von meiner Seele zu deiner Seele, zwischen Meister Taisen und seinem Schüler Kosen, auf völlig unformelle Art, wie es mit Sensei üblich war: von Körper zu Körper, von Seele zu Seele.

Ich hatte übrigens nichts von dem verstanden, was passiert war, und die anderen Schüler kritisierten mich, indem sie sagten, ich hätte meinem Meister Kummer bereitet.

Am nächsten Morgen wartete ich vor der Tür des Dojo auf ihn, um mich zu entschuldigen und mich vor ihm zu verneigen, aber er kam nicht, weil er krank war. Am übernächsten Morgen kam er ins Dojo und nach dem Zazen sagte ich zu ihm: »Sensei, lasst mich Sampai vor Euch machen, lasst mich mich entschuldigen, denn ich habe Euch Kummer bereitet!«

Er sah mir ins Gesicht und sagte: »Sie haben sich für nichts zu entschuldigen, Stéphane: das war ein Mondo, ein wahres Mondo.«

Ein Mondo ist ein tiefer und lebenswichtiger Austausch zwischen Meister und Schüler. Es ist das wahre Zen, das echte lebendige Koan. Jetzt ist es schon 12 Jahre her, dass dieses Ereignis stattgefunden hat. Das ist die unbewusste Weitergabe, jenseits aller Worte, die Weitergabe der linken Seite. Und erst heute, 12 Jahre später, kann ich verstehen und bestätigen, dass ich an jenem Tag das Mark des Zen von Deshimaru empfangen habe.

Manchmal bedaure ich, dass das Zen ein reichlich nüchterner Weg ist. Ich bedaure das nicht für mich, denn ich fühle seine Authentizität in meinem tiefsten Inneren, sondern für die anderen. Die Leute haben keine Lust auf Nüchternheit, keine Lust, der unerbittlichen Wahrheit ins Gesicht zu schauen. Sie wollen glücklich sein, fröhlich, sie wollen das Leben genießen. Sie haben Lust auf Sonne, Meer, Liebe und viele andere so angenehme Dinge. Es sind nur wenige, die praktizieren und noch weniger, die das wahre Zen verstehen. Aber diese Nüchternheit des Zen, diese Kälte, die eiskalte Klinge des Säbels der Weisheit ist der wahre Weg, der authentische Weg, der zum wirklichen und tiefen, unzerstörbaren und ewigen Glück führt. Er scheint nur nüchtern, und im Grunde ist er warm und gastfreundlich. Das ist das wahre Glück.

Sensei hat es immer gesagt: »Zazen ist nur, zum Normalzustand zurückkehren.« Das heißt nicht zur sozialen Norm, sondern vielmehr zum ursprünglichen Zustand. Zazen ist ein Schatz, den wir nicht verdienen. Weil wir ihn nicht verdienen, sind wir uns nicht bewusst, können wir uns nicht vorstellen, begreifen wir nicht, an welchem Punkt er kostbar ist. Es ist unvorstellbar, dass wir Zazen machen können, aber Zazen braucht unseren Glauben noch nicht einmal.

Und jetzt erinnere ich mich sehr gut, warum ich Zazen gesucht habe. Es ist nur das, dieser Schnittpunkt. Die ersten Male, die man Zazen macht, ist einem vielleicht klar, dass es einen Schnittpunkt gibt, aber man erinnert sich erst viel später daran.

Das nannte Sensei: »Den Anfängergeist wieder finden.«

Unser Leben vergeht sehr schnell, man macht wenig essentielle Dinge; und um sie zu tun, braucht man viel Zeit. Nach und nach muss man sparsam mit seiner Energie umgehen und unnütze Dinge, durch die man Energie verliert, verringern, um Essentielles zu tun. Beim nächsten Zazen werde ich euch erklären, warum Zazen ein Scharnier ist – wenn ich mich daran erinnere.

Mondo: Fragen an den Meister

Was ist die kosmische Ordnung? Muss man Angst vor ihr haben?

Die kosmische Ordnung zu fürchten bedeutet, bereits sensibel genug zu sein, um sie zu erfassen, genügend Intuition, Sensibilität zu haben, um zu begreifen, dass eine kosmische Ordnung existiert. Man muss sie fürchten und wissen, dass sie einen zerstören kann, dass sie gefährlich und extrem mächtig ist. Aber gleichzeitig muss man keine Angst davor haben, muss man keine Angst haben, zerstört zu werden, man muss genau sein. Das Schlimmste, das man fürchten kann, ist Blödheit: seine eigene Blödheit, seine eigene Lüge, seine eigene Mittelmäßigkeit. Es nützt nichts, den Leuten zu sagen: »Fürchtet die kosmische Ordnung.«

Sensei hat gesagt, dass das eines der obersten Gebote des Mönchs ist. Leute, die der kosmischen Ordnung nicht folgen, fürchten sie nicht. Sie glauben nicht daran, weil sie die Realität, ihre Realität, intellektuell rationalisiert haben. Sie sind nicht sensibel gegenüber dem Leben, sie fühlen die lebendige Präsenz der Dinge nicht, manchmal auch nicht den Tod des Lebens, sie sehen nichts, wie manche Touristen, die die beeindruckendsten Orte der Welt besuchen und dort dann Fotos machen, um sie zu Hause anzuschauen, um zu sehen, was sie sich angesehen haben.

Man möchte den Leuten sagen: »Man muss die kosmische Ordnung fürchten!« Aber wenn die Menschen dem Kosmos gegenüber nicht sensibel sind, werden sie sie nicht fürchten oder sie werden sie intellektuell fürchten, indem sie sagen: »Gut! Man muss Gott fürchten.« Auch in der Bibel heißt es: »Fürchte den Zorn Gottes«, das ist dasselbe. Jemandem, der der kosmischen Ordnung gegenüber wirklich sensibel ist, braucht man nicht zu sagen, dass er sie fürchten müsse, denn er fühlt ihre Kraft automatisch. Man muss immer daran denken, dass man zerstört und niedergeschmettert werden kann, wenn die Stunde gekommen ist, egal wann, und dass unser Erfolg nicht ewig ist. Man hat auf der Erde eine Aufgabe zu erfüllen. Nie darf man sich sagen: »Ah, ich bin superstark!« sondern vielmehr: »Es ist möglich, dass ich mich irre, dass ich mich völlig geirrt habe. Nicht ich bin es, der darüber entscheiden kann, sondern die kosmische Ordnung.«

Diesen Gedanken habe ich oft, denn das, was ich mache, mache ich ganz. Ich bin der Ansicht, dass man die Dinge mit 100 Prozent seiner Energie leben und praktizieren sollte. Im Zen lehrt man, dass man in seiner Energie immer einen Spielraum behalten soll, was man einen Rest an Feinfühligkeit nennen könnte: man nennt dies Zanshin, der Geist, der bleibt. Man findet ihn in der Teezeremonie wieder: Bevor man trinkt, muss man die Schale zuerst zweimal nach rechts schwenken. Während dieser Zeremonie kann man nicht ohne Umsicht, wie ein Schwein, trinken, das ist ein Beispiel für Zanshin, das auf die Spitze getrieben ist. Dennoch waren viele große Meister der Teezeremonie starke und kraftvolle *Samurai*.

Auch in den Kampfkünsten existiert Zanshin: wenn man den Kopf eines Gegners abschlagen musste, musste man sein Schwert einige Millimeter vor der Haut anhalten, so dass der Kopf nicht abfiel, sondern am Körper blieb. Im Dojo darf man die Buddhastatue nicht direkt grüßen, sondern wir treten vor sie, indem wir von links kommen und anschließend zwei kleine Schritte machen, die uns zum Zentrum führen. Es gibt viele Beispiele für Zanshin. Und wenn ich sage 100 Prozent seiner Kraft für eine Handlung zu geben, bedeutet das nicht, Zanshin zu vergessen, denn in dem Moment fügt Zanshin sich hinzu und bringt euch zu 108 Prozent...

Ich glaube, dass ein *Mönch* ein Instrument des Dharma ist. Wenn man Mönch wird, gibt man sich. Man sagt: »Ich will das Instrument Gottes sein (Abdallah auf Arabisch), damit das Dharma sich ausdrückt. Ich weiß nicht, was Buddha, dieses etwas, das über mich hinausgeht, wünscht, dass ich verkörpere, denn außer den 100 Prozent gibt es etwas, das über mich hinausgeht.«

Das ist die kosmische Ordnung fürchten. Gleichzeitig soll man sie nicht für sich selbst fürchten. Für sich selbst muss man sie akzeptieren. Wie dem auch sei, man ist gezwungen, sie zu akzeptieren: Am Tag, an dem man sterben muss, stirbt man. Ich habe sehr viel nachgedacht als ich meinen Meister sterben sah, als ich Etienne sterben sah. Trotz ihrer Kraft habe ich gesehen, an welchem Punkt sie von diesen acht Prozent, die über sie hinausgingen, niedergestreckt wurden.

Für Zenmeister war es Tradition, vor ihrem Tod Gedichte

zu schreiben. Es gibt viele Beispiele. Dogen, Nyojo, viele große Zenmeister haben vor ihrem Tod Gedichte folgender Art geschrieben: »Ich strahlte ins Firmament, ich habe mich völlig gegeben, aber jetzt werde ich in die Hölle tauchen, ich werde in die Hölle hinabstürzen.« Das war eine Tradition der Demut, um zu sagen: »Ich bin nichts als ein Stück Scheiße, ich werde in die Hölle gehen, weil ich ein sehr schlechtes Karma habe«, während sie die besten der Menschen gewesen waren. Manche haben vor ihrem Tod nur gesagt: »Ich will nicht sterben.« Sensei sagte nur: »Es tut weh.« Sie sagten ihren Schülern nicht: »Beunruhigt euch nicht, wir haben die Situation unter Kontrolle.« Das ist die kosmische Ordnung fürchten.

Das Drama, das, was mich Zeit meines Lebens krank macht, was mich vielleicht töten wird, ist zu sehen, dass all diese Idioten, die über alles absolute Gewissheit haben – über die Wirtschaft, über die Politik, über das Zen – die kosmische Ordnung nicht fürchten (also das, das läßt mich ... Ich habe Hassgedanken!).

Vor drei, vier Jahren war Ökologie sehr in Mode. Jetzt geht uns Ökologie auf die Nerven, sie ist überholt. Aber es gibt überhaupt keine Verantwortungsübernahme, man befindet sich in totaler Abstraktion, außerhalb der Realität. Die Westmächte sind verrückt, das sind alles Geisteskranke, Verrückte. Das ist was ich denke, und ich sage es. Man muss den Menschen sagen, dass die dort Verrückte sind. Man kann sie absolut nicht respektieren. Sie taugen zu nichts, man darf sie an nichts heranlassen, sie dürfen nichts leiten mit ihrem Europa, ihren Problemen, ihren Wirtschaftssorgen. Jeder Dummkopf wäre fähig, Europa besser zu leiten als sie.

Diese Leute da fürchten die kosmische Ordnung nicht, weil sie glauben, dass sie die Situation gut im Griff haben. Sie haben keine Angst vor der kosmischen Ordnung, sie haben Angst, die Kontrolle zu verlieren. Die gesunde Reaktion, die die führenden Personen dieser Welt haben müssten, wäre, den Menschen die Situation klar darzulegen, ohne zu lügen. Das Problem betrifft nicht nur uns, sondern die Gesamtheit der Welt, ökonomisch wie ökologisch. Zum Beispiel heißt es: »Das Problem der Arbeitslosigkeit ist einfach, das ist deshalb, deshalb und deshalb.« Tatsächlich gibt es kein echtes Problem, weil es ausreichend Geld, ausreichend zu Essen für alle gibt, man muss also keine Angst haben. Nur die Egoisten haben Angst. Es reicht, die Dinge in die Hand zu nehmen, die Realität zu organisieren und zu akzeptieren. Diese Leute verschleiern die Wirklichkeit vor dem Volk, weil auf seine Kosten noch Profit gemacht werden kann, weil es noch Erdöl zu verkaufen gibt, weil es noch immer Lügner gibt.

Schlimm ist, dass sie so im Abstrakten leben, das heißt nicht mehr in der Realität leben, sondern in einer virtuellen Welt – in Computern, Konten, Spekulationen, in der Börse... Nichts ist mehr echt. Der Wert des Geldes ist nicht real. Sie sind verrückt, sie sind krank, schizophren. Aber da sie eine Mehrheit von Verrückten sind, verstehen sie sich gut untereinander und wenn ein Typ wie ich ein wenig die Stimme hebt, sagt man: »Oh! Achtung! Der dort ist verrückt!«

Und dennoch gibt es jetzt wirklich allen Grund, sich vor der kosmischen Ordnung zu fürchten.

Die ganze Zeit, jeden Tag denke ich: was können wir tun, was kann ich tun? In so einem Moment ist es besser zu handeln als nachzudenken. Gute Taten sind effektiver als gute Gedanken. Ich glaube, dass Zazen – Zazen als solches – nichts ist, zu nichts nützt, wenn es dazu da ist, den Spießbürgern Freude zu bereiten, damit sie sich wohlfühlen in ihrer Haut. Nicht dafür habe ich 25 Jahre meines Lebens damit verbracht, Zazen zu machen.

Wenn man an Zazen glaubt, kann das wirklich ein Mittel sein, ohne Starrheit, mit Kreativität, die Zivilisation von morgen zu schaffen. Daran glaube ich wirklich zutiefst. Wir müssen den Menschen erklären, dass man, um eine neue Zivilisation zu schaffen, zuhören, hinschauen, sich öffnen, empfinden muss. Wir müssen ihnen verständlich machen, dass man kein starres System schaffen kann. Das System muss geschmeidig sein, muss sich anpassen. Es gibt kein System der Linken oder der Rechten mehr. Es gibt wertvolle Menschen, es gibt wertvolle Ideen, die sowohl links als auch rechts sein können. Selbst Leute der extremen Rechten können ein halbes Prozent Wahrheit haben, in dem was sie sagen; man muss dieses halbe Prozent nehmen und benutzen. Selbst Leute der extremen Linken können zwei Prozent davon haben (wir geben ihnen mehr als der Rechten... ha, ha, ha!).

Man muss die Wahrheit benutzen. Das ist keine Partei, es ist eine Praxis. Auf diesem Niveau kann man den Menschen helfen. Aber man muss sehr, sehr vorsichtig sein, weil jede Religion, das Zen eingeschlossen, missbraucht werden kann, fanatisch werden kann. Das ist heikel, aber man muss es tun. Man muss weiterleben, etwas Neues schaffen. Ich glaube, dass Zazen nur dafür gut ist. Wenn Zazen nur dazu dient, dass immer mehr Leute Mitglieder der AZI werden und zur Gendronnière gehen, ist das klein, interessiert mich das überhaupt nicht. Ich bin überzeugt, dass, wenn sich zwischen den Menschen etwas Historisches ereignet, das Zen daran teilhaben wird. Weit über Zen hinaus werden wir unsere Fähigkeiten austauschen, uns zusammentun. Jeder wird das einbringen, was er studiert, was er gearbeitet hat.

27

Die Aufgaben einer Tür

Ich habe gesagt, dass Zazen ein Scharnier ist, man könnte andere Bilder finden. Der, der das Scharnier erfunden hat, war sehr intelligent, denn ohne Scharnier ist eine Tür völlig wirkungslos. Von dem Moment an, in dem man sie in ihre Angeln hebt, hat sie einen doppelten Nutzen: man kann sie sowohl öffnen als auch schließen.

Meister Dogen sagt im Fukanzazengi: »Zazen ist das große Tor des Gesetzes.« Eine Tür bedeutet, dass es zwei Seiten gibt. Der Durchschnittsbürger kennt nur eine und will vor allem nur eine kennen. Was befindet sich auf der anderen Seite der Tür? Wozu dient es, hinaus- und hineinzugehen?

Grenzen, Durchgänge sind immer sehr interessant. Nicht ohne Grund legt man am Eingang des Dojo einen Holzbalken hin. Diese Grenze, die das Innere und das Äußere des Dojo voneinander trennt, hat eine große Bedeutung. Man müsste den Leuten, die zum ersten Mal das Dojo betreten, sagen, dass von dem Moment an, in dem sie diese Grenze, diesen Holzbalken überschritten haben werden, nichts mehr so sein wird wie vorher. Wenn ihr beim Überschreiten des Holzes diese Befürchtung nicht habt, so ist es, weil ihr die Bedeutung der Dimension von Zazen nicht erfasst.

Sensei hat uns alles bezüglich des Zen gelehrt. Jetzt müssen wir die Bestandsaufnahme davon machen, es erneut präzisieren, nicht denken, dass er die Dinge unüberlegt gelehrt hat. Es ist ein sehr präzise konstruiertes Gebäude. Wenn man der Tradition folgt, kann alles wunderbar gut und einfach gehen. Unnötig, Angst zu haben, zu zweifeln, zu reden, seine Zeit zu vertun. Diese Tradition, diese überlieferte Unterweisung, verwirklicht sich in unserem Wesen. Ich sage nicht nur in unserem Körper, sondern in unserem Wesen und für die Ewigkeit. Das ist wirklich eine Frage der Ewigkeit. Selbst wenn man sich gut amüsiert, ist das überhaupt kein Spaß, sondern die Tür der Ewigkeit.

Es ist sehr wichtig zu verstehen, dass man bei der Praxis des Weges die abstrakte Seite nicht von der konkreten Seite trennen kann. Man muss diese beiden Seiten tiefgreifend erforschen. Die Mehrzahl der modernen Menschen kennt nur die objektive, konkrete, rationale Seite. Sie haben nur sehr wenige Möglichkeiten, die abstrakte Seite zu erfassen, zu empfinden und darin zu leben. Jedoch sind die beiden Seiten nicht getrennt. Wenn ihr unbestimmt seid, wenn es euch an Klarheit und Präzision im Konkreten fehlt, ist es euch unmöglich, die abstrakte, absolute Seite zu erfassen. Und wenn ihr umgekehrt nicht die Möglichkeit habt, mit eurem Körper, mit ganzer Seele in der abstrakten Seite zu leben, könnt ihr kein richtiges Verständnis der konkreten Seite haben. Man darf also die materielle Seite, die Seite der Ausarbeitung, der Organisation, der Funktion, des Verständnisses, der Analyse nicht ablehnen. Entscheidungen treffen und Verantwortung tragen ist genauso wichtig wie die Entledigung von Körper und Geist.

Konzentriert euch nicht auf euren Husten, auf euren Schnupfen. Wenn jemand krank ist, kommt das beim Zazen oft durch Husten zum Ausdruck. In Wirklichkeit ist das der Ausdruck von Selbstmitleid. Es gibt Leute, die ihre Haltung fahren lassen, um sich auf sich selbst zu konzentrieren. Selbst wenn ihr erkältet seid – was jedem passieren kann –, wenn ihr die Konzentration auf Zazen nicht loslasst, wenn ihr euch auf eure Atmung konzentriert, wird der Husten dieser Konzentration folgen. Wenn ihr wirklich zu krank seid, bleibt im Bett.

Ich habe von Zazen als Scharnier gesprochen, als Tür, als Band zwischen dem Schritt zurück und dem Schritt vor, zwischen der sichtbaren und der unsichtbaren Welt, zwischen der Welt des Schülers und der Welt des Meisters. Zazen ist im Zentrum. Im Lotussutra lautet ein Satz: »Wer sich in der Illusion befindet, kann durch die wahre Lotusblume erweckt werden«, das heißt, durch das wahre Zazen.

Während des Sesshins in Toulouse habe ich gesagt: »Zazen will gar nichts heißen.« Es gibt Leute, die seit 15 Jahren Zazen machen und sich überhaupt nicht weiterentwickeln, sie werden immer schlechter. Wenn jemand sich irrt, wenn jemand idiotisch, dumm ist und eine völlig falsche Auffassung der Praxis, des Weges hat, nimmt mich das wirklich zutiefst mit. Je weiter das geht, um so mehr habe ich das Gefühl, selbst dumm zu sein. Ich ertrage es nicht, dass die Menschen, vor allem die, die Zazen praktizieren, unweigerlich auf die Feigheit, die Lüge, die Schwäche, die Bequemlichkeit, die Dekoration zusteuern, ganz wie Hunde, die direkt auf die Kothaufen zugehen. Dann wird mir klar, dass die Arbeit der Unterweisung absolut und unerträglich undankbar ist.

Alle machen sich große Vorstellungen von dem, was ein Meister ist. In Wirklichkeit ist jemand, der den Weg praktiziert, niemals ein Meister, er kann nie etwas anderes sein als Schüler. Sein Samu ist es, Meister zu sein, es ist eine Arbeit des Schülers, Meister zu sein. Wenn man beginnt die Sache so zu sehen, dann fährt man fort, dann fährt man fort, der Schüler seines Meisters zu sein.

Wenn man auf jemanden, der nichts begreift, böse ist, warum empfindet man eine derartige Emotion? Man könnte einfach sagen: »Das ist ein Idiot, der soll sich nicht mehr blicken lassen!« Aber in Wirklichkeit ist diese Welt, die Gesamtheit

dieser Welt und ihrer Existenzen, unser Bewusst-sein, unser Geist. Deshalb hat *Buddha*, als er er-wacht war, gesagt: »Es wäre lächerlich, wenn ich daran denken würde, die Menschen zu unterwei-sen. Es lohnt nicht, dass ich von meinem Erwachen spreche, da alle Existenzen mein eigenes Bewusst-sein sind. Es lohnt nicht, sich über die Dummheit seiner Welt aufzuregen.«

Das ist wieder dasselbe: Zazen ist ein Scharnier, eine Tür zwischen Hinayana und Mahayana, zwischen der persönli-chen Entwicklung und der Hilfe für andere.

Deshalb heißt es in der Fortsetzung des Genjo Koan:
»*Wenn das Dharma Körper und Geist noch nicht völlig durchdrungen hat, denkt man, man sei irgendwo angekommen.*

Wenn das Dharma Körper und Geist völlig durchdrungen hat, denkt man, dass es völlig unzureichend ist, dass man gerade mal An-fänger ist.«

Wie kann man das erklären? Es ist sehr schwer zu verstehen. Selbst wenn man es erklärt, verstehen die Leute es verkehrt. Warum ist man in dieser Welt, von der ich spreche, in unserer realen Welt, festgeklammert wie eine Filzlaus zwischen zwei Schamhaaren? Und keiner, kein einziger Mensch legt großen Wert darauf, den Weg zu praktizieren, das heißt, diese Welt zu bewegen – diese Welt, die man als Realität ansieht – weil man nicht weiß, was sich auftun wird, wenn man sie bewegt. Wie man sagt: »Wenn man Schranken überschreitet, gibt es keine Grenzen mehr.«

Wenn man diese begrenzte Welt überschreitet, gibt es kei-ne Grenzen mehr, keine Realität mehr, nichts mehr, nichts, nichts. Man empfindet nicht nur die absolute Einsamkeit, sondern selbst diese Einsamkeit existiert nicht mehr, selbst unser Ego existiert nicht mehr, es ist das Chaos, der Wahnsinn, ein Alptraum. Also klammern wir uns an unsere zwei Haare. Man möchte immer alles begrenzen, alles inventarisieren, alles muss den Filter unseres intellektuellen Verständnisses durchlaufen. Alles muss rationalisiert, geordnet, klassifiziert werden. In Wirklichkeit aber befriedigt diese begrenzte Welt uns auch nicht, weil es die Welt unseres Karma ist und weil unser Karma überhaupt nicht gut ist – außerdem muss man sterben... Wir sind zwischen diesen beiden Verlangen gefangen: uns an unsere Realität zu klammern und ihr zur gleichen Zeit zu entkommen, uns davon zu befreien.

Zazen ist diese Tür, die dem, der sich an seine Realität klammert, erlaubt, sie zu erleuchten. Warum »erleuchten«? Warum dieser Ausdruck? Wenn man die Materie der Dinge, die Starrheit der Dinge sieht, ist die Welt düster und hart. Wenn man den Geist und die Energie sieht, wird selbst die Materie klar, lebendig. Alles wird lebendig. Das nennt man Erleuchtung: jedes Ding, jedes Wesen findet sein absolutes Potential wieder. Wenn man diese Tür des Zazen überschritten hat, wenn man in die Welt ohne Grenzen geschleudert worden ist, ist das total erschreckend. Diese Welt da kann uns im Bruchteil einer Sekunde verschlingen.

Zazen ist die Tür, die uns erlaubt, diese absolute Welt zu durchdringen ohne uns zu verlieren und die Dimension unserer Praxis zu erleuchten, die Dimension unserer Welt. Das ist die Praxis des Weges. Denkt daran, dass ein Schritt nach vorn von einem Schritt nach hinten abhängt. Zwischen allen Dingen muss immer ein Yin-Yang Gleichgewicht herrschen. So könnt ihr euch keine Illusionen machen, ihr könnt völlig ruhig bleiben, lediglich als Schüler fortschreiten in der Richtung des wahren Dharma, das uns von Sensei übermittelt worden ist, und das sich hier und jetzt auf lebendige Weise fortsetzt.

Deshalb ist es für Anfänger im Zazen schwierig: die Schwierigkeit ist, dass es weh tut, dass man wirklich das Gewicht seines Körpers, seine Grenzen spürt. Aber ihr könnt weder den großen Wert dieser Schwierigkeit kennen, noch wissen, wie kostbar sie ist. Diese Schwierigkeit, dieses Leiden, das ihr jetzt ertragt, ist das, was euch erlauben wird, ewig zu leben – natürlich handelt es sich dabei nicht um das Überleben des Ego.

»...Wenn das Dharma Körper und Geist völlig ausgefüllt hat, meint man, es sei unzureichend.

Wenn ihr ein Boot besteigt und auf das offene Meer fahrt, ohne irgendetwas am Horizont, weder Berg noch Ufer, wenn ihr in alle vier Richtungen um euch schaut, könnt ihr nichts als die Kreisform des Ozeans sehen.«

Im vorigen Satz spricht Dogen vom Wassertropfen; hier spricht er vom Ozean: soweit man ihn sehen kann, denkt man, er sei rund. In Wirklichkeit ist der Ozean weder rund noch eckig, und seine Materie ist unendlich. Warum glaubt ihr, fühlen sich so viele Menschen vom Meer angezogen, warum fahren sie aufs Meer?

»In der Mitte des Ozeans ist die Materie des Ozeans unendlich und befindet sich in inniger Kommunikation mit eurem Geist, wie in der Wüste oder einem riesigen Wald, wie ein Palast, eine Perlenkette. Nur für unsere Augen erscheint es wie ein Kreis.

Das gleiche gilt für die 10.000 Existenzen. (› So zahlreich die Existenzen auch sein mögen, ich gelobe, sie alle zu retten...‹)

Die Unermesslichkeit der 10.000 Existenzen ist weder rund noch eckig. Jenseits der Welt des Staubes wird das Auge der Weisheit sie nur durch Studium und Praxis sehen und erfassen können. Um den Sinn der 10.000 Existenzen zu erfassen, müssen wir verstehen, dass es jenseits des Runden und des Eckigen Welten in den vier Richtungen gibt, nicht nur um uns herum, sondern in uns und selbst in einem einzigen Wassertropfen.«

»Damit ihr versteht, schaut dem Fisch zu, wie er im Wasser schwimmt. Er denkt, dass das Wasser grenzenlos ist. Schaut dem Vogel zu, wie er am Himmel fliegt. Er denkt, dass der Himmel grenzenlos ist. Der Fisch oder der Vogel haben das Wasser oder den Himmel niemals verlassen. Wenn sie sich ein bisschen bewegen müssen, kennen die Fische das Wasser ein bisschen. Wenn sie sich weiter bewegen, kennen sie das Wasser ein bisschen mehr. Wenn der Vogel den Himmel verlässt, stirbt er alsbald; wenn der Fisch das Wasser verlässt, stirbt er alsbald. Das Wasser ist das Leben für den Fisch, der Himmel ist das Leben für den Vogel. Der Vogel und der Fisch sind das Leben. Das Leben ist der Fisch und der Vogel. So könnte man noch lang weitermachen.«

Zazen ist der Angelpunkt, die Tür, aber gleichzeitig das Fundament, das dem Fisch erlaubt, den Himmel kennen zu lernen, und dem Vogel erlaubt, den Ozean kennen zu lernen. Der gewöhnliche Fisch glaubt, dass es nichts als den Ozean gibt. Unsere begrenzte Welt beschränkt sich ebenfalls auf die Betrachtung unserer bewussten Welt. Wenn unser Bewusstsein eine Realität wahrnimmt, die nicht in das Bestandsverzeichnis, das wir uns von der Realität gemacht haben, gehört, werden wir verrückt, unser Wesen kann diese irrationale Sache nicht geistig verarbeiten. Was also tun?

Der von den Buddhas angebotene Weg bedeutet, die Grenzen unseres Bestandsverzeichnisses zu zerschlagen. Das Ego beschränkt sich nicht auf unseren Körper; es ist all das Wissen, das wir vom Universum haben. Um über dieses Ego hinauszugehen, muss man ein solides Fundament haben: das ist Zazen. Dann werden wir unendlich viel intensiver leben, als wenn wir unsere Grenzen bewahrt hätten. Um sie zu verlassen, praktizieren wir Zazen, bis wir unsere Grenzen sprengen. Wenn wir sie zerschlagen, überwunden haben, finden wir immer noch Zazen. Deshalb sagt Dogen, dass die große Tür des Gesetzes die Basis der gesamten buddhistischen Lehre ist.

28
Nagarjuna

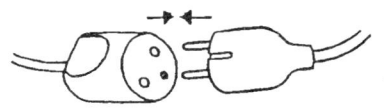

Nagarjuna war der 14. Patriarch im Stamm der *I Shin Den Shin* – Weitergabe, von Meister zu Schüler. Er hat das Prajna Paramita geschrieben. Durch seine magischen Fähigkeiten war er imstande, alle Unterweisungen Buddhas zu verstehen, und die 500 Bände des Prajna Paramita zu schreiben, indem er die Titel aller buddhistischen Sutren las. Das Hannya Shingyo Sutra (das Sutra der Großen Weisheit), das wir jeden Morgen singen, ist eine Zusammenfassung dieser Unterweisung.

Nagarjuna war ein sehr mysteriöses Wesen. In zahlreichen Zweigen des Buddhismus wird er als Patriarch angesehen: von den Tibetanern, im Tendai, im Shingon, im esoterischen Buddhismus, in anderen schamanischen Zweigen. Er ist eine mythische Persönlichkeit des Buddhismus. Er ist unser Vorfahr, unser Meister.

Ihr müsst verstehen, dass in dem Moment, in dem sich die physische Müdigkeit einstellt, wenn der Schlaf kommt, wenn wir unsere kleinen Grenzen erreichen, ein Zazen mit einer anderen Dimension beginnen kann. Man muss eine andere Art Energie finden.

Nagarjuna, man nannte ihn auch Naja. Die Naja sind mythische Kreaturen. Oft sieht man die Naja in der Mythologie mit einem Schlangenkörper und einem Menschenkopf – die Chinesen haben diesen Namen mit »Drachen« übersetzt. Sie repräsentieren die Kraft des Kundalini, welche die Transformation, die Sublimierung der sexuellen Energie ist. Das große Problem des Mannes – auch der Frau – ist, seine sexuelle Energie zu kontrollieren. Es gibt keine Spiritualität ohne sexuelle Energie. Zu allererst muss man die Kraft und die Kostbarkeit dieser lebenswichtigen Energie verstehen und empfinden: sie ist das Leben, sie ist der Geist, sie ist das Bewusstsein. Das hat nichts mit Moralbegriffen zu tun. Es bedeutet, seine Augen und seinen Körper für die totale Realität seiner Schwingungen, seiner Energie zu öffnen – das ist Zazen.

Sensei sagte:»Ihr dürft nicht wie eine Flasche abgestandenes Bier Zazen machen.« Dieser Druck lässt uns über unsere Grenzen hinausgehen.

Im Zen lernt man, dass das Bewusstsein und das Verhalten des Körpers zusammengehören. Man muss mit dem Körper lernen und nicht durch Moral.

Wenn man diese Energie übersteigt, verwandelt sich die Wahrnehmung.

Im Allgemeinen nehmen die modernen Menschen, obgleich sie sich für weiter entwickelt halten, die Dinge wie Tiere wahr. Und wie nehmen Tiere wahr? Sie nehmen wahr, dass man töten muss, um zu leben: das ist die Art ihres Bewusstseins und schlussendlich auch die Art des menschlichen Bewusstseins. Auf diesem Modell basiert unsere Gesellschaft, unsere Zivilisation: den anderen töten, um selbst zu leben. Selbst wenn man keinen Revolver zieht, nimmt man dennoch auf diese Weise wahr. Es ist eine Art, die Nahrung, die Gefahr oder das unbekannte Risiko zu klassifizieren und abzuschätzen. Es handelt sich streng genommen nicht immer um Nahrung, es handelt sich nicht nur um physische Risiken.

Selbst wenn sich die Gleichung des modernen Menschen als leicht verändert darstellt, ist sie im Grunde ein animalisches Verhältnis. Kodo Sawaki sagte:»Der Mensch ist vielleicht in Wirklichkeit nicht mehr als ein Tier, das raucht.« Wenn ihr darauf achtet, werdet ihr sehen, dass das offenkundig ist. Ausserdem hat der Mensch nicht einmal den Vorteil der Tiere, den man Instinkt nennt. Er ist gezwungen zu sprechen, zu denken, seine Vorhaben duch seine kleinen Berechnungen zu realisieren.

Aber es gibt eine andere Art wahrzunehmen, ein anderes Verhältnis zur Welt, nämlich die Essenz der Dinge, die Energie, den Geist direkt als Gesamtheit wahrzunehmen.

Als der 13. Patriarch durch den Osten Indiens reiste, wurde er von einem Prinzen in dessen Palast eingeladen.

Der Prinz sprach: »Ich werde Euch Gaben darbringen lassen.« Der 13. Patriarch, Kapimala, antwortete: »Buddha hat gesagt, dass ein wahrer Mönch sich weder in die Nähe von Palästen, großen Häusern oder mächtigen Menschen begeben darf, noch sie regelmäßig besuchen soll.«

Darauf der Prinz: »Im Norden der Stadt befindet sich ein großer Berg. In diesem Berg befindet sich eine Höhle. Würde der Meister dort gern Zazen praktizieren?«

Der 13. Patriarch wanderte mit seinen Schülern dorthin. Er kam zum Berg und sah die Höhle. Er betrat sie. In dieser Höhle befand sich eine riesige Schlange. Der Meister setzte seinen Weg unbeirrt fort, ohne sie zu beachten. Die Schlange näherte sich ihm und umschlang ihn.

Ohne Erregung, ohne sich zu fürchten, übergab ihr der Ehrwürdige die drei Zuflüchte:

Namu Kie Butsu, Namu Kie Ho, Namu Kie So.

Ich nehme Zuflucht in Buddha,

ich nehme Zuflucht im Dharma,

ich nehme Zuflucht in der Sangha.

Das ist fundamental im Buddhismus: damit der Buddhismus funktioniert, braucht man keine 16 Ventile, sondern drei Schätze. Man empfängt sie anläßlich der Bodhisattvaordination.

Er gab ihr also die Ordination.

In diesem Augenblick erschien ein, in ein weißes Gewand gekleideter, alter Mann aus dem Inneren der Höhle und grüßte ihn. Der Meister fragte ihn:»Woher kommt Ihr? Wo lebt Ihr?«

Der alte Mann antwortete ihm:»Vor sehr langer Zeit war ich ein Mönch. Mir gefiel die Einsamkeit sehr, ich lebte abseits der Welt, weit in den hintersten Bergen. Eines Tages kam ein junger Mann und bat mich um Unterweisung. Da er mich gestört hatte, wurde ich wütend und verwandelte mich im gleichen Augenblick in diese riesige Schlange. Seit 1000 Jahren lebe ich hier. Dank Euch, dank der Tatsache, dass ich die drei Zuflüchte empfangen habe, habe ich meine ursprüngliche Form wieder erlangt. Danke!«

Dann fragte ihn der Meister:»Gibt es noch andere Menschen auf diesem Berg?«

»Natürlich. Einige Kilometer von hier steht ein riesiger Baum. Unter diesem Baum, Ihr werdet sehen, werdet Ihr 500 Schlangen antreffen. Der Name ihres Anführers ist Nagarjuna. Unaufhörlich lehrt er sie das Dharma. Ich höre ihm selbst oft zu.«

Ohne zu zögern begab sich der Patriarch mit seinen Gefolgsleuten zu diesen Schlangen. Dort erschien Nagarjuna und sprach:»Der tiefe Berg ist abgelegen, er ist die Bleibe der großen Schlangen. Wie kommt es, dass Ihr, großer Weiser, diesen Ort aufsucht?«

Auf diese Worte antwortete der Meister:»Ich bin nicht der einzige Ehrwürdige, ich bin hierher gekommen, um den Mann vom großen Baum zu besuchen.«

Nagarjuna dachte:»Dieser Meister ist bestimmt ein großer Weiser, sicherlich ein Patriarch der Nachfolge.«

Dann sagte der Meister zu ihm:»Noch bevor du das gedacht hast, wusste ich schon, dass du es denken würdest. In

Wirklichkeit willst du wissen, ob ich der Nachfolger der Weitergabe bin, ob ich ein großer Meister bin. Aber das ist nicht das wahre Problem, das wahre Problem ist, dass du dich nicht entschließt, selbst ein großer Mönch zu werden, dein Ego aufzugeben, egal was ich bin oder nicht bin.«

Als er das hörte, schämte sich Nagarjuna und entschloss sich, Mönch zu werden. Sogleich ordinierte der Patriarch ihn. Auch die 500 Schlangen erhielten die Ordination. So wurde Nagarjuna sein Schüler.

Zum Anlass dieses glücklichen Ereignisses schenkte die große Schlange, die in der Höhle gewesen war, dem 13. Patriarchen einen wunderbaren Edelstein. Dieser Edelstein war der kostbarste der Welt, denn durch diesen kostbaren Stein konnte man alles bekommen, was man sich wünschte. Dank dieses magischen Steins konnte man seine menschlichen Grenzen völlig überschreiten, über sie hinausgehen.

Hebt die Daumen wieder an und bleibt regungslos. Lasst euer Bewusstsein, eure Energie nicht entkommen. Entspannt die Beine, lockert den Bauch. Habt den Eindruck, normal zu sitzen. Die Zazenhaltung ist eine natürliche Haltung. Daran ist nichts Schwieriges, es geht einem sogar gut dabei. Lasst eine andere Energie eure eigene ersetzen, denn eure ist erschöpft, ihr seid kaputt.

Lasst euch leiten, lasst euch von Zazen einnehmen.

Wir sind ins Neue Jahr hinübergegangen. Also, frohes neues Jahr! Ich denke, dass in Sachen Zen wir es sind, die die Zukunft bilden und ausgestalten müssen, und nicht nur die des Zen. Das bedeutet, dass unsere Praxis allen Menschen, der Gesellschaft helfen kann. Selbst inmitten einer kleinen Sangha trifft man alle Probleme der Welt an. Aber wir müssen ein Funktionieren erreichen – ich weiß nicht, ob das ein spirituelles oder ein anderes Funktionieren sein wird – das dazu führt, dass wir armseligen Menschen in der Lage sind, untereinander ein Verhältnis zu schaffen, das unsere Grenzen übersteigt, das die menschlichen Grenzen übersteigt. Dann wird das alle beeinflussen. Wenn man weiß, dass es so etwas selbst in einem Mikrokosmos geben kann, weiß man, dass es im ganzen Universum verwirklicht werden kann. Das ist unsere Arbeit. Das ist der spirituelle Weg.

Also, wir müssen damit natürlich ab jetzt beginnen, indem wir intensiv Zazen praktizieren und zusammen arbeiten, gemeinsam guten Willens nachdenken, ohne uns in Dekorationen zu verirren, sondern indem wir geradewegs bis zum Ende gehen. Unter uns brauchen wir keine Dekorationen. Das ist wie dieses: »Ich weiß, dass du weißt, dass ich weiß, dass du weißt...« Am Ende lässt sich alles in der Praxis zusammenfassen, der Praxis von Zazen und Sampai. Das sind Dinge, die uns selbst übersteigen, die unsere Grenzen übersteigen. Das sind die Türen, die Sensei uns überliefert hat. Er hat sie für die gesamte Menschheit übermittelt, nicht nur für uns. Es gibt keine menschliche Ausdrucksform, die über Zazen und Sampai hinausgeht, und wir versammeln uns darum herum... Aber naja, Sex ist natürlich auch nicht schlecht!

Mondo: Fragen an den Meister

Wir sind das Resultat einer Evolution, angefangen bei den Zellen, den Pflanzen, den Säugetieren. Von welchem Moment an beginnt das Karma? Was sind zum Beispiel die Verdienste einer Auster?

Das Karma hat keinen Anfang. Deshalb habe ich gesagt: »Auf sich nehmen, aber sich nicht identifizieren.«

Man muss sein Karma auf sich nehmen, aber man darf sich nicht damit identifizieren, da es keinen Anfang hat. Und dennoch ist es da. Es ist unser Karma, aber es ist nichts Persönliches. Das wirkliche Ego ist eben universell, es gehört nicht nur uns, und dessen wird man sich bewusst, wenn man Zazen macht. Es wird einem mehr und mehr bewusst, dass unser Karma schlussendlich das universelle Karma, das Karma der ganzen Menschheit ist. Das ist eine Dimension, die man nicht begrenzen oder definitiv erklären kann.

Unser Karma verändert sich mehr oder weniger den Orten zufolge, an denen wir uns befinden. Wir werden durch die ganze Welt völlig beeinflusst, aber auch durch die Orte, an denen wir leben, durch die Menschen, mit denen wir verkehren und schließlich filtern wir all diese Existenzen wie Austern.

Also ist es glücklicher Zufall, ob man dumm oder erwacht ist?

Wichtig ist, dass du erwacht bist! Die anderen... Das ist fast unmöglich zu erklären. Es gibt nur einen einzigen wichtigen Menschen auf der Welt, das bist du. Es gibt nur eine einzige Person, die erwacht sein muss, das bist du. Das Erwachen der anderen bringt dich kein bisschen voran, du musst dich erwecken. Gleichzeitig bist du der Dümmste der gesamten Menschheit. Dessen muss man sich bewusst sein. Man glaubt, dass man mehr erwacht ist als andere, und es stimmt, dass wenn du nach außen, ins Leben schaust, du jemanden finden wirst, der völlig idiotisch scheint, überhaupt nicht erwacht. Aber in Wirklichkeit bist du der Letzte der Letzten. Aber der am meisten Erwachte von allen bist auch du. Und du, dich gibt es nicht, du bist die anderen. Dein Leid ist nicht dein Leid, sondern das Leid der anderen, und das Leid der anderen ist nicht ihr Leid, sondern deins.

Das ist etwas, das man nur schwer erklären kann, das man aber durch die Zazen-Praxis wirklich empfinden kann. Je mehr man Zazen praktiziert, desto weniger ist es eine persönliche Praxis. Es ist überhaupt nicht mehr für einen selbst, sondern es wird zur Mission. Wenn du seine Dimension wirklich verstehst, verstehst du, was Zazen ist. Dann hat das nichts mehr mit dem zu tun, was man lehrt oder was die Leute interessiert. Aber wenn du die Wahrheit erklärst, können die Leute es nicht glauben, zu weit sind sie von dieser Wirklichkeit entfernt. Nur diejenigen, die tief gehend mit Zazen fortfahren und die wirklich den Geist der Erweckung, Bodaishin, haben, verstehen den Wert des Zazen.

Wenn ich an bestimmte Orte komme, wo die Leute für bestimmte Dinge von Natur aus aufnahmebereit sind, sage ich ihnen: »Wisst ihr eigentlich, dass ihr durch euer Zazen eine unwahrscheinliche, unglaubliche Macht habt!« Und indem ich ihnen das sage, wird es mir selbst klar, da ich ja ihr Bewusstsein bin. Also, dank ihnen wird mir das klar, dank dem Kontakt zur Erde – man ist nicht nur ein Mensch, man ist auch Erde, Berge und Bäume. Es gibt Orte, wo man die Berge verehrt, wo man immer ein bisschen von jeder Sache der Erde gibt. Die Indianer in Lateinamerika zum Beispiel, gießen immer ein bisschen auf die Erde, bevor sie trinken. Bei ihnen ist das ein Reflex, das ist normal. Sie fühlen die Erde als etwas Lebendiges. Sie haben Respekt vor den Bergen und vor ihrer Umgebung.

Als ich in Bolivien ankam, hat mir meine Freundin einen ganzen Tag lang die Ohren vollgequatscht mit: »Hier macht man das so und das so...« Dann habe ich ihr gesagt: »Ich reise unaufhörlich, alle 14 Tage bin ich in einem anderen Land, jedes hat seine Gebräuche und es funktioniert! Nach drei Tagen Zazen hier werde ich mehr über Bolivien wissen als du, ich werde ein stärkeres I Shin Den Shin mit den Bolivianern haben als du, denn beim Zazen fühle ich die Berge, alles, was geschieht, selbst die Geschichte des Landes, das Karma des Landes... Man fühlt alles im Inneren, nicht bewusst, aber man fühlt es, das ist normal. Das ist keineswegs magisch oder irgendetwas dieser Art, man könnte es mit Physik erklären. Das ist das Karma und dieses Karma hat keinen Anfang.

Was ist Glück, inneres Glück?

Die Menschen glauben, dass sie glücklich sein werden, wenn sie im Lotto gewinnen oder wenn sie eine Frau gefunden haben. Aber Glück hat damit nichts zu tun. Das wahre Glück hat man sogar mitten im größten Leiden und ich glaube, dass Zazen zu diesem wahren Glück beiträgt. Nicht nur Zazen, sondern auch den Wert des Lebens, das man erhalten hat, zu verstehen, den Wert dessen, was das Leben wirklich ist. Es in sich zu fühlen, das ist Glück.

Sich von der Vielheit zur Einheit zu bewegen, das ist Glück, und es ist wie eine Substanz, die man im Inneren trägt. Man hat den Eindruck, dass das unzerstörbar, dass es ewig ist. Du kannst es schwer haben, krank sein, im Sterben liegen, kurz vorm Sterben stehen, dank dieser Substanz wirst du immer die Kraft haben zu sagen: »Ich bin stark!« Das ist Glück. Das hat nichts mit Glücklichsein zu tun, oder mit Erfolg haben in der Welt der Phänomene. Dogen spricht sehr ausführlich darüber. Dieses Thema habe ich während des Sommerlagers in Argentinien ausgearbeitet. Ich habe dieses Thema behandelt, Ursachen, Wirkungen und Karma. Durch diese Unterweisung habe ich die außergewöhnliche Tiefe Meister Dogens im Vergleich zu allen anderen Meistern der Weitergabe verstanden. Ich habe verstanden, dass es im Zen drei große Meister gibt: Buddha Shakyamuni, Bodhidharma und Dogen – und vielleicht, wenn wir gut sind, kommt danach Deshimaru. Was aber die Formulierung des wahren Buddhismus betrifft... warum habe ich gedacht, dass Dogen größer als alle anderen war? Weil seine Unterweisung nicht auf dem Verständnis, auf der Tiefe des Verständnisses der Dinge basiert, sondern auf dem Ergebnis, das seine Unterweisung für die Menschheit haben wird; und in der Tat ist seine Unterweisung wirklich menschlich. Er versucht, die Menschen zur Befreiung zu führen, zum wahren Glück, zur wahren Weisheit und überhaupt nicht dahin, ein Verständnis zu erreichen oder ein Erwachen – darauf pfeift er. Er sagt, selbst wenn man *Satori* hat, selbst wenn man erleuchtet ist, kann man dem Gesetz von Ursache und Wirkung nicht entrinnen. Es gibt beinahe keinen Meister, der das verstanden hat, der davon ein ebenso tiefes Verständnis hat wie Dogen, denn alle denken nur an eins: dem Gesetz von Ursache und Wirkung zu entkommen. Die wahre Freiheit aber besteht darin, ihm nicht zu entfliehen, das ist phantastisch, aber schwer zu erklären. Das habe ich auch über das Nicht-Handeln gesagt: das wahre Nicht-Handeln bedeutet, dem Gesetz von Ursache und Wirkung nicht zu entfliehen. Seid glücklich, zu leiden und teilt das mit den anderen! Wenn ihr so denkt, wird sich alles völlig verändern.

Was etwas schwierig ist, ist unter seinem eigenen Egoismus zu leiden – das ist bescheuert. Wenn man allein durch seine kleinen Geschichten, seinen Krimskrams leidet, ist das bescheuert. Wenn aber unser Leiden universell wird... Selbst unser Egoismus, selbst unsere eigene Kleinlichkeit sind letztendlich universell.

29
Baso

Eine berühmte Geschichte handelt von dem Schüler Baso, der dasaß und Zazen machte. Sein Meister fragte ihn: »Was machst du da?« Baso antwortete ihm: »Ja, also... ich versuche Buddha zu werden!«

Jeder von uns versucht das letzten Endes. Wenn wir nicht die Hoffnung hätten, Buddha zu werden, oder wenn wir nicht etwas Erhabenes suchten, würden wir nicht praktizieren. Wenn es nur dafür da wäre, Gymnastik zu machen, oder vor sich hin zu leiden... Wenn man einen Weg sucht, wenn man praktizieren will, tut man dies selbstverständlich, um etwas zu finden, das weiter reicht als die menschlichen Grenzen. Das nennt man einen spirituellen Weg.

Woraus besteht das Spirituelle? Wo kann man es sehen? Wie es einfangen und entdecken? Das Spirituelle ist genauso unsichtbar, unerfaßbar, wie das Materielle schwer und schmerzhaft ist. Warum sind wir inkarniert? Warum sind wir in das Fleisch, in die Materie eingetreten?

Wie dem auch sei, die Unterweisung des Zazen geht von der Tatsache aus, dass wir inkarniert sind. Also arrangieren wir uns mit diesen Knochen, diesem Fleisch, diesen Muskeln und machen das Beste daraus. Wir lernen, diesen Körper in Ordnung zu bringen, mit ihm vertraut zu werden, ihm die schönste Form, die herrlichste, aufrechteste, ausgeglichenste, stärkste, ruhigste Erscheinung zu geben.

In den Sutren heißt es, dass das inkarnierte Leben nichts als Leiden ist, und das wurde nicht im Geist der Kasteiung gesagt, oder um das Leben abzulehnen, sondern einfach mit objektiver Überlegung und Beobachtung. Darauf wird jemand antworten: »Nein! Das stimmt nicht: manchmal sind wir glücklich im Leben, manchmal ist es angenehm.« Und der Meister wird sagen: »Das, was dir angenehm erscheint, sind die kurzen Augenblicke, in denen der Schmerz etwas nachlässt.«

Analysen wie diese, die besagen, dass Inkarnation Leiden ist, sind mit dem Ziel verfasst, uns zu tieferem Nachdenken zu führen, ganz und gar nicht um uns zu Nihilisten oder Pessimisten zu machen, sondern um das, was wir gewöhnlich für angenehm oder unangenehm halten, mit etwas mehr Abstand zu betrachten, und uns zu beweisen, dass es völlig relativ ist, und dass die Bindungen an das, was angenehm oder unangenehm ist, die Mehrzahl der menschlichen Probleme schafft.

Baso sagt: »Ich mache Zazen, um Buddha zu werden.«

Wenn er das versucht, so deshalb, weil er keiner ist, und wenn er keiner ist, wie könnte er wissen, woraus Buddha-Werden besteht? Baso ist wie jedermann: er denkt, dass Buddha nicht leidet, dass er total frei ist, dass er alles kann, dass er glücklich und befreit ist.

Also hebt sein Meister einen Dachziegel auf und beginnt ihn gegen einen anderen Dachziegel zu reiben, sehr konzentriert, sehr ernsthaft. Baso ist sehr beunruhigt:

»Meister, darf ich wissen, was Ihr da macht?«

»Ich poliere diesen Dachziegel, um daraus einen Spiegel zu machen.«

»Aber das ist völlig unmöglich!«

Man kann sich vorstellen, was Baso in diesem Moment gedacht hat – ein Typ, der seit 20 Jahren Zazen macht und zu dem sein Meister gesagt hat: »Mach Zazen! Zen ist Zazen.«

Der Meister hat ihm sogar das Shiho, die Weitergabe, gegeben. Im Prinzip war er also schon selbst als Meister bestätigt worden. Währenddessen setzte er inbrünstig seine Suche und seine Praxis fort. Und plötzlich sagt man ihm: »Hey Alter! Du hast nicht die geringste Chance, nicht, indem du Zazen praktizierst, wirst du Buddha werden.«

Und genau das ist der Lauf des Zen und er gilt für alle. Zuerst siehst du dir den Meister an und denkst: »Das ist ein Gott, ein Übermensch, ein Buddha.« Du wagst nicht einmal zu denken, dass du diese Dimension erreichen könntest. Deshalb praktizieren wir. Ich habe es euch bereits gesagt: wenn es nur darum ginge, sich hinzusetzen und zu leiden, wer würde 20 Jahre lang praktizieren wollen? Wir tun es, weil wir eine vage Hoffnung haben, Buddha zu werden.

Und der große Baso erreicht das Ziel und... welch totale Enttäuschung! Das ist wie das Ende eines Theaterstücks, die Schauspieler nehmen ihre Masken ab... es waren nur gewöhnliche Menschen, es war nur ein Theaterstück. Und was bleibt? Nur die Realität, die schwere Realität der Materie.

Es heißt, dass Baso bei diesem Mondo mit dem großen Meister Nangaku endgültig erwachte.

Wie Meister Deshimaru sagte: »Zen ist kein Zuckerschlecken!«

Man sagt immer, jedenfalls höre ich es fast immer, seit ich angefangen habe, Zazen zu praktizieren: »Man soll ohne Objekt sein.« Wenn es reichen würde, diesen Satz zu hören, um ihn zu verstehen, wäre es sehr einfach. Man muss den tiefen Sinn von »ohne Objekt sein« verstehen. Man muss vor allem den Sinn des Wortes »Objekt« kennen. Nach dem Zazen werde ich im Lexikon nachschlagen...

Später wurde Baso einer der berühmtesten chinesischen Meister. Eines Tages, während eines Sesshin, gab sein Shusso einem Mönch, der beim Zazen schlief, ungefragt einen Kyosaku. Baso sagte zu ihm: »Wer hat gesagt, dass Buddha nicht geschlafen hat?«

Normalerweise muss man beim Zazen die Augen offen halten – man sagt, halboffen – das heißt, man muss eine Öffnung zur Außenwelt bewahren. Sensei sagte, dass dies sehr wichtig sei, um den Geist zu öffnen und die Intuition zu entwickeln, um zu einer neuen Wahrnehmung der Außenwelt zu erwachen. Sicher ist, dass man die Tendenz hat, einzuschlafen, wenn man die Augen schließt.

Ich habe davon gesprochen, ohne Objekt oder ohne Objektiv zu sein, das ist dasselbe. Ich habe im Lexikon nachgeschlagen... Objektiv: »relativ zum Objekt. Das Objekt ist Materie, Materie des Bewusstseins, oder fühlbare Materie, oder Materie einer Wissenschaft.«

Wenn ihr einen Dachziegel wahrnehmt, anschaut, wird er sich zweifelsohne niemals in einen Spiegel verwandeln. Aber die Art der Wahrnehmung, die Art während Zazen zu schauen, öffnet uns für eine neue Dimension, für ein neues Verhältnis zum Objekt, und das ist ein sehr wichtiger Punkt.

Man sucht viele verschiedene Lösungen für die weltweite aktuelle Krise, aber die Art, die Dinge wahrzunehmen, die einschließliche Art, die Dinge wahrzunehmen, schafft die Realität unserer Welt und unseres Bewusstseins. Ein Kapitel des Shobogenzo handelt von leblosen Dingen und spricht von der Wahrnehmung dieser Dinge. Zur Zeit ist die Wahrnehmung des gewöhnlichen Menschen völlig materiell, materialistisch. Es geht nicht darum, zu sagen: »Ich will kein einziges Ziel haben, Mushotoku sein«, sondern man muss ein Ziel haben, ein Ideal. Alles hängt von der Art und Weise ab, wie man die Dinge wahrnimmt. Was den Dingen die Realität verleiht, ist unser Bewusstsein. Während Zazen kann man zum Zentrum zurückkehren, zur Wurzel unseres Bewusstseins. Während Zazen kann man, selbst in leblosen Dingen, die Energie, das Leben sehen. Die Festigkeit eines Objekts ist abhängig von Zeit und Raum. Je größer die Zeit ist, um so fester ist das Objekt. Je schneller die Zeit ist, um so weniger fest ist das Objekt. Je mehr man sich dem Licht nähert, um so leuchtender wird das Objekt und um so sichtbarer wird die Energie werden.

Die Wissenschaftler haben beim Betrachten und Beobachten der Materie etwas Neues entdeckt, das man Tachion nennt, es ist schneller als das Licht, es ist im Rahmen unserer Wahrnehmung und unseres persönlichen Bewusstseins fremd und gehört dennoch zur Materie. Ich bin davon überzeugt, dass wir in ein Zeitalter eintreten, in dem sich die Wahrnehmung der Dinge verändern wird. Die wissenschaftlichen Entdeckungen sind immer Beweis für die Erweiterung des menschlichen Bewusstseins.

Wenn man die Objekte als Energie, Leben, Bewegung wahrnimmt, ist»haben« nicht mehr wichtig, sondern »sein«, die Beziehung, der Kreislauf, der Austausch, selbst bei den einfachen Dingen des Lebens. Man wiederholt ständig, dass der Mönch weder Geld anhäufen, noch es verschwenden soll. Man darf Geld nicht als Zweck sehen, sondern als Mittel, als Energie. Mit sehr wenig Geld kann man viel machen. Mit sehr viel Geld-Vorrat stirbt man.

Um sich zu befreien, wiederholt man ständig:»Befreit euch, erweckt euch!« Wenn jemand erwacht, heißt das, dass er eingeschlafen war. Er schläft und plötzlich verändert sich die Wirklichkeit. Die Realität verändert sich in einem Augenblick. Wir erwachen, aber keiner sagt uns, dass die Realität der Welt des Erwachens wahrer sein wird als die unseres Traums vor fünf Minuten.

Was man während Zazen verstehen muss, ist, dass unser Bewusstsein und die Realität von einander abhängig sind, und dass unser Bewusstsein frei ist und dass die Realität es deshalb auch ist. Und trotz allem wird die Realität nie etwas anderes sein als die Realität, und ein Dachziegel wird nie etwas anderes sein als ein Dachziegel.

Ich habe die Geschichte von Baso und seinem Meister Nangaku erzählt. Es ist sehr schwierig, Geschichten dieser Art zu verstehen. Es handelt sich eher um eine Empfindung, um einen Sinn, den wir erst später erfassen können: die Empfindung der Dachziegel, die Empfindung der Materie, das Gefühl unseres begrenzten Körpers wenn wir Zazen machen. Es gibt nicht viele Leute, die Zazen praktizieren. Zazen ist nicht sehr interessant, und es ist schwierig. Es bringt uns nur zur Realität. Die Leute wollen die Wahrheit finden, aber der Realität entfliehen. Wenn man ihnen sagt, dass die Wahrheit die Realität ist, also dann...

Ich habe noch eine andere Geschichte zu erzählen, die euch ermöglichen wird, die erste zu verstehen.

Es handelt sich um einen anderen Zen Meister, Hotetsu, der an einem sehr heißen Tag auf der Türschwelle seines Zimmers, im äußeren Gang des Tempels saß und seinen Garten betrachtete. Die Zen-Tempel sind aus Holz gebaut, die Türen aus Papier und immer gibt es einen Holzgang der im Garten mündet.

Der Meister fächelte sich Luft zu mit einem Fächer, als ein Mönch zu ihm kam und ihn fragte:

»Meister, das Wesen des Windes ist konstant und es gibt keinen Ort, den er nicht erreicht, warum also benutzt ihr einen Fächer?«

Der Meister antwortete:»Du weißt, dass das Wesen des Windes konstant ist, aber du kennst die wahre Bedeutung von › es gibt keinen Ort, den er nicht erreicht‹ noch nicht.«

Er fuhr fort, sich in aller Ruhe zuzufächeln und der Mönch verneigte sich.

Diese beiden Geschichten ergänzen sich gegenseitig. Natürlich hat der Meister immer Recht. Der Meister kann sich egal welchen Phänomens bedienen, leuchtend oder finster, spirituell oder materiell, die Wahrheit, die er ausdrückt, ist gerade kein begrenztes Objekt, es ist eine Wahrheit, die in jenem Augenblick erschaffen wird, die jedoch einen Punkt des Schülers berührt, heilt. Man kann ihm sagen: »Selbst wenn du Zazen machst, wirst du niemals Buddha werden,« und es handelt sich dabei um eine absolute Wahrheit. Genauso kann man ihm sagen: »Wenn Sie etwas sagen, wenn Sie eine Wahrheit zum Ausdruck bringen und nicht fähig sind, das Gegenteil von dem, was Sie gerade gesagt haben, zu behaupten, dann ist es eine begrenzte Wahrheit.« Viele Menschen glauben, dass der Glaube daraus besteht, sich an eine Glaubensrichtung zu binden, aber darum geht es überhaupt nicht. Der wahre Glaube ist völlig frei und schöpferisch.

Im Flugzeug habe ich einen Text geschrieben: »Wenn ich allein bin, ist Gott mein Gesprächspartner. Jedoch glaube ich nicht absolut an ihn, ich glaube an ihn aus Notwendigkeit, ich schenke ihm meine Liebe und er existiert. Es ist ein Wunder, erwachsen zu sein und den Geist des Kindes nicht verloren zu haben. Die Kinder spielen und erfinden alles Mögliche, aber es sind Kinder. Die Erwachsenen spielen nicht mehr, sie leben in der Realität und sie vergessen zu träumen oder wagen es nicht mehr.

Ich bin beides, und meine Welt wird durch die Kraft meines Glaubens und meiner Bestimmung Wirklichkeit. Das, woran ich glaube, ist real. Man muss nicht abergläubisch sein, aber man muss seinen Traum erschaffen. Glauben ist das intime Geheimnis des intensiven Lebens und der Kreativität. Das ist der ganze Unterschied zwischen einem spirituellen Weg und einer dogmato-politischen Religion. Vor einigen Jahrhunderten exekutierte man die Ungläubigen. Unter den kommunistischen Regimen exekutierte man die Gläubigen. Das ist die jämmerliche Art zu glauben oder nicht zu glauben derer, die den Kontakt zu ihren Kinderträumen verloren haben.«

Die erste Geschichte handelt vom Vergleich eines Dachziegels mit einem Spiegel, die andere von der Beziehung zwischen dem Wind und dem Fächer. Der Fächer, das Materielle funktioniert durch den Willen und die menschliche Anstrengung, mit dem Körper.

Das ist wie Zazen machen: man zieht seinen Kolomo an, sein Kesa, man geht ins Dojo, setzt sich in die Reihe und selbst wenn man müde ist, macht man Zazen.

Ob man nun Zazen macht oder nicht, die Wahrheit, der Geist ist überall, in allen Dingen. Das Wesen des Geistes ist konstant und es gibt keinen Ort, den er nicht erreicht. Wenn das Wesen Gottes nur existieren würde, wenn man Zazen macht, wäre das lächerlich. Dann hätten die Vögel, die Bäume, die Steine das Wesen Gottes nicht, die Menschen, die tanzen, hätten das Wesen Gottes nicht, die Menschen, die Flamenco singen, hätten das Wesen Gottes nicht und die, die schlafen, auch nicht. Das wäre sehr begrenzt. Als ob der Wind nur existieren würde, weil die Menschen große Fächer gebaut hätten, die sie regelmäßig bewegten, um Wind zu erzeugen.

Die Meteorologie ist ein Mysterium, das noch nicht erforscht ist. Natürlich kann man per Satelit die Bewegung des Windes und der Wolken sehen, man kann sie voraussehen, kann die Beziehung zwischen Hoch- und Tiefdruckgebieten verstehen, aber noch nie hat jemand die erste Ursache von Wind gefunden.

Schluss: Heute geht es um Revolution – zwei Liedtexte

 *Wie lange schon träumt man vom Jahr 2000, hat es sich vorgestellt, ohne je wirklich zu glauben, dass man eines Tages in dieser Welt der Zukunft ankommen würde...*

Aber immer, früher oder später, wird › eines Tages‹ zu › heute‹ .

Dort, wo der Traum vergeht und sich in eine Realität verwandelt, die man nicht hat kommen sehen, die sich niemals so zeigt, wie man es gedacht hätte, unvorhersehbar, unfassbar, aber lebendig.

Unausweichlich schreitet die Weltgeschichte fort.

Es ist an uns, die Chancen, die sie uns anbietet, intelligent zu nutzen und eine Welt zu gestalten, die, natürlich provisorisch, ideal ist für alle Wesen.

Das müsste die Berufung des Menschen sein.

Aber seit ein bestimmter Gott uns vor langer Zeit glauben machte, dass unsere gesegnete Erde kein Paradies sei, vergeudet der Mensch, fasziniert von diesem Fluch, hartnäckig alles, was ihm gegeben wurde, und verflucht seine Brüder, er verflucht seine Erde, er verflucht sein Leben. Aber was hat der Unglückliche denn getan, um ein solches Schicksal zu verdienen?

Er hätte, so sagt man, in einen bestimmten Apfel gebissen, den Apfel der Erkenntnis, aber Erkenntnis wovon?

Hat man euch das nie gesagt? Also, hört dieser Wahrheit jetzt gut zu:

Die Erkenntnis, dass es nie einen anderen Gott geben wird als den Menschen selbst, um die Verantwortung seiner Realität auf sich zu nehmen. Aber lieber verleugnet er diese Verantwortung. Lieber maskiert er sich und entflieht ihr. Lieber lebt er ein Martyrium, als sein Schicksal, das seine Wahrheit ist, auf sich zu nehmen. Er straft sich selbst. Manchmal erniedrigt er sich lieber zum Tier, als die Größe dessen zu ertragen, was er in Wirklichkeit ist.

Und siehe da, wie plötzlich das Unheil, das ihm auferlegt wurde von diesem so genannten Gott, den er sich vorgestellt hatte, nicht mehr standhält. Denn welche Frau ist heutzutage noch gezwungen, ihr Kind mit Schmerzen zu gebären?

Die Zukunft lüftet den Schleier der Unwissenheit, der unser Leben seit Ewigkeiten verhüllt hat.

Und selbst wenn die rechtschaffenen Menschen, die seit der Antike gewohnt sind zu schuften, von ganzem Herzen weiter im Schweiße ihres Angesichts arbeiten wollen, stellt sich heraus, dass es keine Arbeit mehr gibt.

Politiker aller Parteien, die ihr Volk zum Narren halten, versprechen, noch morgen das Unheil abzuwenden, aber wie dem auch sei, ist es unabwendbar das Ende einer Epoche. Übrigens ist bekannt, dass je mehr Personal die Unternehmen abbauen, desto besser es ihnen geht. Das geht sogar so weit, dass man feststellen konnte, dass Verminderung der Arbeitslosigkeit mit Senkung des Börsenkurses einhergeht. Die Börse ist der neue fiktive Gott, der den alten verjagt hat. Sie erlegt der ganzen Welt ihr Gesetz auf und zu jeder Stunde des Tages wird ihr auf allen Radios die Messe gelesen.

Aber keiner erzählt uns, dass bereits von einem geringen Prozentsatz der Börsengewinne unsere ganze Gemeinschaft leben könnte.

Das heißt, die ganze Welt. Man kann behaupten, dass mit einem bisschen guten Willen die Situation nicht völlig hoffnungslos ist. Wenn ich in dieser fabelhaften Zeit, in der wir leben, von › Revolution‹ spreche, dann handelt es sich weder um eine Revolution der Weißen gegen die Schwarzen, noch der Armen gegen die Mächtigen, wir leben nicht mehr im 18. Jahrhundert.
Heute geht es um eine Revolution, bei der die gesamte Menschheit gegen sich selbst gewinnen muss. Und diese heißt: die innere Revolution.

 Dieses Gefühl von Freiheit, das dem Menschen seine Kraft gab zu lieben,
ist verschwunden, ohne dass jemand es gemerkt hat.
Alles schien möglich, aber die Seifenblase ist geplatzt.
Erst schien die Sonne, dann kam der Regen.

Jetzt, wo dieses Gefühl von Freiheit zersplittert ist,
gibt es keine Liebe mehr und wir empfinden nur noch oberflächliche Bedürfnisse
und wir sind enttäuscht von der Undurchlässigkeit eines Lebens, in dem das Absolute fehlt.

Für dieses Gefühl von Freiheit bist du taub
und du läufst rum wie ein Blinder. Das sind die spezifischen Kennzeichen von dem,
was man das tägliche Leben nennt.
Einen Tag lang angepasst, für immer gefangen.
Du unternimmst nichts mehr, um deinen Weg zu ändern.

Den Weg, der dunkel ist in deinem Kopf und deinem
Herzen,
und du scheiterst untätig an dieser Notwendigkeit,
die sich uns als Sieger aufdrängt und uns anwidert.
Die Sonne schien und jetzt weint der Himmel.
Dieses weggefegte Gefühl von Freiheit,
weil wir kein abstraktes Ziel verfolgten
wie zum Beispiel das wahre Gefühl von Freiheit,
das verblüffend ist
wie der Blitz, der dem Geist entspringt,
wenn die Sonne scheint und es regnet.

Ich folge dem Lärm dieser korrupten Welt nicht mehr
und ich fliehe auch nicht mehr davor.
Information in der Verzerrung... leer.
Und alle schlucken das brav.
Das heutige System besitzt das Alleinrecht auf Information
und kotzt so seine Bilder, Symbole, Zeichen und
Geräusche über dir aus
und macht aus dir einen Dummkopf, ob du willst oder nicht.
Information in der Verzerrung... leer.

Lass die Leute doch arbeiten, was sie wollen,
und die Arbeitslosigkeit wird verschwinden.
Höre auf mit deiner systematischen Erpressung
und neue Betriebe blühen auf.
Information in der Verzerrung... leer.

Die Ratten, die in die Hungerfalle gelaufen sind,
werden keinen Schritt mehr gehen.
Sie haben Angst, woanders zu sterben,

Angst, den Glauben zu verletzen,
Angst, Angst, Angst, das Gesetz zu verletzen,
das die Ganoven für dich gemacht haben,
und du klammerst dich daran und bastelst dir
ein Leben zurecht, das nichts darstellt.
Ein von seinem Schicksal vergewaltigter Mensch
ist nicht gesund und es tut nicht gut.
Kleines Arschloch, du zählst, du rechnest und du willst mehr,
du bist noch nicht mal tot und schon kannst du nicht mehr.
Und du sagtst, dass du alles gesehen und alles gelesen hast
und alles weißt von der verzerrten Realität,
die die großen Schlauberger dir verkauft haben,
und du kollaborierst.

Immer wieder
Mitläufer von modernen Eroberern eines
Haufens Scheiße, der sich im Aufschwung befindet,
so ein Schicksal weise ich zurück.
(Und um nichts in der Welt würde ich
mein Verlangen gegen dein Begehren tauschen,
meine Naivität gegen deine Dummheit,
meine Faulheit gegen deinen Stress,
mein Glück gegen deinen Erfolg,
dieses Gefühl von Freiheit, das auf dich wartet,
auf dass du die Verantwortung übernimmst,
das authentische Menschen in der Stille kennen
und das von innen Wurzeln schlägt
und das dir die Kraft gibt, Stellung zu beziehen
auf dem Medien-Feld, dem Schlachtfeld,
wohin wir uns begeben, bereit zum Kampf.)

Glossar – Register

Die kursivierten Stichworte (siehe hierzu die Pagina-Angaben) im Text weisen – meistens im Zusammenhang mit einer Zeichnung – auf die Erklärung des Stichwortes in diesem illustrierten Glossar-Register hin.

Abidharma: sehr altes Sutra, das durch den 17. Patriarchen, Meister Vasubandu, wiederbelebt wurde. 166

Aggregat: Entwicklungsmechanismus der Wahrnehmung des Makrokosmos durch den Mikrokosmos. 166, 191

Anapanasati: Die externe Atmung mit dem inneren Atem in Einklang bringen. 182

Anne-Marie: Persönliche Sekretärin Meister Deshimarus. Sie hat mit viel Hingabe seine Notizen geordnet und Werke übersetzt. Sie stand ihm bis zum letzten Moment zur Seite. 130, 231

Anyatara: Ein König, der mit Bodhidharma über Zazen diskutiert. 181

Arnaud Desjardins: In spirituellen und buddhistischen Kreisen sehr bekannter Schriftsteller und Filmemacher. Guter Freund Meister Deshimarus. 133

Asura: der, der das kriegerische Zen praktiziert, in dem es noch Kampf, Ziel, Sieg und Niederlage gibt. 172

AZI: Association Zen Internationale, von Meister Deshimaru nach seiner Ankunft in Frankreich ins Leben gerufen. 224, 240

Banzan: Einer der Schüler von Baso. Lebte 720-814 und wirkte im hohen Norden Chinas, nahe der Grenze zu Nord-Korea. 225

Baso: Der sechste Patriarch Huy Neng (Eno) hatte zwei große Schüler: Seigen und Nangaku. Der Schüler Nangakus war Baso (709-788), einer der berühmtesten Zen-Meister Chinas, der die Zen-Schule stark beeinflusst hat. 47, 225, 258

Bodhidharma: 28. Nachfolger Buddhas und erster legendärer chinesischer Patriarch (ca. 470-543). Ursprünglich aus Ceylon, bringt er das wahre Zen nach China. 149, 161, 181, 198

Bodhisattva: Mensch des Weges, dem es gelingt, über die Grenzen seiner Geburt und seines Todes hinauszugehen, um den anderen zu dienen: »Alle Lebewesen retten«. 57, 104, 111, 165, 171, 184, 189

Buddha: Shakyamuni Buddha ist der historische Buddha, doch jede Person, die das Erwachen in der Zazen-Haltung verwirklicht, wird Buddha. 7, 14, 15, 19, 22, 30, 33, 39, 40, 70, 72, 97, 99, 104, 132, 161, 176, 244

Butsudo: Der Weg des Buddha. 13, 21 ff.

 *Carlos Castaneda:* Ein indianischer Schriftsteller; hat eine sehr alte Tradition bewahrt und fortgesetzt, nämlich die Unterweisung der toltekischen Schamanen, er hat der modernen menschlichen Spiritualität neues Leben eingehaucht. 9, 193

 Choko: Pulver aus einer Mischung von aromatischen Kräutern, das auf Kohle verbrannt wird, um das Dojo zu parfümieren. 183

 *Dai sai gedda puku:* ein Text, den der Übende vor dem Zazen rezitiert bzw. singt, indem er das Kesa auf den Kopf legt. 213

Daishi: Nachfolger von Meister Keizan – berühmt geworden durch seine Gedichte. 169

 *Dharma (plur.):* alle wahrnehmbaren Phänomene.
Dharma: die Unterweisung oder das Begreifen der Wahrheit. 13, 17, 18, 22, 24, 26, 27, 47, 62, 66, 70, 149, 150, 167, 198, 200, 226, 245

 *Die zehn Gebote:* Vereinfachung der unendlichen Menge an Geboten – die Gesetze, die vorschreiben, was man tun und was man lassen soll. Man kann deren Zahl also nicht begrenzen, jedoch muss man, dank sei der Ordination und der Praxis, dahinkommen, durch sich selbst zu verstehen, in jedem Augenblick, was der richtige und was der falsche Weg ist. 98, 139, 198

 *Dogen:* 51. Nachfolger Buddhas (1200-1253), erster wahrer Zen-Patriarch in Japan. 11 ff., 29 f., 32, 36 f., 37, 39, 47, 49 f., 52, 55, 58 ff., 63, 80, 94, 101, 106, 107, 111, 132, 161, 166, 170, 190, 200, 216, 241

 *Dojo*: der Ort, an dem man die Zazen-Meditation prakti-
ziert. 19, 32, 42, 45, 46, 68, 72, 83, 185, 228, 237, 241

 Dokan: das Kettenglied des Weges, tägliche Praxis, ohne
Ziel, ohne Anfang und Ende. 61

 *Doshin*: der Geist des Weges, immer bereit, sich zu öffnen,
sich zu entwickeln, zu lernen. 232

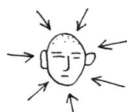 *Ego:* Illusionäres Selbstverständnis, das das Buddha-Wer-
den erschwert. 22, 36 ff., 40, 47, 53, 59, 65, 70, 117, 118,
122, 128, 123, 167, 186, 192, 195, 221

 *Eihei-Ji*: Erster großer Tempel des japanischen Zen, ge-
gründet von Meister Dogen im 13. Jahrhundert. 64, 144

 *Ejo*: 52. Nachfolger Buddhas, erster der großen Schüler
und Nachfolger Meister Dogens. 63, 200, 210

 *Eka*: 29. Nachfolger Buddhas, starb um 590, erster Schüler
Bodhidharmas. 148, 187, 195

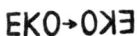 *Eko*: Gesang des Respektes und der Segnung für die
Menschheit. 161

 *Étienne (Zeisler):* (1946-1990), einer der großen Persönlich-
keiten innerhalb der Sangha Meister Deshimarus. Er wird
oft gesehen als einer seiner zwei bedeutendsten Schüler.
Er bekam das Siegel der Weitergabe von Meister Niwa
Zenji zusammen mit Roland Rech Yuno und Kosen Thibaut. 122, 233, 237

Experiment des Pawlowschen Hundes: Von Pawlow durchgeführtes Experiment, das die konditionierten Reflexe beim Hund aufgezeigt hat. 119

Fukanzazengi: erstes Manifest über die Zazen-Praxis, verfasst von Meister Dogen nach seiner Rückkehr aus Japan. 32, 60, 94, 241

Fushiryo: Das Nicht-Denken. 32

Gakudo Yojinshu: Werk Meister Dogens. 58

Gassho: Mudra-Haltung, bei der die Hände zusammengelegt werden wie im christlichen Gebet. 107, 162

Genjo Koan: Koan des täglichen Lebens. 16 f., 21 ff., 36, 45, 47, 71, 80, 102, 114, 117, 165, 185, 191, 200, 218, 244

Godo: Einer der Verantwortlichen der Erziehung innerhalb des Dojo. 64, 152

Guen Mai: traditionelle Reissuppe, die den Mönchen in den Zen-Tempeln serviert wird. 206, 214

Haltung: in diesem Buch ist damit die Zazen-Haltung gemeint. 15 f., 20, 23 f., 34 ff., 40, 43, 53, 74, 78, 164, 178, 218

Hannya Shingyo: grundlegendes Sutra des Buddhismus, von dem man weder das Alter noch die Sprache nachvollziehen kann, dessen Bedeutung jedoch von Meister zu Schüler weitergegeben wird. 56 f., 86, 98, 191, 248

Hishiryo: Universelles Denken – über das übliche Denken hinaus. 32 ff., 79, 115, 121, 221, 226

Hokyo Zanmai: Ein Werk Dogens. 115, 226

Hubert Reeves: gelehrter kanadischer Astronom. 176

Hyakujo: (720-814), einer der größten Organisatoren der Zen-Schule Chinas, der die Ordensregeln kodifizierte. 47 f.

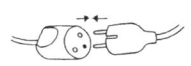
I Shin Den Shin: Zen-Übertragung von meinem Herzen zu deinem Herzen, von meiner Seele zu deiner Seele. 248, 255

Jacques Foussadier: unbeschreiblicher Barde der Sangha, grosser Maler und einer der hervorragendsten europäischen Kalligraphen unseres Zeitalters. 147

Joshu: einer der großen chinesischen Meister, der bis zu seinem 120. Lebensjahr (778-897) unterwiesen hat. 51

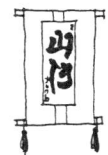

Kalligraphie: Die chinesischen und japanischen Kalligraphien drücken oft ein kurzes Gedicht aus, das zum Schutz oder als Talisman verwendet wird. 32, 99

Kalpa: Zeitraum zwischen der Schöpfung eines Universums und dessen Zerstörung. 27, 63, 166, 175

Kannon: Symbol des idealen Bodhisattva, japanischer Name für Avalokiteshvara. 71

Karma: Verkettung von Ursache und Wirkung, ohne Anfang und ohne Ende, innig verbunden mit dem, was wir sind, hier und jetzt. Das Karma kann überschritten, transformiert werden. 23, 27, 29, 33, 39, 48, 56, 59, 62, 69, 75, 94, 127, 170, 203, 219, 238, 245, 253

Kashyapa: erster Nachfolger Buddhas = Mahakashyapa. 71, 140

Kata: traditionelle kodifizierte Methode der Lehre in den Kampfkünsten. 119

Kendo: traditionelle japanische Kampfkunst, Weg des Fechtens. 124

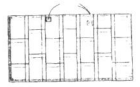

Kesa: traditionelles Kleidungsstück, das bis heute von Buddha zu Buddha weitergegeben wird. 104, 144, 145, 146, 158, 170, 203, 217

 *Ki*: chin. *Chi*: Kraft des Atems, des Geistes. 182

 *Kin Hin*: Meditation im Gehen, die im Dojo praktiziert wird zwischen zwei Zazen-Perioden. 10, 20, 41, 78, 124, 199

 *Koan:* lebendiges Rätsel, das man weder durch Logik noch durch menschliche Begrenzungen wirklich lösen kann. 91, 95, 153, 202

 *Kolomo*: traditionelles Kleidungsstück der Mönche und Nonnen, chinesischen Ursprungs. 107, 265

 *Ku*: das Unbekannte, die Leere, absolute Potenzialität allen Bewusstseins und aller Materie. 19, 25, 32, 45, 64, 142, 191, 196

 *Kusen*: mündliche Unterweisung im Dojo. 11, 45 f., 67, 82, 89, 166, 181

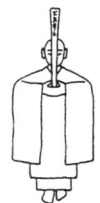 *Kyosaku*: flacher Stock, mit dem auf ein Energiezentrum hinter den Schulterblättern geschlagen wird. Dies ermöglicht dem Meister, den Schüler zu tiefem Bewusstsein und tiefer Konzentration zurückzuführen. 162, 163, 202, 260

Kyosakuman: der Schüler, der die Aufgabe hat, den Kyosaku zu geben. 162, 163

La Gendronnière: erster großer Zen-Tempel im Westen, ausschließlich errichtet von den Schülern Meister Deshimarus. 184, 229, 240

Manjusri: der Bodhisattva, der die Praxis im Dojo symbolisiert. In der einen Hand hält er einen Säbel, um die Zweifel und die Dualität abzuschneiden, in der anderen eine Blume, die das Mitgefühl und die Sanftmut repräsentieren. 171

Mantra: Formel oder kurzer Satz, die in sich einen hohen energetischen und mächtigen Wortlaut enthalten. 14 f., 117

Mayoi: Das Gegenteil des Satori: Dualität, Zögern, Verirrung. 55

Meister Deshimaru: 82. Nachfolger Buddhas (1914-1982), als der Bodhidharma der modernen Zeit angesehen, der große Patriarch des Westens, der das Zen in Europa wirklich weitergegeben hat, s. auch »Sensei«. 7, 14, 20, 45 f., 64, 72, 80, 161, 225, 228

Meister Kodo Sawaki: 81. Nachfolger Buddhas (1880-1965); der erste in Japan, der das Zen außerhalb der Tempel unterwiesen hat, Studenten, der Jugend, Künstlern. 64, 72, 161, 249

Meister Niwa Zenji: 89. Nachfolger Buddhas (gest. 1993), nach dem Stammbaum des Tempels Eiheij-Ji. Wahrer Heiliger, Meister eines großen, herausragenden Stammbaums, war er zu Lebzeiten Zenji und Leiter des Soto Zen in Japan. 81, 161

 *Michel (Bovay)*: Einer der großen Schüler Meister Deshimarus. Er war über Jahre hinweg sein Sekretär und Verwalter, jetzt in der Schweiz tätig. 130

 *Mönch*: Schüler, der die Mönchsordination von seinem Meister erhalten hat. Auf das weltliche Leben verzichtend, engagiert er sich vollkommen in der Erforschung des ewigen Weges. 8, 16, 60, 101, 130, 160, 167, 175, 188, 237

 Mondo: Traditioneller Austausch von Frage und Antwort zwischen Meister und Schüler. 29, 42, 141, 166, 179, 208, 226, 233, 235, 253, 260,

 *Mudra*: Haltung der Hände, eine magische Form symbolisierend. 14, 145

 *Mujo*: Die Unbeständigkeit der Dinge, der stetige Wandel. 204, 229

 *Mushotoku*: Ein Begriff, der im Westen schwer zu verstehen ist. Er beinhaltet, daß man die Dinge ohne direktes Ziel tut. 121, 149, 190, 261

 *Nagarjuna*: 14. Nachfolger Buddhas (2. Jh.), der im Zen als einer der wichtigsten lebenden Buddhas gesehen wird. 191, 200, 223, 248

Nansen: Er lebte 748-835. Schüler von Baso und Lehrer von Joshu. 42 ff., 51, 225

Narayama: Gottheit, die in jedem Gelenk ihres Körpers über eine Kraft verfügt, die das siebte Glied einer Serie bildet, angefangen beim Elephanten, wobei jedes Glied den zehnfachen Wert des vorhergehenden besitzt. 173

Nembutsu: Japanische, vom Buddhismus abweichende, Sekte. 129

Nirvana: Die letzte Stufe des Weges zur Verwirklichung der Buddha-Natur: mit dem Tod ins Nirvana gehen. 174, 179, 185

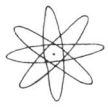

Numen: Existenz im Roh-, im festen Zustand. 38, 68

Nyojo: 50. Nachfolger Buddhas (1163-1228), der große chinesische Meister, der das Siegel des Gesetzes an Dogen weitergab. 132, 237

O Kai Jo In: universelles Mudra, Haltung der Hände während Zazen. 145

Patriarch: man bezeichnet die größten Meister der Weitergabe als Patriarchen. 63, 96, 159, 250

Pauline: Bodhisattva der modernen Zeit, vom Planeten Ganimède gekommen, um Kosen und seiner Sangha zu helfen. Hat unsere Welt am 5. Dezember 1993 verlassen. 28

Petite clochette: Schüler, der dem Meister vorausgeht, wenn dieser eine Ortsveränderung vornimmt. Dabei lässt der Schüler eine kleine Glocke (petite clochette) erklingen. 145

Prajna Paramita: erster Text des Mahajana, Zusammenfassung der Unterweisung und der Sutren. 27, 111, 165, 181, 196, 200, 248

Pratikabuddha: jemand, der Zazen zu seinem persönlichen Fortschritt praktiziert. 112

Punjamitra: Einer der zwei Söhne des Königs Devaguna, Nachfolger des 25. indischen Patriarchen Vaciacita. 156, 157

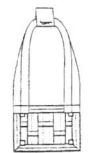

Rakusu: Symbol des großen Kesa, dem überlieferten Kleidungsstück, auch › Mini-Kesa‹ genannt. 139

Rinzai: 38. Nachfolger Buddhas (gest. 886), Schüler des großen Meisters Obaku, der durch seine Einzigartigkeit den Stammbaum geschaffen hat, der seinen Namen trägt und in dem Zazen vor allem mit den Koan praktiziert wird. 47, 153

Samadhi: bezeichnet alle Zustände, alle Momente, während derer man 100 % konzentriert ist. Man sagt, daß Zazen der König der Samadhi ist, die höchste Konzentration, die für ein menschliches Wesen existieren kann. 15, 283

Sampai: Verbeugung, bei der man seinen Körper und Geist loslässt, indem man die Erde mit dem Kopf berührt, vergleichbar mit der Verbeugung im Islam. 10, 62, 90, 103, 188, 234

Samsara: endlose Verkettung der Geburten und Tode. 27, 174, 206

Samu: ehrenamtliche traditionelle Arbeit, die es seit Buddha gibt. Grundsätzlich besteht sie daraus, für das Wohl anderer zu arbeiten, für das Wohl aller. 10, 88, 99, 167, 243

Samurai: Ein japanischer Krieger, oft Teezeremonien-Meister. 237

San Sho Do Ei: Sammlung von Liedern und Gedichten Meister Dogens. 129

Sangha: Gruppe von Schülern, die der Unterweisung eines Meisters folgt. 8, 95, 104, 120, 150, 197, 230, 252

Satori: bedeutet, sich seiner Dummheit bewusst zu werden, seiner Verirrung, seiner Unwissenheit und seiner Begrenzungen. 18, 22 f., 28, 29 f., 36, 38 f., 47, 49 f., 53, 54 ff., 58 ff., 63, 71, 86, 88, 90, 94, 152, 196, 218, 226, 257

Sensei: auf Japanisch heißt das »der Älteste«. Ich benutze die Bezeichnung in diesem Buch für »Meister Deshimaru«, s. auch Meister Deshimaru. 21, 28, 31 ff., 36 f., 40, 45, 50, 85, 111, 114, 130, 166, 182, 220, 249

Sesshin: Zurückgezogenheit, während der man sich darauf konzentriert, das Fundamentalste in sich zu berühren. 20, 24, 167, 243

Shakyamuni Buddha: der historische Buddha. 14, 16, 26 f., 48, 50, 56, 63

Shen: lebenswichtige, fundamentale Ausdruckskraft. 233

Shiho: rituelle Zeremonie der Weitergabe eines Meisters an einen anderen Meister. 30, 88, 167, 260

Shin jin datsu raku: das endgültige Sterben des Ego – Einig-Werden mit allen Wesen. 121, 132, 134

Shiryo: Das Denken. 32

Shoaku Makusa: Kapitel des Shobogenzo, in dem es heißt, daß die grundlegende Lehre Buddhas lediglich ist, Irrtümer zu vermeiden und fehlerfrei zu sein. 50

Shobogenzo: Der Schatz des Auges des Wahren Gesetzes, fundamentaler Text des Zen, geschrieben von Meister Dogen. 69, 72, 103, 190, 200, 224, 261

Shravaka: Zuhörer, jemand, der das Zen durch Bücher oder intellektuelles Verständnis begreift. 112, 184

Shusso: für die Schüler und die Ordnung im Dojo verantwortlicher Mönch. 88, 152, 178, 189, 260

Soji-Ji: Einer der ersten Zen-Tempel in Japan. 64

Sosan: Der 3. chinesische Patriarch (gest. ca. 606). Autor des *Shin Jin Mei* – Sinnsprüche vom Vertrauen des Herzens. 155, 186, 192

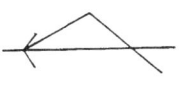

Soto: Bezeichnung des reinsten Stammbaumes des Zen, des stillen Zen, der auf die ersten Silben der Namen von zwei Patriarchen zurückgeht: *So*zan Honjaku (840-901) und *To*zan Ryokai (807-869). Man nennt diese auch Mokusho Zen oder Mushotoku Zen. 64, 153, 154

Stammbaum: es gibt kein Zen ohne Stammbaum, das heißt ohne die Weitergabe von Meister zu Schüler. 63

Sutra: heilige Schriften, Texte. 14 f., 27, 31 f., 56, 101, 106, 107

Sutren: Lehrbücher mit auswendig zu lernenden kurzen Sätzen über Opfer und gottesdienstliche Gebräuche. 89, 203, 225, 259

 *Taoismus*: Traditionelle chinesische Lehre, die sich mit dem chinesischen Zen stark vermischt hat. 153, 154

 *Tathagata*: anderer Name Buddhas. 14, 174

 *Tenzo*: Verantwortlicher für die Küche und die Ernährung der Mönche während eines Sesshin. 167

 *Tolteke*: Weiser, der die Religion und Weisheit der indianischen Ahnen einer Region Mexikos praktiziert. 23

 *Tosan*: 38. Nachfolger Buddhas (807-869), chinesischer Patriarch und Meister Ungo Doyos. 151, 152

 *Ungo Doyo*: 39. Nachfolger Buddhas (gest. 908), chinesischer Zen-Meister. 151

 *Vasubandu*: 21. Nachfolger Buddhas, Autor von Abidharma Kosa. Sehr großer Patriarch und Philosoph des indischen Zen. 31, 33, 166

 *Vimalakirti*: Großer Bodhisattva und Weiser. Zeitgenosse Buddhas. In Übereinstimmung mit letzterem hat er zu der Vertiefung der Weisheit und der Erziehung seiner Schüler beigetragen. 125, 171

Zafu: Traditionelles Kissen, das einzige wirklich unverzichtbare Utensil, daß man zum Zazen braucht. Wenn man kein Zafu hat, kann man einen Stein, einen Klumpen Erde oder getrocknetes Laub benutzen. Für die Zazenhaltung muss das Gesäß etwas höher als die Knie platziert sein. 7, 53

Zazen: Za, sich setzen. Sich setzen in der Zen-Haltung. 9 ff., 11 ff., 23 f., 28, 32, 35 ff., 41 ff., 45 f., 50, 55, 58 f., 82, 93, 129, 155, 179, 181, 183, 207, 215, 218, 221, 228, 234, 239, 241, 243, 245, 249, 254

Zazenshin: Von Wanshi Zenji in China geschriebener Text, von dem Meister Dogen in Japan eine andere Version verfasste. 12

Zenmeister: Ein in der Nachfolge Buddhas in verschiedenen Stammbäumen wirkender Lehrer des Zen, meistens Oberhaupt der Sangha. 237

Kontaktadressen

Niederlande   *The European Zen Center, in Amsterdam.*
dir. Master Kosen Thibaut
Valckenierst. 35 1018 XD Amsterdam
tel/fax. (int.) 31-20/625 88 84
email. Zen2000@xs4all.nl

home page: http://www.xs4all.nl/~zen2000 or
http://www.cwi.nl/~gruau/where/EZC.html

Deutschland   *Dojo Hamburg*
Bleicherstraße 2, 22767 Hamburg
tel. (int.) 49-40/227 76 85
email: Detlef_Loppow@t-online.de
homepage: http://www.cwi.nl/~gruau/de/where/hamburg.html

Schweiz   *Dojo Genf*
16, Avenue Callas, 1206 Genève
tel. (int.) 41-22/789 32 93
email Vuillemim@cern.ch

Frankreich   *Dojo Lyon*
11, rue Dumenge
69004 Lyon

Canada   *Dojo Québec*
288 Arago EST QUEBEC P.Q.
Canada GIK 3V3 tel. (int.) 1-418/529 60 81

Argentinien

Centro Zen de America Latine
dir. Master Kosen Thibaut
Medrano 269, (1178) Cap. Fed. Buenos Aires
tel/fax: 54-1/983 01 86
email: schium@datamarkets.com.ar
home page: http://www.cwi.nl/~gruau/en/where/buenos-aires.html